图书在版编目（CIP）数据

毛泽东与中国作家 / 武在平著. -- 北京 ：华文出版社，2015.6

ISBN 978-7-5075-4371-1

Ⅰ.①毛… Ⅱ．①武… Ⅲ．①毛泽东（1893～1976）－生平事迹 Ⅳ．①A752

中国版本图书馆CIP数据核字（2015）第138069号

毛泽东与中国作家

著　　者：武在平
责任编辑：杨艳丽
出版发行：华文出版社
社　　址：北京市西城区广外大街 305 号 8 区 2 号楼
邮政编码：100055
网　　址：http://www.hwcbs.com.cn
投稿信箱：hwcbs@126.com
电　　话：总 编 室 010-58336210　发 行 部 010-58336212 58336253
　　　　　责任编辑 010-58336251
经　　销：新华书店
印　　刷：北京明恒达印务有限公司
开　　本：787×1092　1/16
印　　张：16.5
字　　数：200 千字
版　　次：2015 年 7 月第 1 版
印　　次：2015 年 7 月第 1 次印刷
标准书号：ISBN 978-7-5075-4371-1
定　　价：38.00 元

前言

毛泽东不仅是中国人民的伟大领袖，还是一位杰出的文学家和诗人。他非常喜爱文学，终其一生，都始终保持着对文学特别浓厚的兴趣。他极为重视和关心文学事业的发展，通过各种方式和渠道与很多作家保持密切联系。他与这些作家的友好谈话、书信往来、诗词唱和，在文坛上留下不少动人的佳话。

毛泽东是一位卓越的诗人。他在亲手推动20世纪中国天翻地覆的变化的过程中，由于自己的文学天赋和素养，不断写出一首又一首瑰丽无比的古体诗词，这些诗词想象丰富、气势磅礴、风格豪放，具有无限意蕴。毛泽东在与南社诗人柳亚子、文史专家郭沫若交往中的诗词唱和、翰墨往来，使他们结下了深厚的友谊，至今还为人们广为传颂。

延安时期是毛泽东与作家交往比较集中的时期。延安文艺座谈会前，毛泽东通过个别交谈、小型座谈会、书信往来等形式，结交了许多作家，进行了深入的调查研究工作，摸清了文艺队伍的现状，全面掌握了有关正反两方面的意见，从而不断深化和完善了他的文艺思想，在此基础上产生了具有划时代意义的马克思主义文艺理论文献——《在延安文艺座谈会上的讲话》。

毛泽东在与作家无拘无束的谈话中，在字字珠玑的即席发言中，常常古今中外，旁征博引，谈文学、谈作家、谈作品、谈文学掌故和文坛轶事，这些潇洒自如的谈论，往往生动幽默，妙语连珠，不仅表现了毛泽东广博精深的文艺知识，而且有着他对艺术创作实践、对文艺作品欣赏品评方面的深刻思考和独到见解。

毛泽东在与作家的交往中，从不以领袖自居，始终坚持平等待人、平易近人的优良作风。他还善于站在革命的立场热情地帮助作家、保护作家、鼓励和引导作家走上健康的创作道路。

毛泽东凭着他政治家、理论家的威望和文学家、诗人的气质、修养，在广大作家中获得一种超常的崇敬和爱戴。

鉴于本书的文学和历史价值，华文出版社决定再版此书。再版时，版面进行了全新设计，使其更加疏朗和大气。并加入了全新的解秘史料，顺文配以几十张珍贵的照片和来往信件，给读者以全新的阅读享受。

本次出版，文章按照作家姓氏拼音字母先后排序，方便读者阅读。

目 录

难忘的延安岁月

——毛泽东与艾青

举世闻名的延安文艺座谈会，是中国文艺史上一次具有划时代意义的会议。毛泽东在会上发表的《在延安文艺座谈会上的讲话》，是毛泽东文艺思想的理论观点集中和完整的表现，是毛泽东文艺思想的代表作。为了开好延安文艺座谈会，会议之前，毛泽东对延安和其他抗日根据地的文艺现状曾给予极大的关注，并通过书信往来、分别交谈、小型座谈会，周密地了解文艺界的情况。诗人艾青在这段时间里，有幸能和毛泽东接触交往。这段交往过程给他留下了极其深刻的印象，使他终生难忘。

艾青（1910—1996），浙江金华人，中国现代诗人。原名蒋海澄，曾用笔名莪（é）加、克阿、林壁等。他于 1933 年发表了成名作《大堰河——我的保姆》，从此奠定了他诗歌的基本艺术特征和他在现代文学史上的重要地位。其他作品有《大堰河》《北方》《向太阳》《黎明的通知》《湛江，夹竹桃》等诗集。

1941 年 1 月 6 日，国民党制造了震惊中外的“皖南事变”。在重庆，特务们也加强了对革命文人的监视和威胁。艾青出门时，常有“尾巴”

跟随。周恩来为保护革命力量，及时组织重庆文化人士撤退。艾青、欧阳山、草明、张仃、罗烽等被安排去延安。2 月初，艾青、罗烽和张仃 3 人同行，他们告别重庆，经过近一个月的颠簸和 47 道国民党岗哨的盘查，终于在“三・八”国际妇女节这一天，抵达抗日民主根据地首府——延安。3 月 10 日，时任中共中央总书记张闻天、宣传部长凯丰设宴欢迎艾青等人。艾青的家被安排在蓝家坪的两个窑洞内，艾青本人则被安排到中华全国文艺界抗敌协会延安分会工作。

艾青从法国归来，先是由于从事进步美术活动而被投入监牢，后因抗战的开始而流徙于杭州、武汉、临汾、衡山、桂林、新宁、重庆等地，亲历了祖国的苦难和人民的灾殃，目睹了国民党政权的腐败黑暗。他多么渴望一个美好而光明的新世界啊！如今，他来到了众望所归的延安，来到了人民当家做主的抗日民主根据地，倍感亲切与新鲜，他曾激动地感慨道：“我这个‘流浪儿子’终于回到了‘娘’的怀抱！”

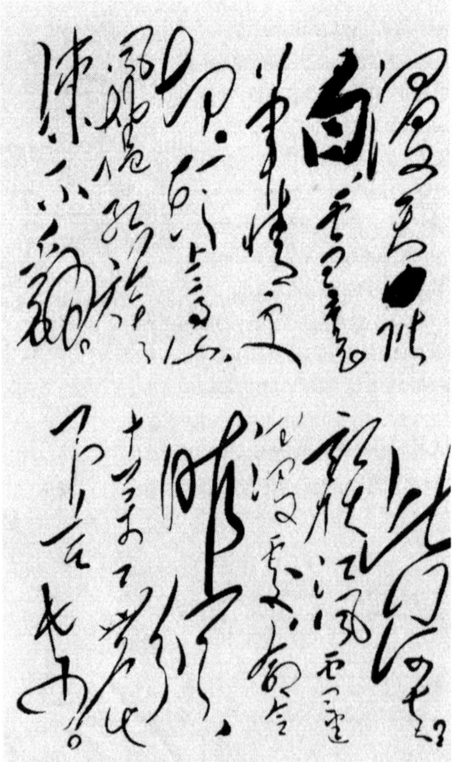

毛泽东《减字木兰花・广昌路上》写于1930年初，此时正值国民党发动“三省会剿”，毛泽东率红军进行战略转移。

7 月初的一个晚上，毛泽东在杨家岭的窑洞里接见了来自大后方的作家艾青等人。这是诗人第一次见到自己所生活的时代的杰出人物——毛泽东，“在我的脑子里留下了永远不会消失的一个既魁梧又和蔼的身影与笑容。”不久，艾青被选为陕甘宁边区参议会的参议员，出席了边区参议会。在这次会议上，毛泽东做了重要讲演。艾青清楚地记得，当毛泽东讲到边区的任务时，用的是有力的手势、果断的语言。毛泽东讲道：“我们除了打倒日本帝国主义外，还有没有其他目的呢？没有了！”艾青当时就想：毛泽东讲话真是很厉害，很集中，概括力很强。毛泽东之伟大，就在善于抓住事物的主要矛盾，是一位通晓辩证法的革命家。于是，艾青对毛泽东说：“你真会讲话。”毛泽东回答说：“我讲话老出毛病，后来知道了，抓住要点，其他地方就不要紧了。”就在这次参议会上，艾青写成了题为《毛泽东》的诗篇：

……
他生根于古老而庞大的中国，
把历史的重载驮在自己的身上；
他的脸常覆盖着忧愁，
眼瞳里映着人民的苦难；
……
他不断地思考，不断地概括，
一手推开仇敌，一手包进更多的朋友；
“集中”是他的天才的战略——
把最大的力量压向最大的敌人……

这是艾青到延安后写的第一支颂歌。他的歌颂是真心的，他用诗阐述了一个朴素的真理：人民的领袖，不是神，是大写的人，他是以对人民的爱博得人民的信仰，又是以行动实践着思想才能领导人民前进。

随着奔赴延安的青年知识分子人数的增多和文艺运动的深入展开，人们对边区文艺的许多问题存在着不同的认识。毛泽东意识到，如果不妥善地加以解决，听任种种不正确的认识继续存在下去，必将影响延安文艺运动的健康发展。为此，毛泽东多次找文艺界人士谈话，了解情况，倾听他们的意见，并决定召开座谈会来统一大家的认识。

1942 年 4 月的一天，毛泽东写信给艾青 ：“艾青同志 ：有事商量，如你有暇，敬祈惠临一叙，此致敬礼！”艾青来到毛泽东的住所，毛泽东说 ：“现在延安文艺界有很多问题，很多文章大家看了有意见。有的文章像是从日本飞机上撒下来的；有的文章应该登在国民党的《良心话》上。”

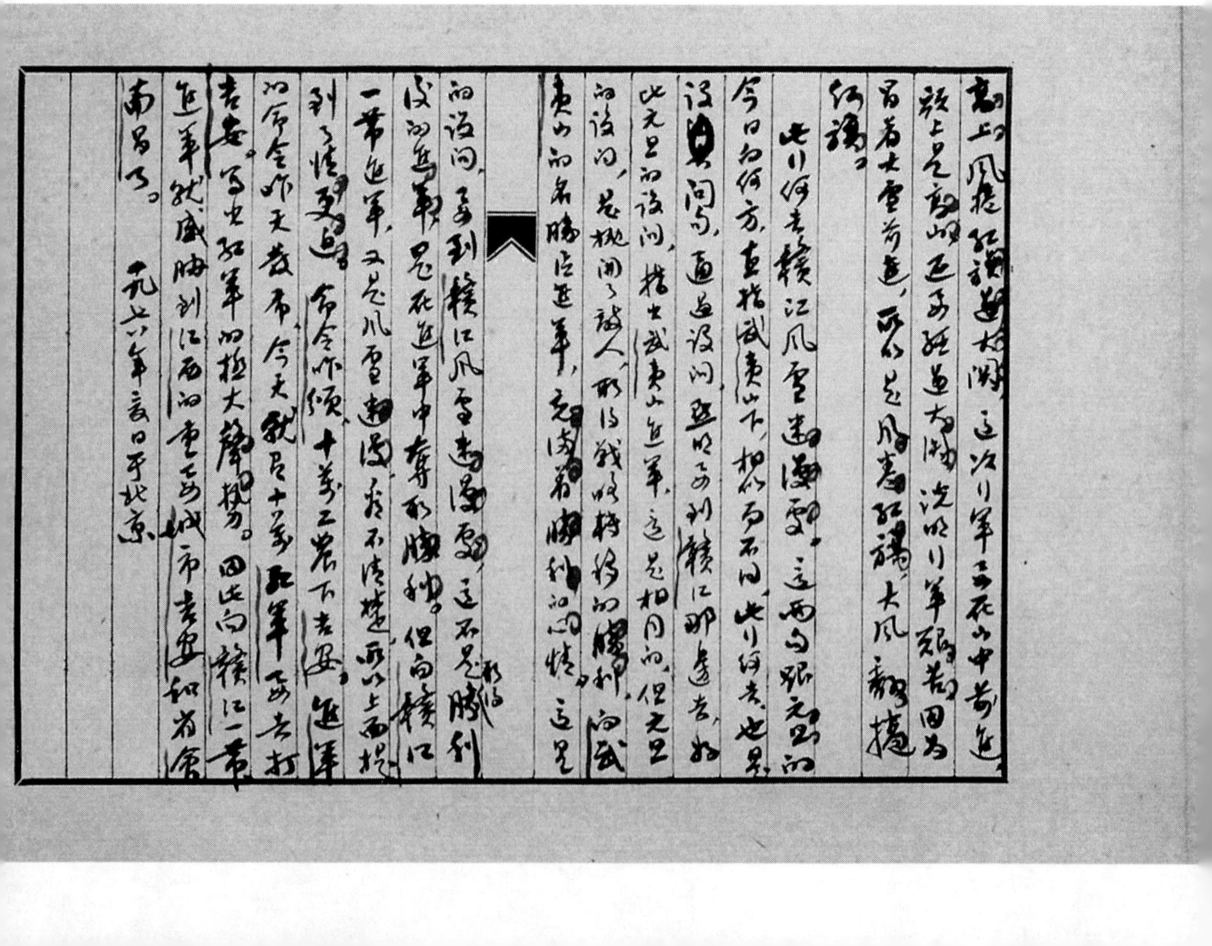

毛泽东还就党的文艺方做了精辟的阐述。艾青向毛泽东提议：“最好开个会，你出来同文艺界讲讲话。”毛泽东微笑地询问道：“我说话有人听吗？”艾青高兴地回答：“至少我是爱听的。”

过了两天，毛泽东又给艾青写信说：“艾青同志：前日所谈有关文艺方针诸问题，请你代我搜集反面的意见。如有所得，希随时赐知为盼。此致敬礼！”毛泽东还在“反面的”三个字下面打了三个圈。艾青不知道该去搜集什么反面的意见。这时，他正潜心于一篇论文的写作，即《我对于目前文艺上几个问题的意见》。这篇论文的初稿写成以后，立即送交了毛泽东。

艾青《毛泽东减字木兰花词赏析》

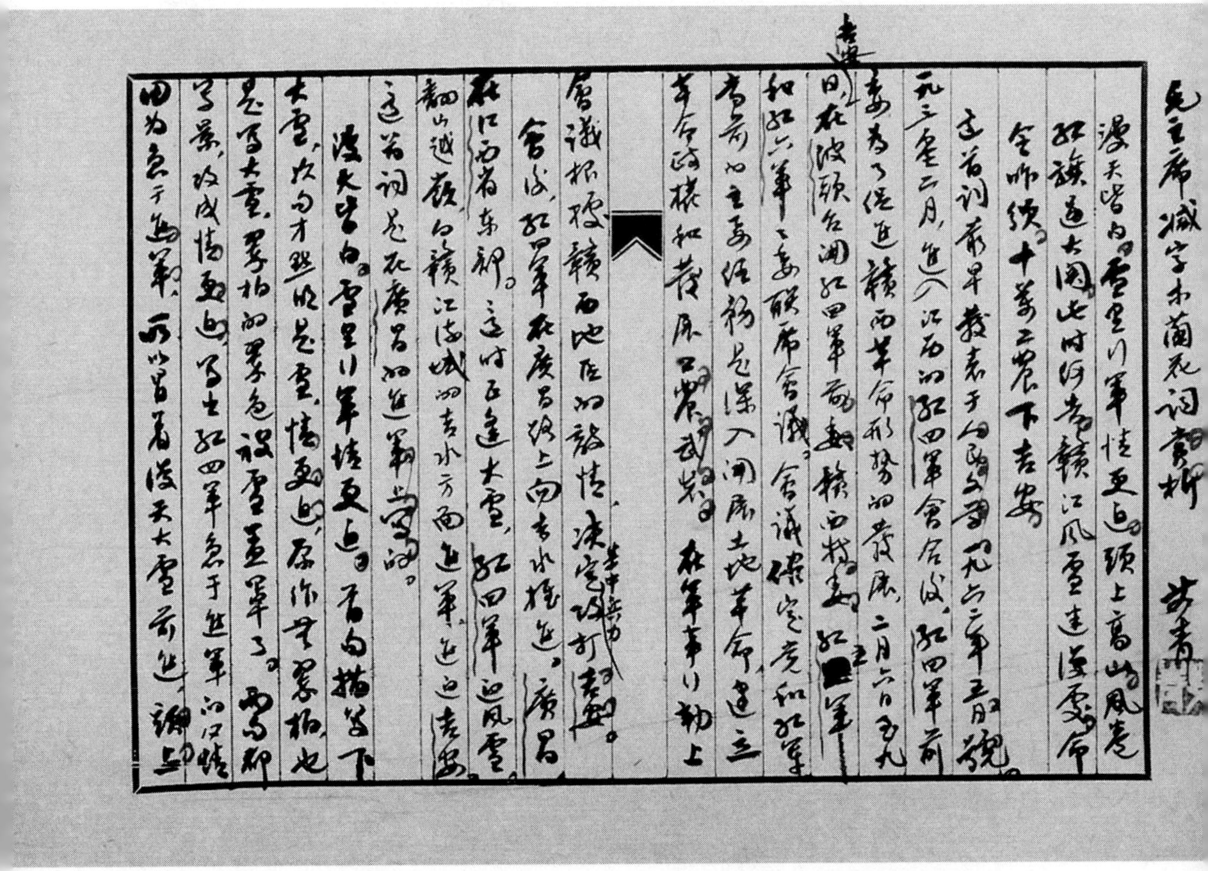

几天以后，毛泽东又写来第三封信：“艾青同志：大著并来函读悉，深愿一谈，因河水大，故派马来接，如何？乞酌。此致敬礼！”在杨家坪住地，毛泽东再次接见了艾青。这是一个新窑洞，又由于刚搬来东西还没有完全布置好，只是中间放着一张桌子。毛泽东把论文交还给艾青，说：“你的文章，我们看了，有些意见，提供你参考。”在文章的第一页的空白地方，有政治局同志传阅的字样。艾青正准备记录，但是地面不平，桌子有些摇晃，就走出窑洞去找小石片垫桌子。想不到毛泽东走得更快，马上拣来小瓦片回屋垫稳了桌子。回忆这件小事，艾青感慨地说：“这件事给我印象很深。不要说他是革命领袖，就连一个连长也不会那么快跑去捡石头。”毛泽东手里拿了几张写有铅笔字的纸，边看边谈，并希望艾青把文字修改得更好。回来后，艾青根据毛泽东的意见，又做了认真修改，于4月23日定稿，发表在1942年5月15日的《解放日报》上。在这篇论文中，艾青就文艺与政治、作者的立场和态度、写什么、怎样写、作家的团结、文艺工作的领导等问题，表达了自己的见解。这在当时的延安是一篇相当有影响的文艺评论。

1942年5月2日至23日，具有历史意义的延安文艺座谈会在杨家岭中央办公厅的会议室召开，毛泽东做了“引言”讲话和会议总结。会议开得生动、活泼、无拘无束。毛泽东的讲话继承和发展了马克思主义文艺理论，系统地、明确地指出了革命文艺工作的方向、任务、方针、政策，是革命文艺工作的指路明灯，是繁荣文艺创作的锐利思想武器。

文艺座谈会后，艾青写信给毛泽东，希望到前方去体验生活与写作。不久，毛泽东即回信：“艾青同志：来信收到。赞成你到晋西北，但不宜太远，因同蒲路不好过。目前这个阶段希望你待在延安，学习一下马列，主要是历史唯物论，然后切实研究农村阶级关系，这个问题不搞清楚，对中国的战况总是不很明晰的。此致敬礼！”信的后面，毛泽东又补写一句：“待天晴，我再约你面谈。”遵照毛泽东的指示，艾青到中央党校三部，一边参加整风，一边学习马列，认真阅读了马克思的《法兰西内战》《路易·波拿巴政变记》等经典著作，懂得了如何用历史唯物论观察社会、观察现实研究实际问题。

在这段时间里，艾青担任了党校秧歌队副队长。秧歌队搞得很活跃，演出了周而复写的《牛永贵受伤》等节目，受到群众的欢迎。艾青还在延安的新市场附近和青化砭等地，兴致极浓地观看了载歌载舞、粗壮有力、节拍明显、充满劳动者健康和愉快的农民秧歌队的演出，并为其适合现实生活、群众趣味所要求的、富有创造性的形式和手法所倾倒。诗人热

1942 年 5 月，毛泽东与参加延安文艺工作者座谈会的代表合影。

情地称赞延安新秧歌剧："真是一种群众的喜剧。在我们的每个剧里，贯穿着人民的觉醒。抬头、斗争和胜利。"艾青在对新秧歌剧进行调查研究的基础上，很快写成《秧歌剧的形式》一文，发表在延安的《解放日报》上。文章热情肯定了新秧歌剧和群众结合的方向，还对它的表现手法及唱腔、舞蹈、服装、道具等进行了总结与探讨。在一个晚会上，毛泽东遇见了艾青，他对艾青说："你的文章我看了。写得很好，你应该写30篇。"1944年5月27日，毛泽东给胡乔木写信时再次赞扬了这篇文章："此文写得很切实、生动，反映了与具体解决了几年来秧歌剧的情况和问题，除报上发表外，可印成小册，可起教本的作用。最好把文尾附注移至文前，并稍微扩充几句，请与作者商酌。"不久，即印成小册子广为宣传。在毛泽东的号召下，延安的秧歌成为人民欢庆的一种形式，很快普及到了各抗日根据地和各解放区。

1949年9月21日至30日，由中国共产党、各民主党派、各人民团体、各地区、人民解放区、各少数民族、国外华侨及其他爱国分子的代表所组成的中国人民政治协商会议第一届全体会议在北平举行。这次会议标志着"中国的历史，从此开辟了一个新的时代"。艾青参加了这次大会的筹备工作，并当选为"政协"全国委员会候补委员，任国旗、国歌、国徽图案评选组组长，从7月刊登征稿启事，一个月内应征稿件"国旗"近5000份，表达了各族人民和海外侨胞对新政权的拥护。经过初步选择和集中，列了数种方案，但看法还未统一。在9月25日的一次会议上，毛泽东看了画有五星红旗的国旗的方案，高兴地说，用这个好，这个图案表现我们革命人民大团结，现在要大团结，将来也要大团结。五星红旗，唤起了诗人的诗情，诗人真诚地歌唱道：

我们爱五星红旗
像爱自己的心
没有了心
就没有了生命

我们守卫它
它是我们的尊严
我们跟随它
它引我们前进
革命的旗
团结的旗

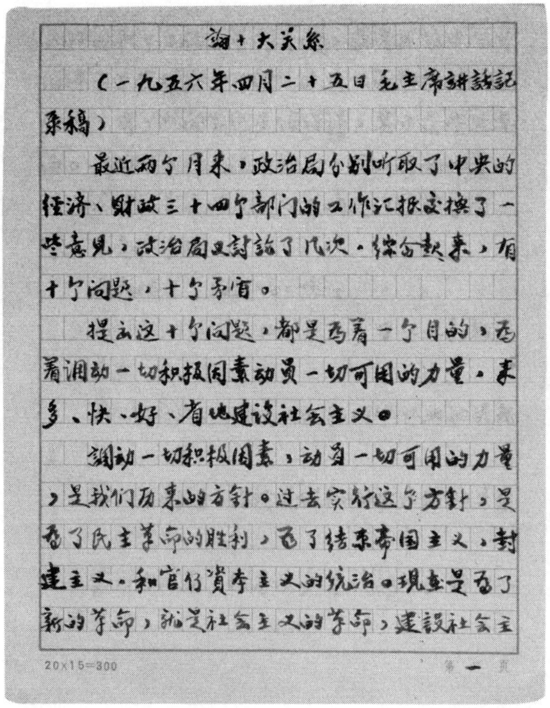

论十大关系

（一九五六年四月二十五日毛主席讲话记录稿）

最近两个月来，政治局分别听取了中央的经济、财政三十四个部门的工作汇报交换了一些意见，政治局又讨论了几次。综合起来，有十个问题，十个矛盾。

提出这十个问题，都是为着一个目的，为着调动一切积极因素动员一切可用的力量。来多、快、好、省地建设社会主义。

调动一切积极因素，动员一切可用的力量，是我们历来的方针。过去实行这个方针，是为了民主革命的胜利，为了结束帝国主义，封建主义，和官僚资本主义的统治。现在是为了新的革命，就是社会主义的革命，建设社会主

20×15=300　　第一页

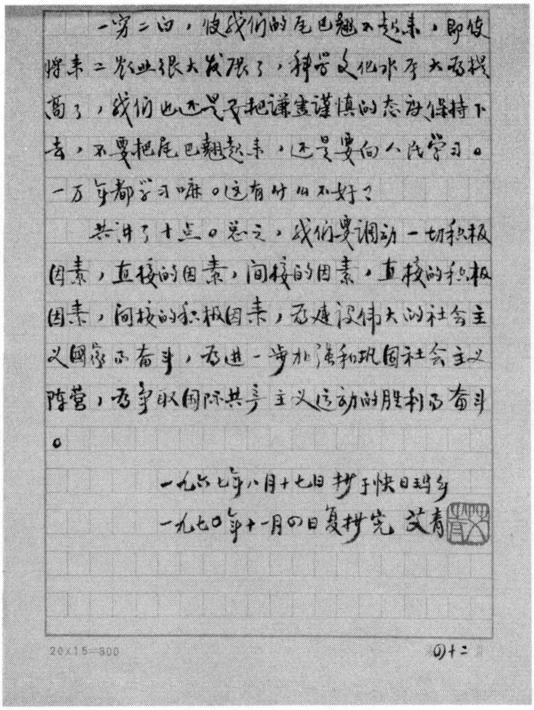

一穷二白，使我们的尾巴翘不起来，即使将来工农业很大发展了，科学文化水平大为提高了，我们也还是要把谦虚谨慎的态度保持下去，不要把尾巴翘起来，还是要向人民学习。一万年都学习嘛。这有什么不好？

共讲了十点。总之，我们要调动一切积极因素，直接的因素，间接的因素，直接的积极因素，间接的积极因素，为建设伟大的社会主义国家而奋斗，为进一步加强和巩固社会主义阵营，为争取国际共产主义运动的胜利而奋斗。

一九六七年八月十七日抄于快日玛乡
一九七〇年十一月四日复抄完　艾青

20×15=300　　四十二

艾青抄录的《论十大关系》

旗到哪里

哪里就胜利

这首《国旗》写于1949年9月27日，这是献给新中国成立的礼花，也是诗人和人民一起欢呼祖国新生的第一声歌唱。10月1日，艾青穿上了节日的礼服，登上天安门城楼，参加了开国大典。诗人望着广场上五彩缤纷的气球和花束，望着雄壮齐整的游行队伍，心潮澎湃，激动不已。他和亿万人民一起，盼到了祖国的黎明，迎来了共和国的诞生！

1958年4月，艾青离开文艺界，来到黑龙江省的一个林场落户。1959年，王震将军按周总理的指示，把艾青接到新疆去，把诗人保护起来。粉碎“四人帮”之后，艾青重获写作自由。1979年2月1日，中共中国作家协会党组决定“恢复艾青同志的党籍，恢复原级别待遇，安排适当工作。其家属、子女、亲友为此而受牵连者，应予消除影响”。同年，艾青当选中国作家协会副主席。

艾青话语很少，却总是透着幽默风趣，透着诗人的睿智，秘鲁诗人聂鲁达称他为“迷人的艾青”。1985年，艾青在北京摔了跤，有人问：“艾青同志，你跌伤的是哪条腿啊？”他风趣地回答：“我总是右边出问题呀！1957年我当‘右派’，前几年右眼做了手术，现在右腿又跌伤了。”艾青右眼动手术后，两只眼睛的眼光有点向两个方向分散，于是有朋友开玩笑说：艾青笑的时候，不知道到底对着谁，所以也不知该笑还是不该笑。

1996年5月5日，艾青在北京病逝。

昨日文小姐，今日武将军

——毛泽东与丁玲

从文小姐到武将军

丁玲，原名蒋冰之，湖南临澧人，是中国现代文学史上著名的女作家，她在1927年年底开始发表小说，1932年加入中国共产党，曾任“左联”机关刊物《北斗》主编。新中国成立后，曾任中国文联常委、中宣部文艺处处长、文讲所主任及《文艺报》《人民文学》主编、中国作家协会副主席、《中国》杂志主编等职。她以写小说为主，也写散文。著有《莎菲女士的日记》《太阳照在桑干河上》《母亲》《韦护》《到前线去》《丁玲近作》《我的生平与创造》等。

早在中学读书的时候，丁玲就听说毛泽东是一位奇人。杨开慧是她的同学，曾向丁玲谈起过毛泽东。后来，丁玲在上海大学读书，从瞿秋白等人的口中进一步了解了毛泽东的一些情况。1930年，丁玲在上海从事“左联”工作时，又从冯雪峰的谈话中，听说了一些毛泽东的事情。但她真正与毛泽东的直接会面与接触，却是在她到达陕甘宁边区以后。

1933年，丁玲在上海被国民党特务秘密绑架后，随即押到南京，被囚禁了3年多。直到1936年秋天，在党组织的帮助下，她才逃出南京。1936年11月1日，她从西安出发，经过11天的行程，终于抵达目的地保安。党中央领导同志和文化界、妇女界对丁玲的到来，极表欢迎。中央宣传部特地举行了欢迎宴会。宴会是在一个四五十平方米的大窑洞里举行的，由宣传部部长吴亮平主持。洞内共设4席，各界代表济济一堂，周恩来、张闻天和中央其他领导同志分别在各席就座。丁玲被邀坐在首席，她感到被温暖抚慰着，被幸福浸泡着，心里只有一个念头：到家了，真的到家了。她无所顾忌、欢乐满怀地讲了话，讲了自己在南京的一段生活，倾诉了自己的痛苦与向往。此时的她像一个远游归家的孩子，向父母亲昵地饶舌。会上，许多领导同志都讲了话，对丁玲的到来表示欢迎。接着，是生动活泼、别具一格的文艺表演，李克农、邓颖超站在土炕上清唱《武家坡》，全场气氛甚是热烈。

毛泽东也参加了晚会，他披了件棉大衣，脸刮得很干净。当他走进来的时候，窑洞里已经坐满了人。见到毛泽东进来，大家都笑道：主席今天漂亮啦。毛泽东也笑了。他说，他还没理发呢。在晚会上，毛泽东没有讲话，他来只是想轻松轻松，而这种轻松的情绪，或许有益于他的诗兴。宴会后，丁玲到毛泽东的窑洞，毛泽东问她："你现在打算做什么？"丁玲爽快地回答："当兵，当红军。"毛泽东高兴地说："好呀！最近可能还有一仗打，正赶得上，就跟杨尚昆他们领导的前方总政治部到前线去吧！"这样，丁玲在保安仅住了12天，便赴前线去了。

丁玲在前线认识了红军里的许多领导同志，还接触了许多红军干部、战士。她参加了前线的行军、宿营、执勤、作战和做群众工作，经受了初步锻炼，对红军有了感性上的认识。不久，毛泽东在拍给前线聂荣臻将军的电报中，附上了赠送丁玲的一首词《临江仙》。因丁玲一直在前线，所以未能及时看到。1937 年元旦，她在庆阳看到了毛泽东的这首词后，高兴得忘记了行军的疲劳。丁玲说：“我收到词的几天里都沉浸在快乐之中。”这年春天，她陪同史沫特莱[1]从前线回到延安，见到了毛泽东。毛泽东一边说话一边在一张巴掌大的白色油光纸上，用毛笔以横书格式写下了十行字，未标题目和词牌，也没有落款，这便是几个月前在电报中附上的那首《临江仙·赠丁玲》。

壁上红旗飘落照
西风漫卷孤城
保安人物一时新
洞中开宴会
招待出牢人

纤笔一枝谁与似
三千毛瑟精兵
阵图开向陇山东
昨天文小姐
今日武将军

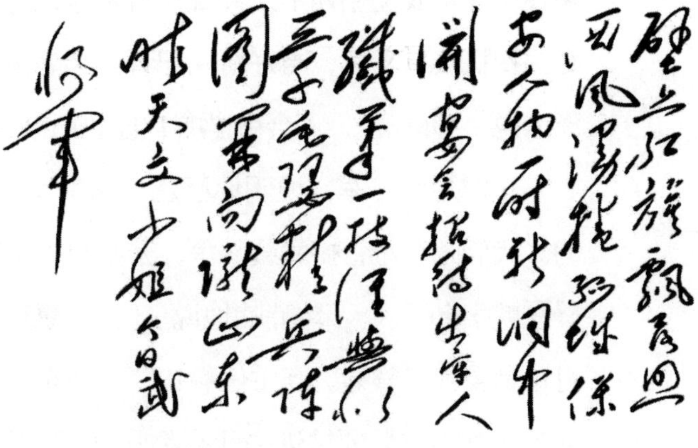

《临江仙·赠丁玲》

丁玲望着毛泽东那潇洒流利的笔势，心里十分得意，也十分感激。这首词的上阕，描述了丁玲初到保安受到欢迎的情景，下阕则称赞了丁玲从“文小姐”到“武将军”的变化。“纤笔一枝谁与似，三千毛瑟精兵。”

① 史沫特莱：美国著名女记者、作家和社会活动家。

这是对丁玲及其创作的高度评价。

教丁玲当主任

后来，丁玲带着在前线生活的体验又回到了毛泽东身边，并向毛泽东汇报了自己的体会。毛泽东见到她非常高兴，向她宣布了任职命令：任命丁玲同志为中央红军警卫团政治处副主任。丁玲听到命令，既喜又愁。喜的是毛泽东和党中央这样器重自己;愁的是自己从来没有当过领导，现在与红军战士相处不几天就要当领导，几乎什么都不懂，怎么工作呢?她想找机会写文章，当好新闻记者。于是说："当主任，我能行吗？"毛泽东说："你能行，不会就学嘛！你总愿意学习吧？天下无难事，只怕有心人，你想当红军，说明你愿意学习红军，只要肯学，一切都可以学会的。我们闹革命，搞武装斗争，开始也不会嘛！还不是学中干、干中学，慢慢就学会了。"丁玲喃喃地说："我是愿意学的，到陕北来什么都要学，可这是要我当领导，当主任啊！"毛泽东又把声音提高了一些说："当领导难也不难，只要钻进去什么都好办了。我看当好主任无非是抓那么几条嘛：首先是放下架子，深入实际，团结战士，团结干部，搞好各方面的关系；其次要多动脑子，注意学习别的领导好的工作作风和方法。取长补短，把上级精神吃透，把政策变为群众的行动；再就是严格要求自己，身先士卒，理论联系实际。"听着毛泽东的话，丁玲不断琢磨着每一句、每一个字的含义，在迷茫中看到了光明，在困难中看到了希望。但她还是说："那就试试吧。"

丁玲带着任职书回到部队，开始了工作。她上任后，工作是异常繁忙的。当时正处在抗日战争爆发的前夜，在新形势下要使警卫团适应新的情况，认识历史转折，认识统一战线的重要性，需要做很多很艰巨的工作。她认真按毛泽东的嘱咐去做。丁玲在中央警卫团的任职虽然只有几个月，但在她的一生中却是很重要的。从那时起，她熟悉了干部战士和人民军队，并逐步了解和掌握了领导艺术，为她以后的事业打下了基础。因此，抗日战争爆发后，党中央决定让她担任西北战地服务团团长，让她在抗战前线建立功勋。每当谈起这段经历时，丁玲都带着甜蜜的笑意，怀着欢快的心情说："我现在仍珍藏着毛主席亲笔签发我任中央警卫团政治处副主任的任职命令，我把它当作激励自己在长征路上不断前进的号角。"

"三八节"有感

1942 年 3 月，丁玲搬到了中华全国文艺界抗敌协会的驻地，准备以陕北革命为题材写一部小说。3 月 7 日晚，《解放日报》编辑陈企霞派人送信来，一定要让丁玲写一篇纪念"三八节"的文章。于是，丁玲连夜挥就，把当时因两起离婚事件而引起的为妇女同志鸣不平的情绪一泄无余地发泄出来了。这篇杂文就是《"三八节"有感》。文章替女同志说了几句话，给男同志提了点意见，特别是给那些嫌弃"土包子"发妻，而另娶年轻、漂亮老婆的男同志提出了一些批评，也反对了一礼拜跳一次舞的人洋洋得意的宣扬。她就是这样得罪了一些人。丁玲后来回忆道：因为这篇文章，第一次对我提出批评是在 4 月初的一次高级干部学习会上。这时，延安各机关已经开始了整风学习。这次会议虽是由毛泽东亲自主持的，但他只讲了几句开场白。第一个发言的是曹轶欧[1]，她很有条理地批评了《“三八节”有感》和《野百合花》。我当时没有感觉，只奇怪：你曹轶欧不搞文化工作，为什么批评我呢？第二个发言的是贺龙同志。我一向喜欢他，尊重他，我完全相信他对像我这样的人是充满善意的，绝不会难为我的，当他说：“我们在前方打仗，后方却有人骂我们的总司令……”我还望着他笑，满心想他误会到哪里去了，我什么时候骂过我们的总司令呢？第二天我特地跑去看他，叫他老乡，说不打不相识，我来听他的意见了。第三天，他到“文抗”来看我，并在我那里吃中饭，谈得非常融洽、亲切。参加这次学习会的文艺界的人只有周扬和我，他坐在后面一点，我坐在靠主席台右边，他没有发言。博古同志原是坐在后边的，这时坐到我身边来了，一直坐到散会，还悄悄地问我：“怎么样？”我当时没有一下懂他问的意思，后来，当我有了一些经验以后，才理解他，我是多么感谢他呵！最后，毛泽东做总结。毛泽东说：《“三八节”有感》同《野百合花》不一样。《“三八”节有感》虽然有批评，但还有建议。丁玲同王实味[2]也不同，丁玲是同志，王实味是托派。

这期间，毛泽东还找丁玲谈话，说：内部批评，一定要先估计人家的长处，肯定其优点，再谈缺点，人家就比较容易接受了。丁玲感激毛泽东在会上保护了自己，也信服他的指点。虽然《“三八节”有感》受到了批评，但在当时还是和风细雨的。延安文艺座谈会后，党组织对丁玲仍然是信任的、重用的，把她调到“文协”担任整风学习委员会主席。至于把这篇文章定为“反党大毒草”，并且大张讨伐，那是1957年把丁玲划为“右派”以后的事。

---

① 曹轶欧：原名曹惠芬、曹淑芬，康生的第二任妻子。

② 王实味：原名诗微，河南潢川人，翻译家。因发表《野百合花》等文章，1942年被开除党籍，后给予平反。

新的写作作风

延安文艺座谈会以后，在新的形势推动下，丁玲遵照毛泽东的教导，下乡下厂下部队，全心全意地投入到工农兵火热的斗争中去。1944 年年初，丁玲被调到边区“文协”，专门从事创作。这年 6 月，延安召开边区合作社会议，丁玲到会上去体验生活，广泛地接触了互助合作中的先进人物和模范事迹。新的人物和事迹，促使她不能不拿起笔来。她写成了有名的报告文学《田保霖》，得到广大群众和中央领导同志的热情称赞。

田保霖是靖边县一个乡的合作社主任，他工作做得很好。丁玲在《田保霖》中倾注了满腔的热情，表扬了这位互助合作道路上的带头人，并通过田保霖的生活经历和思想发展历程，展示了陕北地区近 20 年的历史变迁。6 月 30 日，延安《解放日报》刊登了丁玲的报告文学《田保霖》和欧阳山的文章《活在新社会里》。7 月 1 日清晨，毛泽东读了他们的文章，从中感到了新鲜的创作作风，当即写了一封信给他们。

丁玲
欧阳山　二同志：

快要天亮了，你们的文章引得我在洗澡后睡觉前一口气读完，我替中国人民庆祝，替你们两位的新写作作风庆祝！合作社会议要我讲一次话，毫无材料，不知从何讲起，除了谢谢你们的文章之外，我还想多知道一点，如果可能的话，今天下午或傍晚拟请你们来我处一叙，不知是否可以？

敬礼

毛泽东

七月一日早

下午，丁玲和欧阳山应约到枣园毛泽东的住处。毛泽东对丁玲说：我一口气看完了《田保霖》，很高兴。这是你写工农兵的开始，希望你继续走下去，为你走上新的文学道路而庆祝。傍晚，毛泽东请他俩吃了饭。明月初升，他们才策马出来。欧阳山喝了不少酒，敞开衣襟，让微风吹拂。丁玲呢，她沉浸在刚才的回忆中。多美的枣园的黄昏呵！一钩新月，夏风送来枣花的淡香。毛泽东雍容大方、温和典雅的仪态，以及他在款款漫步中的音容笑语，都铭刻在她的记忆里。

后来，毛泽东在高干会议上，在合作社会议上都提到了《田保霖》和丁玲。陈赓十分高兴地告诉丁玲，毛泽东在高干会议上说："丁玲现在到工农兵当中去了，《田保霖》写得很好，作家到群众中去就能写好文章。"

丁玲自己很清楚，从艺术角度上讲，《田保霖》并非什么了不起的作品，其成功与其说是在艺术技巧上，倒不如说是在思想内容和社会效益方面。因此，她把《田保霖》看作"只是一点点萌芽"。对毛泽东的夸奖，丁玲心领神会。从那以后，按她自己的说法："我已经有意识地在写这种短文，来练习我的文字和风格了。"在写《田保霖》前后，丁玲写出了一组反映边区新生活的作品，如《三日杂记》《袁广发》《记砖窑湾骡马大会》等。后来都以《陕北风光》为名结集出版。丁玲把这本很薄的小书视为自己"走向新的开端"的开始之作。

丁玲是个好同志

1948 年 5 月，毛泽东、周恩来、任弼时等中央领导同志，来到河北省平山县西柏坡村。那时解放战争的形势处在和国民党反动派决战的前夜。中央领导同志经常彻夜不眠，计划、部署和指挥三大战役。七八月间的一个炎热的下午，毛泽东请胡乔木、肖三、艾思奇等同志一起去散步，毛泽东高兴地和大家一起坐上他的中吉普，驱车 20 余里，到了一个树林边下车，边走边聊，兴致很高。过了一会儿，毛泽东发现胡乔木他们在一边谈论问题，毛泽东走过去，一问才知道，原来是丁玲曾请胡乔木、肖三他们对小说《太阳照在桑干河上》提点意见，现在凑在一起正好议论一下。毛泽东没看过小说，不好就小说发表意见，他边听边抽烟，想了想说："丁玲是个好同志，就是少一点基层锻炼，有机会当上几年县委书记，那就更好了。"后来有的同志把毛泽东讲的关于丁玲的话讲给她听，丁玲很高兴，也很激动。

同年 6 月，按照中央安排，丁玲参加中国妇女代表团，去匈牙利出席世界民主妇联第二次代表大会，于 6 月 14 日从正定县华北联合大学启程，到平山县西柏坡集中去哈尔滨。6 月 15 日，丁玲意外地在西柏坡遇见了毛泽东。毛泽东说："好得很，几年不见你了！"他邀丁玲一起去散步。毛泽东对丁玲说："历史是几十年的，不是几年的。究竟是发展，是停止，是倒退，历史会说明的。"他担心丁玲没听懂他的话，又重复了一遍。他还说："你是了解人民的，同人民有结合的。""你在农村有 12 年，再拿 8 年去城市，了解工业。"散步之后，他邀丁玲同他一道去吃晚饭。在交谈时，毛泽东又说历史是几十年的，看一个人要从几十年来看，并举鲁迅为例；并将丁玲与鲁、郭、茅同列一等。丁玲说她的文章不好，不及他们，毛泽东评郭文有才华奔放，组织差些；茅的作品是有意义的，不过说明多些，感情较少。毛泽东表示愿读丁玲的文章。

1951 年夏天，丁玲和陈明在颐和园云松巢居住，一个星期天下午，一位警卫员跑上山来告诉她说："有一位首长要来看望丁玲同志。"过了一会儿，只见罗瑞卿陪着毛泽东来了，毛泽东踏着山坡拾级而上，台阶有点陡，所以毛泽东喘着粗气，穿的黄绸衬衫都被汗湿透了。陈明同志赶紧跑下山去，扶着他慢步上来，丁玲迎上去拉着毛泽东的手在廊前的木椅上坐了下来。随毛泽东来的人不少，陈明让勤务员赶紧买了两个西瓜。毛泽东、罗瑞卿和丁玲边吃西瓜边聊天，互相问候，谈到了对小资产阶级出身的知识分子的团结和改造，真像家人团聚，轻松欢快。休息了一会儿，警卫员来说游船准备好了，丁玲才依依不舍地送别。毛泽东工作忙，很少出来游玩休息，这天是星期天，他来昆明湖散心，便抽时间爬山看望了丁玲，可见他对知识分子、文化工作的重视了。

然而，6 年以后，丁玲被扣上了"反党""右派"等帽子，遭受了不公正的批判。1979 年年底，党的十一届三中全会以后，有关方面遵照中央的政策指示，摘除了强加在丁玲头上的种种帽子。可是，有关丁玲在历史上仍有政治污点的阴风，总是还在某些阴暗的角落里吹着。其实，这事中央早有结论。有一次，她曾与人谈起此事。她说，1940 年，她找过毛主席，责问康生有什么根据说她是"叛徒"，并要求党中央审查她在南京的那段历史，给她做出书面结论。毛泽东听完丁玲的陈述后对她说，我相信你是一个忠实的共产党员，可是要做书面结论，你得找中央组织部部长陈云同志。于是丁玲找了陈云，对这一段历史做了详细的汇报，并写了书面材料。经过中央组织部认真审查，给丁玲做了实事求是的正确结论，认为丁玲是一个对党对革命忠实的共产党员，并且把这个书面结论放进丁玲的档案。从那以后，丁玲经历了抗日战争、解放战争和新中国成立后的“左”倾失误及十年动乱的长达 44 年的严峻考验。1984 年 8 月 1 日，中央组织部颁发文件，再次肯定 1940 年延安时期中央组织部对丁玲历史审查结论的正确和有效，重申丁玲是一个对党对革命忠实的、有贡献的共产党员。

尽管经历了曲折，丁玲对毛泽东仍怀有很深的感情。1980 年后，在答外国驻北京记者提问时，有记者问她：“对毛主席的看法，与过去 30 年的看法相比有无变化？”她回答说：“去年我在《太阳照在桑干河上》的再版前言中写道：我写书时像一个战士喊着毛主席冲向战场。后来有人问我，你现在是否还有这种感情，我说，毛主席是伟大的。没有毛主席，就没有新中国……”

毛泽东和鲁迅之间的忠诚联系者

——毛泽东与冯雪峰

毛泽东在他的著作、讲话、报告和一些书信中，多次谈到鲁迅和鲁迅的著作，并对鲁迅在中国革命和文化发展史中的地位做过很高的评价。鲁迅对于毛泽东也是很敬佩和信任的，并通过冯雪峰等人了解了许多毛泽东的事情。两位伟人虽然相知相契，但却终生未能相见。在20世纪30年代，毛泽东曾遗憾地对冯雪峰说："'五四'时期在北京，弄新文学的人我见过李大钊、陈独秀、胡适、周作人，就是没见过鲁迅。"幸而，通过冯雪峰，毛泽东了解了许多鲁迅的情况。由于冯雪峰的特殊身份，使他成为毛泽东与鲁迅之间的忠诚联系者，在这两位伟人之间做了大量卓有成效的沟通工作，起到了任何人无法替代的作用。

不谈别的，只谈鲁迅

冯雪峰，原名福春，笔名画室、洛扬等，1903年生于浙江省义乌县

冯雪峰故居

南乡神坛村。早年因与同学潘漠华、汪静之、应修人以“湖畔诗社”名义，出版诗集《湖畔》而闻名于现代诗坛。1927 年 6 月，在蒋介石发动“四一二”反革命政变和李大钊惨遭杀害的白色恐怖形势下，冯雪峰继承先烈遗志，毅然加入中国共产党。1928 年 1 月，经柔石介绍与鲁迅交往，从此成为鲁迅后期斗争生活的忠诚学生和亲密战友。1933 年秋，冯雪峰在上海做中共江苏省委宣传部部长，因被叛徒出卖，险些被敌人抓住。为了他的安全，党中央决定将他调到中央苏区。

这年年底，冯雪峰奉命离开上海，秘密从海路南行，途经福建，最后到达江西瑞金。起初，他任中共中央党校教务主任，随后任副校长。这时的毛泽东正受到王明路线的排挤，被免去了红军中的领导职务，只做政府工作，毛泽东抓住这一时机进行了大量的调查研究工作。

当时的苏区处在国民党军队的重重封锁之中，消息十分闭塞，许多外部情况，除了从一些过期白区报纸上获知，再有就是来自刚到苏区的同志的口中。毛泽东听说冯雪峰调到中央党校后，便约冯雪峰谈话，两位“诗人革命家”一见如故。从冯雪峰的交谈中，毛泽东知道了许多上海文艺界的情况，更了解到冯雪峰与鲁迅的特殊关系。有一回，毛泽东亲自来到冯雪峰的住处，见面以后，他风趣地说：“今晚约法三章：一不谈红米南瓜，二不谈地主恶霸，我们不谈别的，只谈鲁迅。”毛泽东接着告诉冯雪峰：他很早读了鲁迅的作品，《狂人日记》《阿Q正传》都读过。阿Q是个落后的农民，缺点很多，但他要求革命。看不到或者不理会这个要求是错误的。鲁迅对群众力量有估计不足的地方，但他看到农民的要求，毫不留情地批评阿Q身上的弱点，满腔热情地将阿Q的革命要求写出来。我们共产党人和红军干部，许多人看不到，对群众的要求不理会、不支持，应当读一读《阿Q正传》。毛泽东说他自己也想重读一遍，可惜当地找不到。

毛泽东还问鲁迅这几年写了些什么。冯雪峰扼要地介绍了鲁迅到达上海以后所写的杂文，尤其是几次争论中的文章。在暗黄的灯光下，毛泽东靠床坐着，一面用旧报纸在桌角上卷旱烟叶子，一面全神贯注地倾听着。在继续深入议论鲁迅的时候，冯雪峰将鲁迅“不想离开上海，谢绝到苏联去，认为在岗位上总能打它一两枪”的想法，原原本本地告诉了毛泽东。毛泽东听了很感动。他说，这才是实际的鲁迅！一个人在紧要关头，敢于不顾安危，挺身而出，坚决将艰巨的任务承担起来，是符合人民愿望的最可贵的性格，我们民族几千年来多次濒临危亡，终于能够维系不堕，就因为人民有这样的性格，这是民族伟大的性格，在鲁迅身上集中地体现出来。

在鲁迅受到反动势力以及革命营垒内部那些还不明事理的青年人的围攻时，冯雪峰正确评价了鲁迅先生的历史功绩，说在反封建势力的工作方面，鲁迅做得最好。也是冯雪峰第一个向毛泽东全面介绍了鲁迅，在毛泽东思想和鲁迅精神之间编织了联系的纽带。后来，毛泽东曾对人说：“我与鲁迅的心是相通的。”

毛泽东和冯雪峰在长期的交往中结下了深厚的革命友谊。1934 年 10 月，中央红军在失败中突围，撤离江西，开始了两万五千里的艰难转移。长征路上，尽管两人难得相见，毛泽东却一直惦念着冯雪峰。他知道冯雪峰同自己一样离不开纸烟，曾多次派人将自己弄到的纸烟送给冯雪峰。对于被“左”倾教条主义搞宗派的人留在苏区的那些优秀干部，他们同样系念萦怀。瞿秋白英勇就义的消息就是毛泽东告诉冯雪峰的，他沉痛地对冯雪峰说：“不仅你失去了一个好朋友，我也失去了一个好朋友。”1936 年春，红军渡黄河东征抗日。有一次，冯雪峰带领一个工作组在征战中迷路走失，十多天才返归，毛泽东在后来的一次会议上开玩笑说：“谁说书生不会打仗？雪峰就会打游击！”在 1936 年 4 月 6 日的政治局会议上，周恩来在发言中也说，在东征中“游击战争之开展，有七八个县乡村群众参加游击，并自己组织，并能自己作战，如雪峰所率之游击队是”。

誓死严守党的秘密

1936 年年初，为了联合抗日，共赴国难，国共两党的秘密谈判开始进行。为了同上海党组织建立联系，并把统一战线工作抓起来，党中央决定派冯雪峰作为特派员前往上海。上海地下党是经过几次大破坏后留存下来的，情况复杂，同党中央又长期失去联系。派冯雪峰去，首先是因为他在上海活动的时间长，同鲁迅、茅盾、胡愈之等熟识，可以先通过鲁迅等摸清情况，然后再开展工作。更重要的是冯雪峰经过了艰苦的革命斗争的考验，以他的忠诚、机警和才干，去上海是合适的人选。4月中旬，冯雪峰从瓦窑堡启程南下。临行前，毛泽东、张闻天、周恩来分别和他谈话，并交给他重要任务。这些任务第一是“外交”，同南京方面联系，促进联合抗日；第二，同上海各界救亡运动领袖（沈钧儒等）、群众团体建立关系，传达抗日民族统一战线的策略，扩大统一战线的组织；第三，恢复党中央与上海地下党的组织，建立上海党的工作，并发展上海原来已有的工作；第四，附带文艺界的一些工作。此外，周恩来亲自交给冯雪峰“建立一个电台”的任务，以便及时同中央联系并将情报报告。在党中央交给冯雪峰的几项任务中，“同南京方面联系，促进联合抗日”，这一极其重要而又极其秘密的使命，冯雪峰在50年代初《回忆鲁迅》中没有写，在50年代中期所谓“爆炸性”的会议上没有说，即使在“文革”的交代材料里写的派到上海的工作任务中，对此仍然缄口不谈。他的这种严守秘密的组织纪律性，实在令人敬佩。

从最近发现的1936年8月14日毛泽东给冯雪峰的指示信中，我们可以更清楚地了解到这一工作的具体内容。毛泽东的信中写道：“宋孔欧美派、冯玉祥派、覃振派，特别是黄埔系中之陈诚、胡宗南，须多方设法直接间接找人接洽，一有端绪，即行告我。你的通信方法务要改得十分机密。董牧师要他专管接洽欧美派并与我处直接联络，不经过你，以免生事。各种上层接洽之事，望写一报告来。刘子青关系要弄得十分好，使他专心为我们奔走华北，旅费我处供给。虞洽卿、穆藕初有联络希望否？”从信中可以看出，在中国共产党实行从“抗日反蒋”到“逼蒋抗日”方针的转变关头，毛泽东指示冯雪峰完成“外交”任务，一是同国民党各派系开展上层统一战线，二是负责联络同华北各地方实力派进行统战工作的代表，三是了解浙江财团代表人物的动向。冯雪峰在上海工作期间，忠实地执行了党中央和毛泽东的指示，统一战线和党的工作都有进展。党中央对于冯雪峰的工作也是肯定的，认为“上海工作是有进步的”“目前工作正在开展”“要建立上海各地党的基础，必须要多派如允生（冯雪峰）同样的人去”。

冯雪峰在上海住在鲁迅的家中，和鲁迅交谈的机会更多了。他和鲁迅谈长征经过、遵义会议情况、党的抗日民族统一战线政策。鲁迅静静地、一心向往地谛听着，每次提到毛泽东，提到毛泽东周围的中共领导人，鲁迅总是不知不觉地流露出亲切信任之感。冯雪峰还受鲁迅委托，将鲁迅病中所编的瞿秋白《海上述林》以及代购的火腿送给毛泽东和周恩来。冯雪峰自己则买了十几条半线半毛的长围巾送给毛泽东等领导同志，以帮助他们御西北高原的风寒。

1936 年 10 月，鲁迅在上海溘然逝世。冯雪峰受党中央委托，出色地主持了鲁迅的治丧工作，使悼念鲁迅的活动成为“一二·九学生运动”以后又一次大规模的群众抗日救亡运动。冯雪峰还特意把毛泽东的名字写进了鲁迅治丧委员会的名单中。在治丧委员会中，毛泽东是唯一一个没有见过鲁迅的人。这也是第一次公开地将鲁迅和毛泽东的名字联系在一起。1937 年 1 月，冯雪峰回延安向毛泽东汇报工作，毛泽东一再关切地询问鲁迅逝世前后的情况，足见他对鲁迅的怀念之情。

在上海，冯雪峰费尽周折，找到了流落在那儿的毛泽东的两个儿子毛岸英和毛岸青。当时东北义勇军司令李杜将军正准备去西欧考察实业，趁此机会，冯雪峰安排由熟悉莫斯科情况的杨承芳同志带着岸英兄弟，随同李杜将军从上海动身，先去法国巴黎，然后再转送至莫斯科。1937 年年初，岸英、岸青来到莫斯科，开始了新的生活。1938 年，有人从苏联带回了毛岸英、毛岸青的照片给毛泽东，毛泽东喜出望外，一遍又一遍地看着，禁不住热泪盈眶。

营救

1941年，“皖南事变”之后，国民党大肆逮捕东南几省的共产党员和抗日爱国人士，实行法西斯白色恐怖。冯雪峰不慎在义乌家中被捕，被关入上饶集中营。冯雪峰在狱中坚贞不屈，团结难友，坚持斗争，并且始终没有暴露共产党员的身份。

1942年，毛泽东在欢迎一批新到延安的文化人时，特意问到冯雪峰的情况，得知冯雪峰被捕，他当即与陈云同志商定，通知周恩来和董必武，请他们设法营救。董必武找到与我党有统战关系的胡秋原先生，请他帮助。胡秋原打电话给上饶集中营的特务头子张超，要求保释冯雪峰。由于冯雪峰被捕时用的是冯福春的化名，因此，在狱中没有找到冯雪峰，故营救未成功。以后党组织又多方设法，找到当时还未加入革命队伍的第三战区《前线日报》主编宦乡，由他保释，冯福春——冯雪峰才得以出狱。

出狱后，冯雪峰辗转来到重庆，在周恩来的领导下做统战工作。1945年，重庆谈判前，冯雪峰第一个了解到国民党准备利用重庆谈判之机长期软禁毛泽东的情报，他心急如焚，马上报告了周恩来，党中央和南方局得以及早制定迫使美蒋方面保证毛泽东安全的措施，使得蒋介石的阴谋终未能得逞。重庆谈判期间，毛泽东在紧张繁忙的工作中，专门抽时间读了冯雪峰的杂文新作集《乡风与市风》和诗集《真实之歌》，他们见面时，毛泽东称赞说："好几年来还没有看到过像这样好的作品。"冯雪峰听到毛泽东这样夸奖自己的作品，心里感到莫大的安慰。

"批示"惹的祸

1954 年，中国人民大学哲学班研究生李希凡和北京师范大学工农速成中学教师蓝翎，因对俞平伯和胡适研究的《红楼梦》有不同看法，写了《关于〈红楼梦〉研究及其他》一文，试着用马克思主义的观点分析《红楼梦》的思想艺术成就。李希凡先给中国作家协会办的《文艺报》写信，介绍他和蓝翎的文章，询问贵刊可否刊登。在没有得到回音后，他们便寄给了母校山东大学校刊《文史哲》。结果，《文史哲》在 1954 年第 9 期上登出了。江青把这篇文章送给毛泽东，毛泽东读后，让江青转告《人民日报》转载。江青于是当即在《人民日报》社召集胡乔木、邓拓、林默涵、林淡秋等人开会，建议转载李、蓝的文章。会上，胡乔木等人提出党报不是自由辩论的场所，大家一致意见交《文艺报》转载。由林默涵通知当时任《文艺报》主编的冯雪峰，快些转载。冯雪峰起草按语送中宣部审阅后，9 月份出版的《文艺报》上即转载了李、蓝的文章。冯雪峰在《编者按》中说："这篇文章原来发表在山东大学出版的《文史哲》月刊今年第 9 期上面。它的作者是两个开始研究中国古典文学的青年。他们试着从科学的观点对俞平伯先生在《〈红楼梦〉简论》一文中的论点提出了批评，我们觉得这是值得引起大家注意的。因此，征得作者的同意，把它转载在这里，希望引起大家讨论，使我们对《红楼梦》这部伟大杰作有更深刻和更正确的了解。在转载时，曾由作者改动了一些错字和由编者改动了一二字句，但完全保存作者原来的意见。作者的意见显然还有不够周密和不够全面的地方，但他们这样地去认识《红楼梦》，在基本上是正确的。只有大家来继续深入研究，才能使我们的了解更深刻和周密，认识也更全面；而且不仅关于《红楼梦》，同时也关于我国一切优秀的古典文学作品。”

毛泽东在这篇按语中做了五处批注。在作者署名旁批：青年团员，一个23岁，一个26岁。在“它的作者是两个开始研究中国古典文学的青年”一句旁批：不过是小人物。在“他们试着从科学的观点对俞平伯先生在《〈红楼梦〉简论》一文中的观点提出了批评”一句的“试着”两字旁画了两道竖线，并批：不过是不成熟的试作。在“作者的意见显然还有不够周密和不够全面的地方”一句旁批，对俩青年的缺点则绝不饶过。很成熟的文章，妄加驳斥。按语中“希望引起大家讨论，使我们对《红楼梦》这部伟大杰作有更深刻和更正确的了解”“只有大家来继续深入地研究，才能使我们的了解更深刻和周密”，毛泽东在“更深刻和更正确的了解”和“了解更深刻和周密”旁画了两道竖线，并批：“不应当承认俞平伯的观点是正确的。不是更深刻周密的问题，而是批判错误思想的问题。”

10月10日，《光明日报》加按语发表了李希凡、蓝翎的《评〈红楼梦〉研究》一文。毛泽东阅后又做了批注。在批语中“目前，如何运用马克思主义科学观点去研究古典文学，这极其重要的工作尚没有很好地进行，而且也亟待展开，本文试图从这方面提出一些问题和意见，是可供我们参考的。同时我们更希望能因此引起大家的注意和讨论。又与此文相关的一篇《关于〈红楼梦〉简论》的文章业已在《文艺报》第十八期上转载，也可供大家研究”，毛泽东针对按语中“试图”“提出一些问题和意见”“供参考”三个提法，批注：不过是试作？不过是一些问题和意见？不过可供参考而已？

毛泽东于10月16日给政治局诸同志及有关人员（包括冯雪峰）写了《关于〈红楼梦〉研究问题的信》，信中说，通过对俞平伯等资产阶级知识分子的错误思想的批判，“反对古典文学领域毒害青年30余年的胡适派资产阶级唯心论的斗争，也许可以开展起来了。”在这里，毛泽东不仅给俞平伯定了性，也对文化艺术界表示了极大的愤懑。

由于毛泽东已经明确地亮明了自己的观点，一场批判运动很快形成。10月28日，《人民日报》发表了袁水拍的文章《质问〈文艺报〉编者》。这篇文章是经过毛泽东认真修改过才发表的。文中“《文艺报》在这里跟资产阶级名人有密切联系，跟马克思主义和宣扬马克思主义的新生力量却疏远得很，这难道不是显然的吗？”一段是毛泽东加的。

这篇文章马上引起了人们的关注，首当其冲的当然是《文艺报》的主要负责人冯雪峰，此时的冯雪峰正把自己的主要精力放在《鲁迅全集》的编辑注释和先烈遗著的整理出版上，对于突如其来的批判，几乎毫无精神准备，但他还是在中国文联召开的会议上做了检讨。《人民日报》公开发表了冯雪峰的《检讨我在〈文艺报〉所犯的错误》。毛泽东阅后又做了批注，在冯雪峰谈到自己在古典文学领域内对胡适唯心论观点一向不加注意一段旁批：限于古典文学吗？应说从来就很注意，很有认识，嗅觉很灵。在文中谈到对资产阶级思想失去敏锐的感觉，旁批：一点没有失去，敏感得很。在文中“我感染有资产阶级作家的某些庸俗作风，缺乏马克思主义的战斗精神”，旁批：不是“某些”，而是浸入资产阶级泥潭里了。不是缺乏的问题，而是反马克思主义的问题。在文中“不自觉地在心底里存在着轻视新生力量的意识”，旁批：应说自觉。不是潜在的，而是用各种方法向马克思主义做坚决斗争。在文中说到自己“是反马克思主义的错误”一句旁批：应以此句去批判冯雪峰。

1954年11月10日，毛泽东再次就《人民日报》一篇文章批示认为《文艺报》和冯雪峰首先不是有没有自我批评的问题，而是是否犯了错误的问题。不是骄傲的问题，而是编辑部被资产阶级思想统治了的问题。不是丧失敏锐感觉，而是具有反马克思主义的极敏锐的感觉。不是这些问题，而是他们的资产阶级反马克思主义的立场观点问题。

毛泽东还将冯雪峰的诗《火》《三月五晨》和寓言《火狱》《曾为反对派而后为宣传家的鸭子》《猴子医生和重病的驴子》等篇批给刘少奇、周恩来、陈云、邓小平、彭真、彭德怀、陈毅、陆定一等人阅。批语：“冯雪峰的诗及寓言数首，可一阅。如无时间，看第一篇《火狱》即可。”同时又批给陈伯达、胡乔木、胡绳、田家英等人，批语同上。《火狱》是冯雪峰的一篇杂感，写的是苏联攻进柏林后的大火。作者欢呼“在火光里，全世界照见自己，照见着自己的胜利”。不知道为什么毛泽东把这篇文章列为寓言，对该文的内容又有什么看法。

12月上旬，《文艺报》改组领导班子，主编冯雪峰仅仅保留了一个一般编委的职务。1958年年初，冯雪峰被划为“右派”，遭到了开除党籍的处分，由此经历了革命者最痛苦最艰难的历程。特别是在林彪、“四人帮”猖獗时期，他曾惨遭迫害，精神上和肉体上都受到了严重摧残。即使在这样的处境中，他仍然抱着革命乐观主义精神，坚强地工作、学习和生活。冯雪峰对毛泽东后期的哲学思想，特别是发动“文化大革命”问题上，曾向不少朋友谈过他的看法：“毛泽东同志晚年在一些问题上陷入了主观唯心主义。”他对毛泽东晚年不能听到群众意见而十分痛心。不过，这并不妨碍他对毛泽东终生怀着的敬仰与钦佩。他曾向人说道：毛泽东不仅是伟大的政治家、理论家，还是一个伟大的战略家。他往往能挽狂澜于既倒，拯救革命于危难之际。毛泽东是我党当之无愧的领袖，党内杰出人物不少，谁也不能与他相比。

1976 年，冯雪峰因患肺癌去世。1979 年，中共中央为他彻底平反并恢复名誉。

从《甲申三百年祭》到诗词唱和
——毛泽东与郭沫若

在风景秀丽的北京什刹海前海西岸，坐落着郭沫若的故居，故居正门上方悬挂着邓颖超题写的金字木匾。院内生长着郭老和夫人于立群亲手培植的银杏、牡丹等花木。郭老的纪念铜像安坐在绿荫环抱的草坪上。沿甬道北行进四合院，前排正房西间为客厅，环境素朴、典雅，周恩来等领导人和中外友人常来此处做客。东间为办公室，书桌上静放着郭老握过的最后一支毛笔和随身用的耳机。迎面书柜上方悬挂着毛泽东亲笔书写的《西江月·井冈山》，对面是于立群用隶书抄录的毛泽东的诗词《沁园春·雪》，在西厢房陈列室中展放着1949年3月郭沫若在机场迎接中共中央机关到达北平时和毛泽东亲切交谈的照片。这些都表明了毛泽东和郭沫若非同一般的亲密无间的同志关系，表明了郭沫若对毛泽东无比的崇敬和热爱。

史剧、史论有大益于中国人民

1937年抗日战争爆发后，郭沫若怀着满腔爱国热情，从日本回到祖国，在周恩来的直接领导下，组织和团结国民党统治区的进步文化人士，积极从事抗日救亡运动。他的工作受到党中央和毛泽东的热情支持和高度重视。这一时期他所创作的《棠棣之花》《屈原》《虎符》等历史剧及大量诗文，深刻揭露了国民党反动派的卖国投降政策，激励了革命人民的斗志。1942年郭沫若的剧作《屈原》在重庆上演，对当时“大后方”的民主运动起了积极的推动作用，许多作家、诗人纷纷撰文作诗，高度评价《屈原》的积极意义和作用。1944年1月9日，毛泽东给中央党校的杨绍萱、齐燕铭同志的信中称赞：“郭沫若在历史话剧方面做了很好的工作。”1942年2月，郭沫若写成剧本《虎符》。国民党政府发动第三次反共高潮——皖南事变之后，蒋介石的消极抗战，积极反共的面目已经暴露，郭沫若的剧本取材于战国时期魏国信陵君和安釐王的宠姬如姬窃符救赵的故事，借此宣传爱国主义思想，从而抨击国民党的卖国投降政策和摧残抗敌力量的暴行。剧本受到国民党当局严格的检查，在重庆只演过一次。1944年1月9日，毛泽东请董必武转交郭沫若的电报说：“收到《虎符》，全篇读过，深为感动。你做了许多十分有益的革命的文化工作，我向你表示庆贺。”

1944年3月19日至22日，重庆《新华日报》连载郭沫若为纪念明末农民起义胜利300周年而写的著名史论著作《甲申三百年祭》。此时抗战已处在胜利的前夜，中国革命势力空前发展、壮大。中共南方局为在革命形势迅速发展的时候，抵制和克服革命队伍内部滋长的骄傲情绪，使队伍保持清醒的头脑，不再犯胜利时骄傲的错误，于是打算组织一组纪念文章，意在通过李自成起义失败的历史教训来教育革命队伍，郭沫若的《甲申三百年祭》就是在这样的意图下写出的。文中不仅以大量的历史事实论述了明王朝灭亡的原因，而且深刻总结了明末李自成起义由胜利转向失败的经验教训，“在过短的时期之内获得了巨大的成功，这却使自成以下如牛金星、刘宗敏之流似乎都沉沦进了过分的陶醉去了。”“纷纷然，昏昏然，大家都像以为天下就已经太平无事了的一样。”不修边防，不讲政策策略，军纪败坏，妄杀部属，最终导致一场轰轰烈烈的起义归于失败。连李自成本人也在溃乱中为地主武装所杀害。这一经验，对于领导抗日民族解放战争正在向胜利转化的中国共产党人具有极为重要的现实意义。

文章发表后受到党和人民的热烈欢迎和高度赞扬。仅隔 20 天（即 4 月 21 日），毛泽东就在《学习和时局》的报告中提到这篇文章，指出：“我党历史上曾经有过几次表现了大的骄傲，都是吃了亏的……全党同志对于这几次骄傲，几次错误，都要引为鉴戒。近日我们印了郭沫若论李自成的文章，也是叫同志们引为鉴戒，不要重犯胜利时骄傲的错误。”1944 年 8 月下旬，郭沫若收到了周恩来从延安托专人带来的《甲申三百年祭》和《屈原》的单行本，当天即给毛泽东、周恩来和许多在延安的朋友一一致函，感谢他们的鼓励和鞭策。12 月，郭沫若收到了毛泽东 11 月 21 日写的复信，信中说：“大示读悉。奖饰过分，十分不敢当；但当努力学习，以副故人期望。武昌分手后，成天在工作堆里，没有读书钻研机会，故对于你的成就，觉得羡慕，你的《甲申三百年祭》，我们把它当作整风文件看待。小胜即骄傲，大胜更骄傲，一次又一次吃亏，如何避免此种毛病，实在值得注意。倘能经过大手笔写一篇太平军经验，会是很有益的；但不敢作正式提议，恐怕太累你。最近看了《反正前后》，和我那时在湖南经历的，几乎一模一样，不成熟的资产阶级革命，那样的结局是不可避免的。此次抗日战争，应该是成熟了的罢，国际条件是很好的，国内靠我们努力。我虽然兢兢业业，生怕出岔子，但说不定岔

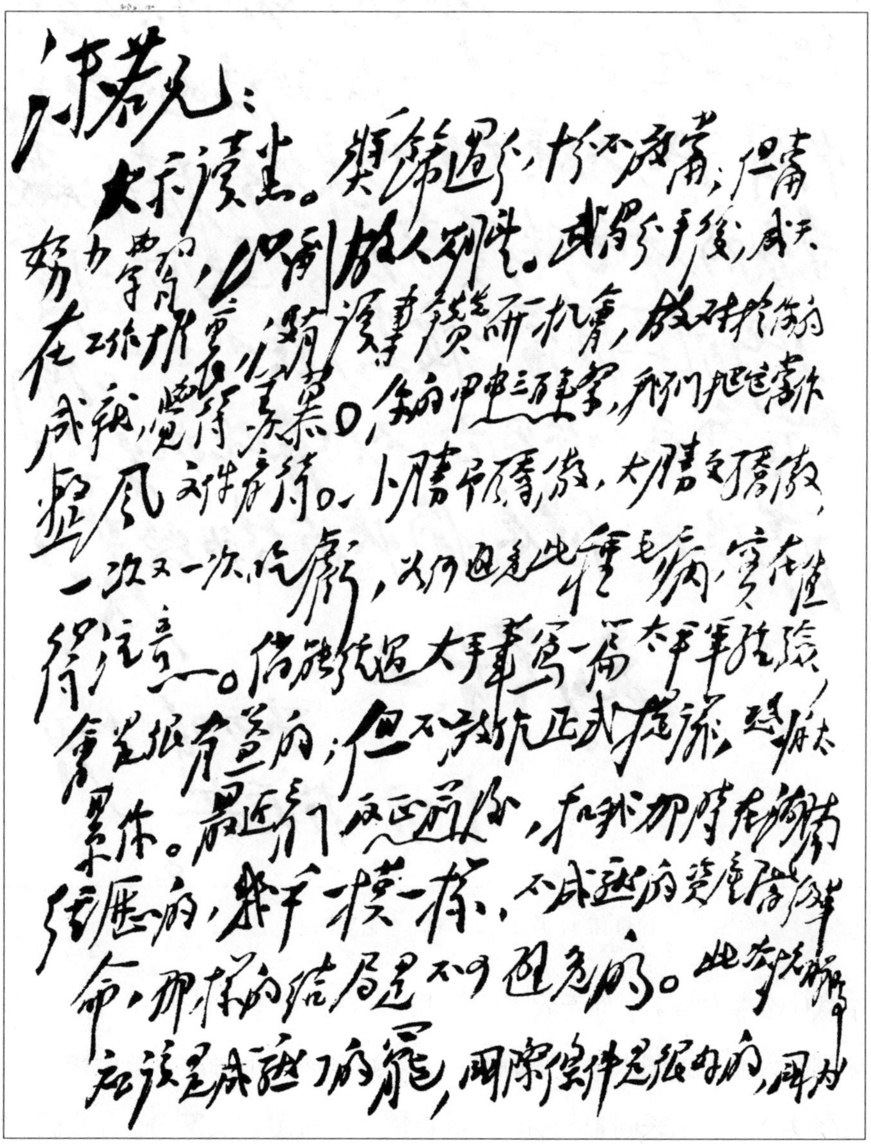
沫若兄：
大示读悉。奖饰过分，不敢当；但当努力学习，以副故人之望。武昌分手后，成天在工作堆里，没有读书钻研机会，故对于你的成就，觉得羡慕。你的甲申三百年祭，我们把它当作整风文件看待。小胜即骄傲，大胜更骄傲，一次又一次吃亏，如何避免此种毛病，实在值得注意。倘能经过大手笔写一篇太平军经验，会是很有益的；但不敢作正式提议，恐怕太累你。最近看了反正前后，和我那时在湖南经历的，几乎一模一样，不成熟的资产阶级革命，那样的结局是不可避免的。此次抗日战争，应该是成熟了的罢，国际条件是很好的，国内

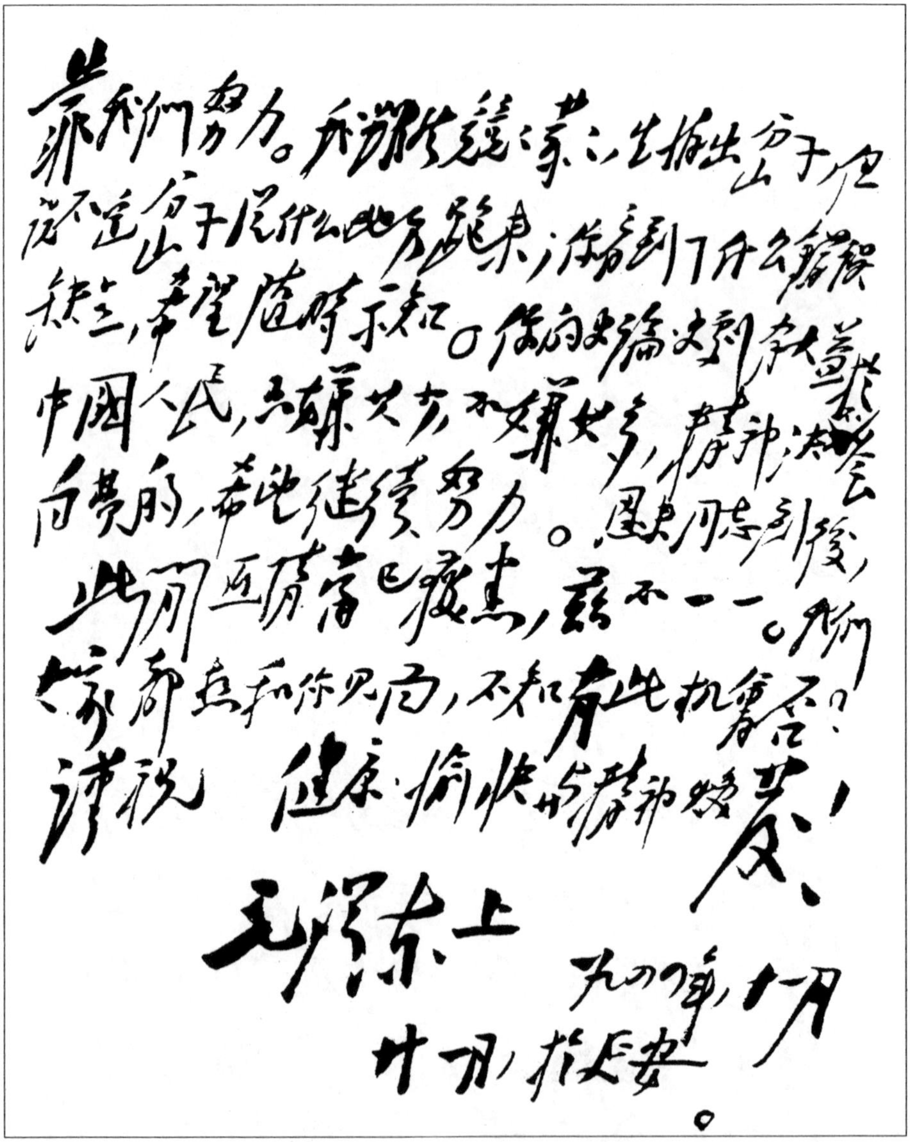

靠我们努力。我们游击战争二生长出分子，但还不适分子从什么地方跑来；你看到了什么错误缺点，希望随时示知。你的史论、史剧有大益于中国人民，只嫌其少，不嫌其多，精神决不会白费的，希望继续努力。恩来同志到后，此间近情当已获悉，兹不一一。我们大家都想和你见面，不知有此机会否？

谨祝

健康、愉快与精神焕发！

毛泽东上

一九四四年十一月

廿一日于延安。

1944 年 11 月 21 日，毛泽东给郭沫若写的信。

子从什么地方跑来；你看到了什么错误缺点，希望随时示知。你的史论、史剧有大益于中国人民，只嫌其少，不嫌其多，精神决不会白费的，希望继续努力。恩来同志到后，此间近情当已获悉，兹不一一。我们大家都想和你见面，不知有此机会否？”毛泽东的信，高度赞扬了郭沫若在史论、史剧方面的成就，认为“有大益于中国人民，只嫌其少，不嫌其多”。毛泽东还把《甲申三百年祭》当作整风文件，这是党中央对郭沫若的最大信任。毛泽东的这封信，款款写来，平易而亲切，谦逊而真挚，既抒发了深沉的怀念之情，又表示了殷切的期望之意。

旧友重逢

郭沫若从日本回到祖国，就一直渴望能够奔赴延安，同毛泽东和延安的同志们见面。但是，当时他在国民党统治区，这个愿望无法实现。1945 年 8 月，抗日战争胜利后，在美帝国主义的导演下，蒋介石连续三次电邀毛泽东到重庆举行“和平”谈判，27 日美国驻华大使赫尔利又为此亲自前往延安，妄图置中国共产党于被动。为了揭穿美蒋派玩弄的“和谈”阴谋，制止内战，中国共产党决定派遣毛泽东、周恩来率代表团赴重庆参加国共谈判。当毛泽东一行于 8 月 28 日飞抵重庆时，整个山城沸腾了，郭沫若怀着兴奋和激动的心情去机场迎接。毛泽东在重庆逗留期间，广泛会见了国民党上层人物、各民主党派和无党派民主人士、外国大使和中国记者，向他们介绍会谈情况，宣传我党的政治路线和政策，极大地争取了群众，扩大了人民民主统一战线。毛泽东是郭沫若景仰的革命领袖和战友，自 1927 年在武昌分手后，他们已有 18 年没有见面了。这次旧友重逢，感到分外喜悦。当郭沫若看到毛泽东用的是一只旧怀表时，就把自己的手表取下来送给毛泽东。毛泽东非常珍视这件礼物。他多次对身边工作人员谈起这件事，并说这块表可不能丢了，不要叫别人拿去。

以后这块表虽然修过，表带也换过，但毛泽东生前一直戴着。这件事也体现了郭沫若和毛泽东的深厚友谊。在同毛泽东的多次会面和交谈中，郭沫若对于抗战胜利后的时局及党的方针有了更加明确的认识，他决心以更加鲜明的态度，向国民党反动派进行不妥协的斗争。

毛泽东在重庆期间，还在桂园寓所宴请柳亚子、王昆仑等人。柳亚子向毛泽东赠送一首七律，同时向毛泽东“索句”。毛泽东便把9年前创作的《沁园春·雪》赠给他，并致信说：“初到陕北看见大雪时，填过一首词，似与先生诗格略近，录呈审正。”不久，柳亚子做了一首和词，在《新华日报》上发表，引起社会各界的广泛关注，人们都想欣赏一下“毛润之的咏雪”原作。《新民报晚刊》副刊《西方夜谭》的编者吴祖光特请人搜集到毛泽东的原句，以《毛词·沁园春》为题于11月14日在该报副刊显著位置上发表，并加“按语”云：“毛润之先生能诗词，似鲜为人知。客有抄得其《沁园春·雪》一词者，风调独绝，文情并茂，而气魄之大乃不可及。”一石激起千层浪。毛泽东的《沁园春·雪》一发表，立刻轰动山城，波及全国。一时间，和词、论文，乃至其他样式的文章纷至沓来，涌现于不同性质的各种报刊：或衷心赞颂，或恶意中伤，笔枪舌剑，针锋相对。1945年12月，被国民党控制的《大公报》，连载该报主笔王芸生的长文《我对中国历史的一种看法》。该文开宗明义地说：“近见今人述怀之作，还看见‘秦皇汉武’‘唐宗宋祖’的比量，因此觉得我这篇斥复古破迷信反帝王思想的文章，还值得拿出来与世人见面。”他攻击毛泽东有“帝王思想”，想复辟做皇帝，等等。之后，一些报刊鹦鹉学舌，连续发表反动和词与文章，大有群犬吠日、鸦鸣蝉噪之势。

在这场尖锐的斗争中，郭沫若一马当先，撰写诗文赞扬《沁园春·雪》，并抨击反动文人对它的攻击和诬蔑。他在《摩登堂吉柯德的一种手法》文中说，毛泽东的词作“气魄宏大，实在是前无古人，可以使一些尚绮丽、竞雕琢的靡靡者流骇得倒退”。他指出，诽谤毛泽东有“帝王思想”的御用文人，其主子才是真正有“帝王思想”的人，因此他们发动内战，向共产党领导的解放区进攻。郭沫若还谈了自己对《沁园春·雪》寓意的理解。他说：“我的揣测是这样：那是说北国被白色的力量所封锁着了，气势汹汹，‘欲与天公试比高’的那些银蛇蜡像，遍山遍野都是，那些是冰雪，但同时也就是秦皇汉武、唐宗宋祖，甚至外来的成吉思汗的那样一大批‘英雄’。那些有帝王思想的‘英雄’们依然在争夺江山，单凭武力，一味蛮干。但他们迟早是会和冰雪一样完全消灭的。这，似乎就是这首词的底子。”应当指出，郭沫若肯定毛词具有前无古人的宏大气魄，批判反动文人对词作的歪曲，这些都是非常正确的。但他对作品“底子”的理解，与该词的实际寓意，似乎还有相当的距离。新中国成立后，在研究《沁园春·雪》时，人们对封建帝王和“风流人物”的评论，也有一些不同的看法。正因为如此，毛泽东才在1958年对此词郑重批注：“雪：反封建主义，批判两千年封建主义的一个反动侧面。文采、风骚、大雕，只能如是，须知这是写诗啊！难道可以谩骂这一些人们吗？别的解释是错的。末三句，是指无产阶级。”诗人的这个说明，才真正揭开了他的咏雪词的“底子”。

郭沫若还在《新民报晚刊》副刊上发表了两首和词，赞扬毛泽东的《咏雪》，不是历史上汉高祖刘邦的《大风歌》、战国时代荆轲刺秦始皇所唱的《易水寒》所能比拟的。它气魄宏伟，意境远大，前无古人。所谓“气度雍容格调高”“开生面，是堂堂大雅，谢绝妖娆”，痛斥无耻文人是“传声鹦鹉”“皮相轻飘”，揭露中美反动派相互勾结，妄图“一手遮天”“欲把生民力尽雕”，发动反人民的内战。

诗词唱和

新中国成立后，毛泽东和郭沫若在繁忙的工作之余互相写诗唱和，抒发自己的情怀，毛泽东还把自己的诗作送给郭沫若，请郭沫若帮助修改。

1959年6月25日至27日，毛泽东离别故乡32年之后，重返韶山，在故乡度过了难忘的3天。此时，他已年近66岁，在艰苦卓绝的革命斗争中，他无私地奉献出自己的年华和亲人——从妻子到弟弟妹妹，甚至还有心爱的长子，望着熟悉的一草一木，他抚今追昔，思念逝去的亲人，痛悼死难的烈士，更热爱朝气蓬勃的故乡人民。1959年6月底，毛泽东告别韶山，怀着轻松喜悦的心情，登上位于江西九江的庐山。他远眺鄱阳湖、扬子江，眼前呈现出一派千峦竞秀、万壑争流、红日方升的壮观景象。这一切使毛泽东激情澎湃，诗兴勃发，数日内相继写下了《七律·到韶山》和《七律·登庐山》。9月7日毛泽东写信给胡乔木，说:“诗两首，请你送给郭沫若同志一阅，看有什么毛病没有？加以笔削，是为至要。”郭沫若于9月9日和10日两次写信给胡乔木，直率地提出了修改意见，9日的信说 :“主席诗《登庐山》第二句‘欲上逶迤’4字，读起来似有踯躅不进之感。拟易为‘坦道蜿蜒’，不识何如。”10日的信说:“主席诗‘热风吹雨洒南天’句，我也仔细反复吟咏了多遍，觉得和上句‘冷眼向洋观世界’不大谐协。如改为‘热情挥雨洒山川’，以表示大跃进，似较鲜明，不识如何。古有成语，曰‘挥汗成雨’。”胡乔木将两信转呈毛泽东。9月13日，毛泽东又写信给胡乔木说 :“沫若同志两信都读，给了我启发。两诗又改了一点字句，请再陈沫若一观，请他再予审改，以其意见告我为盼！”毛泽东根据郭沫若等的意见，将《七律·登庐山》中的两句做了修改。

1961年10月18日，郭沫若在北京民族文化宫观看浙江省绍剧团演

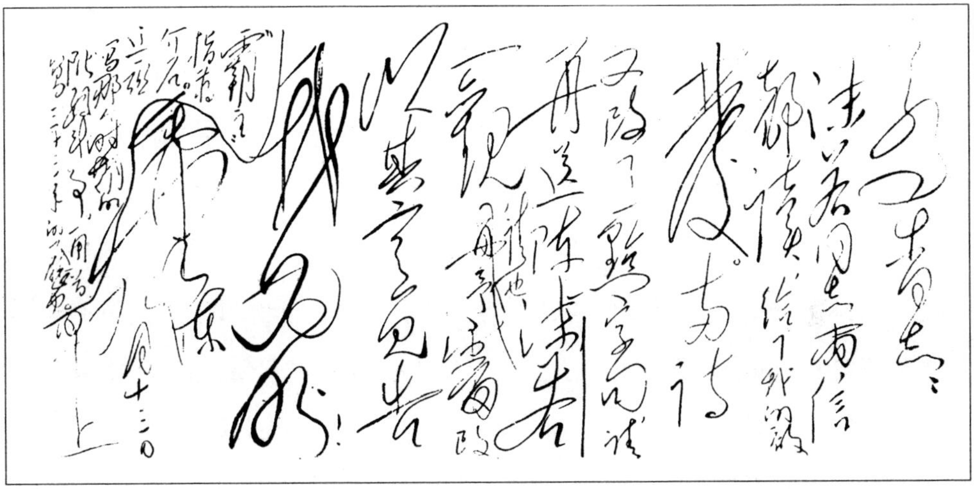

毛泽东让胡乔木给转郭沫若的信。

出的《孙悟空三打白骨精》。这出戏是根据《西游记》第二十七回改编的，在小说里，孙悟空的第三棒打死了“白骨夫人”。剧本将后半部改为，白骨精从第三棒下逃脱，又待孙悟空被逐，趁机降住唐僧和沙僧，猪八戒侥幸逃脱，请回孙悟空，设计除掉白骨精。全剧最精彩处，是孙悟空化作白骨精之母，要白骨精在师父面前三现原形，使唐僧悔悟。演出结束后，绍剧团的同志要郭沫若提出意见。10月25日，郭沫若挥笔写成七律《看〈孙悟空三打白骨精〉》赠与绍剧团。诗中写道：“人妖颠倒是非淆，对敌慈悲对友刁。咒念金箍闻万遍，精逃白骨累三遭。千刀当剐唐僧肉，一拔何亏大圣毛。教育及时堪赞赏，猪犹智慧胜愚曹。”很显然，郭沫若的观剧感，主要集中在唐僧身上，他痛斥被白骨精欺骗的唐僧，并把他作为打击对象，认为他死有余辜，这是郭诗的基调。不久，毛泽东在广州读

到郭诗，他不同意把被白骨精欺骗的唐僧作为打击对象的偏激看法，于是写下了《七律·三打白骨精·和郭》，诗云：一从大地起风雷，便有精生白骨堆。僧是愚氓犹可训，妖为鬼蜮必成灾。金猴奋起千钧棒，玉宇澄清万里埃。今日欢呼孙大圣，只缘妖雾又重来。1962 年 1 月 6 日，郭沫若在广州看到毛泽东的和诗后，接受毛泽东的意见，当日步原韵再和一首《七律·再咏〈孙悟空三打白骨精〉》，诗是这样写的："赖有晴空霹雳雷，不教白骨聚成堆。九天四海澄迷雾，八十一番弭大灾。僧受折磨知悔恨，猪期振奋报涓埃。金睛火眼无容赦，哪怕妖精亿度来。"郭沫若在这首和诗里，把自己原诗中"千刀当剐唐僧肉"，改成了"僧受折磨知悔恨"。毛泽东看过郭沫若送上的这首和诗后，回信给郭沫若说："和诗好，不要'千刀当剐唐僧肉'了，对中间派采取了统一战线政策，这就好了。"毛泽东同时还将他的近作《卜算子·咏梅》送给郭沫若看。

20 世纪 60 年代初，国际局势继续动荡，反华浪潮继续袭来，但中

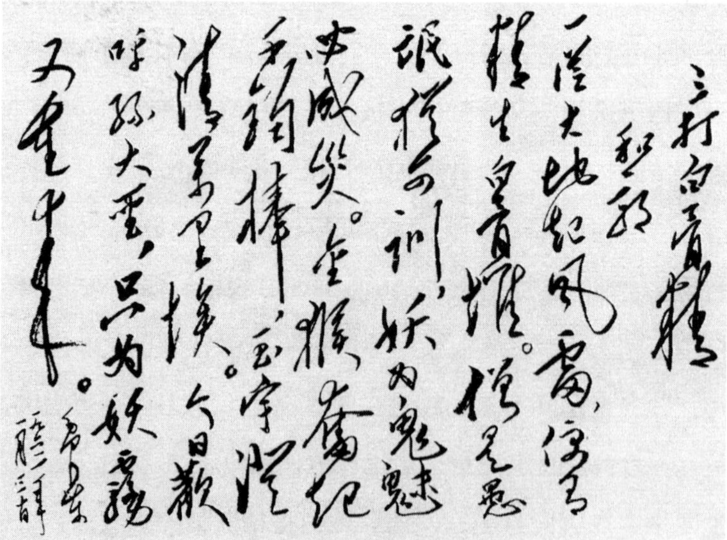

《七律·三打白骨精·和郭》

国人民顶住了重重压力。同时由于落实了调整国民经济的政策，经济困难的严重局面发生了转机。实践证明，中国人民不但抗得住外来的压力，而且也能顺利渡过国内的困难时期，对此郭沫若感受良多，心情振奋，因此在辞旧迎新之际，填《满江红》词一首送呈毛泽东，词中写道："沧海横流，方显出英雄本色。人六亿，加强团结，坚持原则。天垮下来擎得起，世披靡矣扶之直。听雄鸡一唱遍寰中，东方白。太阳出，冰山滴；真金在，岂销铄？有雄文四卷，为民立极。桀犬吠尧堪笑止，泥牛入海无消息。迎东风革命展红旗，乾坤赤。"该词发表在 1963 年 1 月 1 日《光明日报》上。郭词意在热烈歌颂中国人民在国外反马克思主义思潮和反华思潮泛滥的局势下，敢于坚持马克思主义原则的英雄气概，并对在马克思主义学说指导下的革命前景，抱着必胜信心。当时正在广州的毛泽东从《光明日报》上读到郭沫若的《满江红》词后，非常感动，自然而然地激荡起久蓄胸间的诗情，填成了《满江红·和郭沫若》这首长调："小

《满江红 · 和郭沫若》

小寰球，有几个苍蝇碰壁。嗡嗡叫，几声凄厉，几声抽泣，蚂蚁缘槐夸大国，蚍蜉撼树谈何易。正西风落叶下长安，飞鸣镝。多少事，从来急；天地转，光阴迫。一万年太久，只争朝夕，四海翻腾云水怒，五洲震荡风雷激。要扫除一切害人虫，全无敌。”据当时在毛泽东身边的工作人员回忆，在读过郭词那天晚上，“他在屋里踱来踱去，时而凝眉沉思，时而昂首吟哦。忽然，他停住脚步，坐在桌前写上几句，又摇摇头，把纸揉成一团，扔进纸篓。在不断的吟哦、写作中，这首名篇诞生了。次日清晨，工作人员发现纸篓已装满大半。”写成后，毛泽东立即抄送周恩来，并特意提醒：“郭词见 1 月 1 日《光明日报》。”后来，他又进一步推敲，直到改成同现在正式发表的一样为止。如今这首气势磅礴、挥洒自如的名篇手迹已镌刻在“毛主席纪念堂”南大厅正北的汉白玉壁上，供人们瞻仰。

1962 年筹备纪念毛泽东《在延安文艺座谈会上的讲话》发表 20 周年的时候，毛泽东同意在《人民文学》5 月号发表他 30 年前“在马背上哼成的”六首词。《人民文学》编辑部请郭沫若写些诠释性的文字，以帮助青年读者理解。郭沫若欣然同意，于 5 月 1 日写成一篇《喜读毛主席“词六首”》，发表在同年 5 月 12 日出版的《人民文学》和同日的《人民日报》上。5 月 9 日，郭沫若收到《人民文学》编辑部送阅的小样，立即写信送请毛泽东“加以删正”。郭沫若在文章中说，毛泽东同志的诗人人爱读，处处弦诵，然而在事实上却未见得人人都懂，首首都懂，郭沫若举自己对《娄山关》的理解为例，说：今年 3 月初在广州的一次诗歌座谈会上，曾经为这首词请教过广州诗歌工作者，他们的见解就很不一致。这首词上阕写的是清早，下阕写的是晚上。我曾问过广州的同志们：这词所写的是一天的事，还是不是一天的事？他们的回答便有分歧，有的说是一天的事，有的说不是一天的事。可见，对于毛泽东同志的诗词并不一定真正首首都能读懂。文中还写道 :“我对于《娄山关》这首诗做过一番研究，我起初也觉得是一天的事，曾经把新旧《遵义府志》拿来翻阅过，查了由遵义城至娄山关是 70 里，恰好是一天的路程。清早由遵义城动身，晚上到达娄山关，那是合情合理的。然而进一步考虑，却发现了问题。红军长征第一次由遵义经过娄山关，是在 1935 年 1 月。第二次经过娄山关回遵义，是在当年 2 月。就时令来说都是冬天。为什么词的上阕写的却是秋天？‘西风’‘雁叫’‘霜晨’，都是秋天的景物。这怎么解？要说主席写词不顾时令，那是说不过去的。因此，我才进一步知道 :《娄山关》所写的不是一天的事。上阕所写的是红军长征的初期，那是 1934 年的秋天 ；下阕所写的是遵义会议之后。继续长征，第一次跨过娄山关。想到这一层，全词才好像豁然贯通了。”“‘西

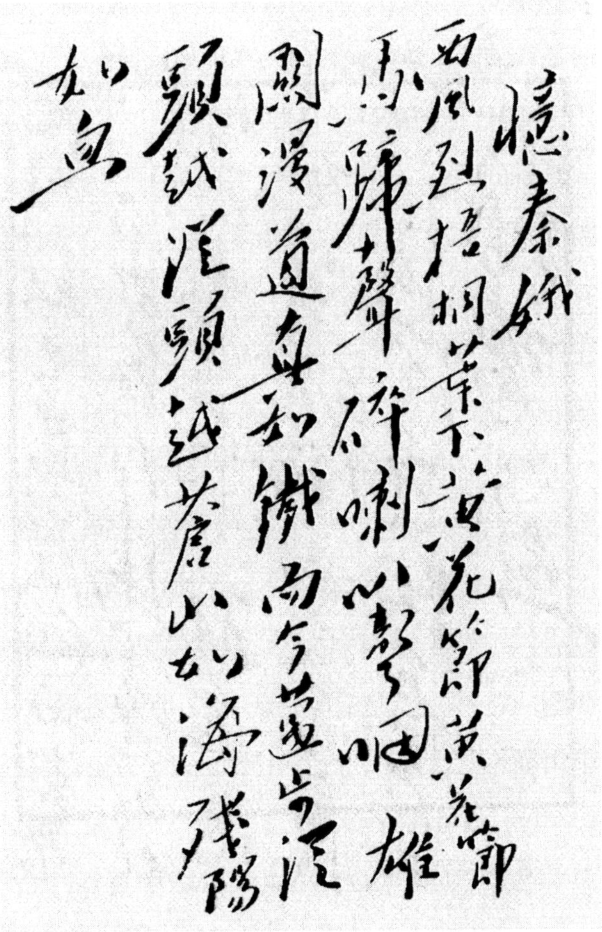

《忆秦娥 · 娄山关》写于 1935 年，全词慷慨悲烈，雄沉壮阔，以景入情，描写了红军铁血长征中征战娄山关的紧张而激烈场景，表现了作者面对失利和困难从容不迫的气度和博大胸怀。

风烈’，不仅是自然界的西风，也隐喻着受帝国主义支持的敌军力量的相对强大。在这时拂晓的长空中，有下弦的残月，天上有南飞的归雁，地上有长征的红军，马蹄声零碎，喇叭声呜咽，气氛是悲壮的。但到了遵义会议以后，在党和红军中树立了毛主席的正确领导，中国的革命便来了一个转折点。《娄山关》这一首词就是遵义会议前后革命气势的生动反映。在遵义会议以后，红军又以百倍勇气重新迈上征途，尽管眼前有多少道铁门关也要雄赳赳气昂昂地超越过去。前途的障碍是很多的——‘苍山如海’。流血的斗争是要继续的——‘残阳如血’。但尽管这样，必然有胜利的明天。”“我对于《娄山关》一词做了这样的解释，我虽然没有当面问过主席，不知道我的解释究竟是否正确，但在广州的诗歌座谈会上，我很高兴同志们是同意了我的见解的。或许有人会问：一首词中所说的一朝一夕为什么所表示的不是一天？这在我们中国的诗歌中倒并不是稀罕的例子。”

然而，郭沫若在广州诗歌座谈会上所说的话，竟是错了。这是毛泽东看了《喜读毛主席“词六首”》后告诉郭沫若的。同时毛泽东同志对《娄山关》这首词的写作背景还做了如下的说明：1935 年 1 月党的遵义会议以后，红军第一仗打娄山关，胜利了，企图经过川南，渡江北上，进入川西，直取成都，击灭刘湘，在川西建立根据地。但是事与愿违，遇到了川军的重重阻力。红军由娄山关一直向西，经过古蔺古宋诸县打到了川滇黔三省交界的一个地方，叫作“鸡鸣三省”，突然遇到了云南军队的强大阻力，无法前进。中央政治局开了一个会，立即决定循原路反攻遵义，出敌不意打回马枪，这是当年 2 月。在接近娄山关几十华里的地点，清晨出发，还有月亮，午后二三时到达娄山关，一战攻克，消灭敌军一个师，此时已近黄昏了。乘胜直追，夜战遵义，又消灭敌军一个师。此

1964 年 2 月 13 日，毛泽东和郭沫若在交谈。

役共消灭敌军两个师，重占遵义。词是后来追写的，那天走了 100 多华里，指挥作战，哪有时间和精力去哼词呢？南方有好多个省，冬天无雪，或多年无雪，而只下霜，长空有雁，晓月不甚寒，正像北方的深秋，云贵川诸省，就是这样。“苍山如海，残阳如血”两句，是在战争中积累了多年的场景观察，一到娄山关，战争胜利和自然景物突然耦合，就造成作者自以为颇为成功的这两句话。毛泽东的这段说明，对我们研究他的《娄山关》这首词是很重要的。

从 1957 年到 1966 年年初，郭沫若发表了近 20 篇论述毛泽东的诗词文章。这些文章代表了当时毛泽东诗词研究的最高水平，并有自己鲜明的特色。首先，由于郭沫若是著名的社会活动家，又是毛泽东的诗友，他了解毛泽东某些诗的写作背景及作者的有关想法，因此，他的不少文章传达出了毛泽东的诗外之音。其次，郭沫若有深厚的中国古典文学修养，他对毛泽东诗词中的典故非常熟悉，他的解释常常使人耳目一新，大开眼界。再次，郭沫若的诗人气质，使他对毛泽东诗词的意境，能入乎其内出乎其外。但是郭沫若对毛泽东诗词的研究，有时主观随意性过强，确有不切实际之处。对此，他一旦发现并认识到自己的失误，便马上公开纠正。作为一位杰出的学者，郭沫若对自己的缺陷采取了光明磊落的态度。

1965 年，毛泽东还曾请胡乔木就《水调歌头・重上井冈山》《念奴娇・鸟儿问答》征求过郭沫若的意见。郭沫若把修改意见写信告诉了胡乔木："词两首，以后忙着别的事，不曾再考虑。我觉得不宜改动过多，宜争取早日发表，6 月 30 日我去过井冈山的根据地，在那儿住了两天。井冈山主峰和远处的罗霄山脉耸立云端。同志们告诉我：那些地方有原始森林。又黄洋界老地，当年战场犹在。'飞跃'我觉得可不改，因为是麻雀吹牛，如换为'逃脱'，倒显得麻雀十分老实了。'土豆烧牛肉'句，点穿了很好，改过后，合乎四、四、五为句也较妥帖。唯'土豆烧牛肉'是普通的菜，与'座满嘉宾，盘兼美味'似少相称。可否换为'有酒盈樽，高朋满座，土豆烧牛肉'？'牛皮葱炸，从此不知下落'，我觉得大露了。麻雀是有下落还露过两次面。"

毛泽东和郭沫若在诗词的修改和唱和中，互相切磋，精益求精，不仅使诗词的主题不断深化，意境不断升华，结构不断完美，语言不断凝练，同时也体现了两位伟人对社会、对人民、对艺术高度负责的精神。

郭沫若一生著述颇丰，主编《中国史稿》和《甲骨文合集》，其生平著作超过百万字，结集出版《郭沫若全集》38 卷，学术成就极高。郭沫若在中国现代文学史和中国历史学、考古学等领域享有崇高的地位，这些都是被文化界广泛认可的。

写当前的斗争也可以写得好

——毛泽东与黄钢

黄钢，当代作家，湖北武昌人。父亲黄负生是武汉共产主义小组——马克思主义研究会成员之一，曾任湖北与武汉区党委第一任宣传部部长兼中共武汉党刊《武汉星期评论》主编，1922年年初死于反动军阀的迫害。全面抗战爆发后，黄钢由武汉八路军办事处介绍到延安，进鲁迅艺术学院学习。那时的黄钢只有21岁。

1938年除夕的夜晚，黄钢参加了在延安中央组织部礼堂举行的新年“干部晚会”，他偶然坐在了距离毛泽东很近的地方。当这场晚会终场时，全体与会者高呼：“毛主席唱歌！”这时候，毛泽东用成年人罕有的敏捷动作，从长条木块板上很快站起来，转身面向那些原在他身后的所有与会干部和群众，高声爽朗地说：“我们大家唱个《国际歌》吧！”接着，他兴奋地、虔诚地脱下帽子，大家也跟着脱下了帽子，随后，像海潮卷来似的，歌声腾起了。事后，黄钢曾在一篇寄往香港《大公报》的纪实文中写道：“饶恕我的眼睛吧，同志们！在此时，我看见毛泽东同志那张农民风格、深色的、平稳的脸上，存在着一种敢于接受任何命运，敢于决定任何命运，也敢于修正任何命运的神情。”第一次看见毛泽东，给黄钢留下了深刻的印象，他觉得毛泽东带领大家唱《国际歌》，这使他在精神上接受国际主义的沐浴，毛泽东领唱时是那么虔诚而热忱，好像是把决定整个命运的凝聚力都集中在这一场领唱《国际歌》的举动上面了。

1939 年 3 月，黄钢随鲁艺“战地文工团”赴晋东南敌后抗日根据地工作近一年，他到过辗转作战于晋中大地的陈赓旅，而后又转移到处于晋南冀西一带的黄克诚部队。敌后前线的丰富见闻开阔并深化了黄钢的艺术视野。1940 年年初，文工团回到延安鲁艺。黄钢陆续写出了一些报告文学：《我看见了八路军》《树林里——陈赓的兵团是怎样作战的之一》《雨——陈赓的兵团是怎样作战的之二》。

4 月下旬的一天黄昏，黄钢正在鲁艺校园内散步，碰到刚从毛泽东那里谈话归来的周扬、周立波、陈荒煤、何其芳、严文井等几位老师，周立波与何其芳对黄钢大声招呼说：“黄钢，我们真为你高兴，毛泽东表扬了你的作品！”原来，党中央准备召开文艺工作座谈会，为了开好会议，毛泽东和中央领导进行了周密的调查，其中包括召开小型座谈会，找文艺工作者谈话等。这一天正轮到鲁艺的几位老师向毛泽东汇报文艺工作情况，鲁艺教员向毛泽东谈到文学见解的时候，文学系老师陈荒煤向毛泽东说出了这样一种意思：现在好的作品之所以很少，是由于我们离抗战这个时代太近了。按照俄国作家列夫·托尔斯泰的说法：伟大作品的出现，必须跟这个时代，跟当时的时代保持一定的距离或时间的沉淀之后，才有可能。毛泽东听了以后说：“写当前的斗争也可以写得好。《解放日报》上的一篇黄钢的作品，叫《雨》，写得很好，就是写当前敌后的抗日斗争的。”鲁艺文学系教员们说完情况，黄钢非常高兴。但他当时还不能立即深刻体会到毛泽东在准备文艺座谈会期间，这样一种表扬的分量和含义。

可是有一点，黄钢明白，那就是毛泽东不同意托尔斯泰对于文艺作品创作的时代距离论。接着周扬对黄钢说:“现在我们要告诉你另外一件事情，就是毛泽东同志领导的党报委员会决定把你调到《解放日报》去担任记者。我们只能同意，不能拒绝。我们只能说：‘服从分配’，对你，也一样。你现在得做准备，尽快到《解放日报》去报到。”这样，1942 年 4 月，黄钢到了《解放日报》社。

1943 年 3 月下旬，黄钢被硬性指定到枣园内的一个“学习点”去集中进行学习，其实也就是被接受当时“审干”中严峻的历史审查。原因是 1936 年秋到 1938 年夏，黄钢曾在南京国民党宣传部所直接操办的中央电影摄影场有过 3 年的社会职业。由于康生发起的“抢救失足者运动”，大搞逼、供、信的过火斗争，混淆了敌我，造成了许多冤假错案。黄钢当时缺少政治斗争的锻炼和畏惧困难的软弱立场，因此在审干初期，就犯了不实事求是的错误。不久，主持“枣园”机关（中央社会部当时还处于秘密状态)日常工作的李克农找黄钢谈话。一见面他就对黄钢说:“我已经把你的情况向主席做了汇报，说你承认现在是‘回到党的怀抱里来了’。”黄钢完全没有想到这是毛泽东在关怀一个被审查中的青年，就问道：“是哪一位主席？”李克农几乎是有些生气了，大声地说：“是毛泽东主席！”他接着说:“谁叫你讲话不实在呀！你们小资产阶级就是这样，为什么明明这盘子（他指着桌上的茶盘）是圆的，你却要说成是方的！这把茶壶明明是圆的，你却要说成是方的。这就是你们小资产阶级的弱点。工人阶级就跟你们不同，一就是一，二就是二。为什么就要随便招认？”接着李克农连续地问了黄钢几个有关国民党地区的严肃问题，最后，他表示：“毛主席听了对你的汇报，他要我来找你谈一次话！你应该知道，党是怎样在关心着你呵？”直到这时，黄钢才感到自己的问题所在，心灵深处受到强烈的震撼。这是对他进行的第一次党的严肃性与原则性的教育。原来毛泽东在听第一轮“抢救”汇报时，听到有个是黄负生烈士的儿子，有所谓“回到党的怀抱”之说，此时，他不无惊异地对当时也在场的李克农讲:“这一个大家都知道的，黄负生是1922年去世的，死前托孤于陈潭秋。这人，真能像‘抢救’中说的是敌人派遣来的吗？”但是这些话当时李克农并没有跟黄钢细说。

不久，“枣园”专门为一些被审查的青年干部，成立了一个枣园文工团，同时又经过具体创作活动，对那些仍在审查中的干部，进行个别的具体的分析和深入细致的政治工作，并借以仔细和耐心地培养与恢复他们健康的政治情绪。黄钢也是这个文工团的成员。他们排演了斯大林金奖获得者柯尔内楚克的三幕五场话剧《前线》，几乎走遍了延安的各个大礼堂，多次进行演出。

1945年春正月初一的大清早，天刚拂晓，从距离枣园文工团三里路之遥的毛泽东所在枣园前院通宵晚会上归来的女团员林怡乐、何真，敲响了枣园文工团编写组窑洞的木板门和窗户，她们大声叫道：“黄钢，还不起床！还睡懒觉哩！毛主席关心你啦！”黄钢马上爬起床来，她们告诉他说，“就在昨天夜晚，枣园除夕晚会上，毛主席问我们两个人：‘你们那里不是有个黄钢吗？为什么他不写东西？你们告诉他：他可以继续写东西嘛！’”

1945年6月中旬，党的第七次代表大会胜利闭幕，枣园文工团为枣园机关例常举行的周末晚会上，林怡乐、何真把站在文工团乐队旁边的黄钢拉进了跳舞场，他们大声地向毛泽东说：“看，主席！这就是你问到的黄钢！”毛泽东还没有等黄钢脱下军帽，就用那双温暖的大手，把黄钢的双手握住了。在晚会汽灯的灯光之下，他首先是用十分关切的眼神凝视着黄钢，然后轻声地问道："你是湖北人吗？"黄钢紧张地回答："是的，我是在武昌出生的。"毛泽东又问："你今年多少岁啦？"黄钢说："27 岁了。"黄钢把晚会前刚刚得到的一个消息报告给毛泽东："毛主席，我们学校（即'枣园'内设立的学校）让汪东兴今天告诉我，叫我明天去参加七次党代会追悼革命烈士的大会，我想，您会为我高兴的。"毛泽东欣快地说："当然你应该去参加！我代表我们的大会，欢迎你去参加。"黄钢这时非常感动，竟一时说不出话来，他抑制住自己的激动，迅速地尽力去改变话题："主席，我们听汪东兴同志说，您最近对美国赫尔利政策发表过讲话。我们都非常赞成您在七次代表大会期间对美国驻华大使表示的态度……这是中国任何时代所有的领导人、我们国家政府的任何高级领导人，我们从来没有听说过的原则的态度，强硬的态度。我们是非常同意您的这种态度的！我们感到多么的自豪呵！从您的谈话中，我们深刻地感到中国人民伟大的自尊！"毛泽东认真地听了黄钢所说的这些话，他反问一句："是吗？你们是这样想的吗？"黄钢说："是的。"毛泽东接着说："我也非常高兴。"当这一场谈话结束的时候，毛泽东说："谢谢！谢谢！谢谢你们的支持。"他一再表示要黄钢去参加第二天的追悼死难烈士的大会。下一场跳舞的奏乐声开始了，黄钢只好和毛泽东告别，迅速地退出了舞场的中心地带。

毛泽东手迹"英雄"

第二天，黄钢重新得到了进入延安社会生活的自由，一个人走出"枣园"的大门进入追悼会会场，会场的横标是"中共七大代表及延安各界代表追悼中国革命死难烈士大会”。毛泽东首先登台发表了动人心魄的悼词。会后，“枣园”机关正式通知黄钢，他父亲黄负生的名字，已经被列入“七大”会议正式通过的“中央（第一次国内革命战争前后）第一批烈士名单”。

直到新中国成立后，黄钢才了解到毛泽东同武汉早期共产党组织的一些活动史实：1921 年至 1922 年冬春之季，中共武汉区党委设在武昌黄土坡，黄负生全家的住宅也在这个机关的院内。当时，黄负生同志贫病交加，还受到当地军阀与政客的迫害。毛泽东曾来到黄土坡，在黄负生病榻前亲切地慰问了他。他们相互交谈了当时湘鄂两地革命形势发展与进行广泛宣传的许多情况，遗憾的是，这是他们最后的一次见面。此后，毛泽东曾对《湘江评论》主持者之一的蔡和森与《武汉星期评论》的主编黄负生，同时做出了崇高的评价。

不怕鬼的故事

——毛泽东与何其芳

在毛泽东的个人气质中有一种超凡魅力的个人自信，以及几乎是与生俱来的“不怕鬼”、不信邪的性格特点。早在1919年，当中国还是魔鬼当道、魑魅横行的时候，毛泽东在他主办的《湘江评论》创刊号就向世人发出号召：

> 什么不要怕？天不要怕，鬼不要怕，死人不要怕，官僚不要怕，军阀不要怕，资本家不要怕。

毛泽东就是以这种大无畏的精神，率领中国人民，经过艰苦卓绝的革命斗争，取得了新民主主义革命的伟大胜利。1959年，在中国人民内有困难、外有压力的情况下，毛泽东再次提倡不怕鬼和主动打鬼的精神，并提出要从古代志怪、志异的人鬼作品中选取若干篇编印一本《不怕鬼的故事》。

毛泽东为什么要对中国古代文学作品中的神鬼故事感兴趣呢？这是

因为当时国际形势发生了很大的变化，社会主义阵营内部的意见分歧开始变为公开论战，毛泽东日益感受到修正主义背弃马克思主义、复辟资本主义的危险性，加之帝国主义阵营的反华攻势也日见其凶。在毛泽东看来,在这严峻时刻,更应发扬“金猴奋起千钧棒”那样的主动进击的“打鬼”精神。因此，古代文学作品中的神鬼故事，再次受到毛泽东的重视，十分自然地把它们当作鼓舞志气的工具。

1959 年 4 月 15 日，毛泽东在第十六次最高国务会议上通报当前的形势和党的大政方针时，他说：从去年 8 月起，出了两件事，都跟我们有关，一个是台湾问题，一个是西藏问题。接着毛泽东回忆起 1958 年炮击金门的事：8 月 23 日头一天，我们打了一万九千发，他们讲打了四五万发，那是夸大其辞，没有那么多，时间只有十几分钟，没有什么很久很久。台湾地区的参谋长赵家骧就是这个时候被打死的，另外还有一个副司令吉星文也被打死了，俞大维身上也染了血。这自然说明我们有力量，不怕打。更重要的是，这是“我们祖国的土地”，我们有理由捍卫,别人（美国）管不着。所以“我看要奋斗下去,什么威胁我们都不怕”。他还讲起古代小说里不怕鬼的故事。《聊斋志异》里有一个狂生，晚上坐着读书，有个鬼吓他，从窗户口那个地方伸一个舌头出来，这么长，它以为这个书生就会被吓倒了。这个书生不慌不忙，拿起笔把自己的脸画成张飞的样子，画得像我们现在戏台上的袁世凯的样子，然后也把舌头伸出来，没有那么长就是了。两个人就这么顶着，你望着我，我望着你。那个鬼只好走了。《聊斋志异》的作者告诉我们：不要怕鬼，你越怕鬼，你就不能活，他就要跑进来把你吃掉。我们不怕鬼，所以炮击金门、马祖。这一仗打下去之后，现在台湾海峡风平浪静，通行无阻，所有的船只不干涉了。这是毛泽东在郑重的会议上，第一次讲不怕鬼的故事。

在毛泽东看来，一切敌人、对手和困难，都属于“鬼”，只有不怕它，才能战胜它、克服它。同年5月6日，毛泽东、周恩来、陈毅在中南海紫光阁接见11个国家的访华代表团和这些国家的驻华使节。他们要借此机会向国际上表明中国对西藏叛乱及随之陡然紧张的中印关系的态度。在周恩来、陈毅讲得差不多了的时候，毛泽东讲了一番话：“世界上有人怕鬼，也有人不怕鬼。鬼是怕它好呢？还是不怕它好？经验证明，鬼是怕不得的。越怕鬼就越有鬼，不怕鬼就没有鬼了……今天世界上鬼不少。西方世界有一大群鬼，就是帝国主义。在亚洲、非洲、拉丁美洲也有一大群鬼，就是帝国主义的走狗、反动派。尼赫鲁是个什么呢？他是半个鬼，半个人，不完全是鬼。我们要把他的脸洗一洗……西藏问题成为世界问题，这是很大的事，要大闹一场，要闹久些，闹半年也好，闹一年更好。可惜印度不敢干了。我们的策略是使亚洲、非洲、拉丁美洲的劳动人民得到一次教育，使这些国家的共产党也学会不怕鬼……现在西藏问题闹出许多鬼，这是好事，让鬼出来，我是十分欢迎的。”在这次谈话中毛泽东特别说道：“中国的小说里有一些不怕鬼的故事，我想你们的小说里也会有的。我想把不怕鬼的故事、小说编成一本小册子。”接着又讲了一遍《聊斋志异》里耿去病夜读涂面伸舌与鬼相视的故事。5月13日，外交部办公厅把毛泽东、周恩来、陈毅5月6日同外宾的谈话整理打印出来，分送有关中央领导。毛泽东看后，在自己的那一份上批示：“江青：看第13页。不能看，请林克同志读给你听。”江青多年养病，但在中宣部文艺处挂着职，还是负责人。这份材料的第13页，正是毛泽东讲不怕鬼，并说要把中国小说里不怕鬼的内容，编成一本小册子的那段话。

毛泽东指示一位中央书记处书记专门落实这项工作。这位领导同志把任务交给了当时属于中国科学院的文学研究所，并由所长何其芳具体负责。何其芳，四川万县（今重庆万州区）人。他是中国伟大的诗人、散文家、小说家、文学研究家、文学评论家、“红学”理论家。新中国成立后，从事文学研究和评论，同时担任文艺界的领导工作。何其芳虽然在1938年就和毛泽东相识，但通过这次编书，使他和毛泽东有了更多的接触机会。在编书过程中，毛泽东从选目到序言都精心过问。在听取何其芳汇报时发表了许多看法，并多次修改何其芳起草的序言。到这年夏天，《不怕鬼的故事》便基本上编成了。

该书主要选自晋人著的《列异传》，晋朝裴启的《语林》，刘宋时刘义庆的《幽明录》，唐朝戴孚的《广异记》、牛僧孺的《玄怪录》、裴铏的《传奇》、段成式的《酉阳杂俎》，五代孙光宪的《北梦琐言》，宋朝张师正的《括异志》、郭象的《睽车续志》、上官融的《友会丛谈》、洪迈的《夷坚志》，明朝郎英的《七修类稿》、钱希言的《狯园》、朱国祯的《涌幢小品》、王同轨的《耳谈》，清朝蒲松龄的《聊斋志异》、纪昀的《阅微草堂笔记》、袁枚的《子不语》、钱泳的《履园丛话》、黄钧宰的《金壶七墨》、许秋垞的《闻见异辞》，等等。所选篇目，短则几十字，多也不过千字，形象生动地描绘了各种各样的人不怕鬼并且有智有勇战胜鬼的故事。何其芳把这个基本编成的小册子呈送给毛泽东，毛泽东是看了的。在一次中央工作会议上，他还选了其中的一部分故事，让印发给与会者。不久，1959年夏季的庐山会议，出现了毛泽东未曾预料到的事情，《不怕鬼的故事》的定稿工作中断了。

1960年，毛泽东指示何其芳，把已经编好的《不怕鬼的故事》的初稿，再加以精选、充实。遂成70篇，共6万多字，因是文言，每篇又相应做了不少注释。全书定稿后，何其芳请毛泽东为这本书写个序言，以说明在这个时候编选出版这本书的用意，引导读者结合现实更好地阅读，毛泽东让何其芳先起草一个，再给他看。这样，何其芳几易其稿，写了一篇近万字的序言。“序言”说：“我们编这个小册子，目的不在于借这些不怕鬼的故事来说明我国古代的唯物主义思想，我们主要是想把这些故事当作寓言、当作讽喻性的故事来介绍给读者们。如果心存怯懦，思想不解放，那么人们对于并不存在的鬼神也会害怕。如果觉悟提高，迷信破除，思想解放，那么不但鬼神不可怕，而且帝国主义、反动派、修正主义，一切实际存在的天灾人祸，对于马克思列宁主义者来说，都是不可怕的，都是可以战胜的，都是可以克服的。”此外，“序言”还认为，“世界上又确实存在着许多类似鬼的东西”，大到帝、修、反、严重的天灾，小到一般工作中的困难、挫折，等等，“都可以说是类似鬼的东西”。因此，“彻底扫除这种落后的‘怕鬼’思想，对于每个革命者来说，是严重的斗争任务”。

何其芳把这篇序言呈送给毛泽东。毛泽东看后，于1961年1月4日上午11时左右，在中南海颐年堂约见了何其芳，谈话中，毛泽东讲道：“除了战略上藐视，还要讲战术上重视。对于具体的鬼，对一个一个的鬼，要具体分析，要讲究战术，要重视。不然，就打不败它，你们编的书上，就有这样的例子。《聊斋志异》的那篇《妖术》，如果那个于公战术上不重视，就可能被妖术谋害死了。还有《宋定伯捉鬼》，鬼背他过河，发现他身体重。他就欺骗它，说他是新鬼。‘新鬼大，旧鬼小’，所以他重嘛。他后来又从鬼那里知道鬼怕什么东西，就用那个东西治它，就把鬼治住了。你可以再写几百字，写战术上重视。”谈话结束时，毛泽东还向何其芳谈到自己最近写的两首近体诗，说：现在不能发表，将来是要发表的。这两首诗都是批判修正主义的，何其芳后来读到了。这是两首什么诗呢?毛泽东是诗人，面对中苏论战和国际共运的分歧，他自然要借诗言志。

但并非每首诗都真正把它当诗来写。50 年代末 60 年代初,他写过不少“读报诗”。所谓“读报诗”,就是读了一些报纸新闻后的随兴偶感之作。仅 1959 年 11 月至 12 月,毛泽东便写了 4 首“读报诗”,都是七律,属近体诗。内容都是批判“修正主义”的,其中一首便有这样的句子:反苏忆昔闹群蛙,今日欣看大反华。恶煞腐心兴鼓吹,凶神张口吐烟霞。神州岂止千重恶,赤县原藏万种邪。这是地地道道的“打鬼”之作。毛泽东给何其芳等说的,当是这几首“读报诗”中的两首。何其芳说后来他读过的,也是传抄件。

何其芳回去后,根据毛泽东的意见对序言做了修改。1 月 16 日,他将修改的序言又寄给毛泽东,并附上一信,说:“《不怕鬼的故事》的序文,按照您的指示,做了修改,送上请审阅、批改。”又说:“自己觉得增加的部分”写得不甚满意,“缺乏警策之处,自己又没有能力改得较好一些,只有请您审阅后加以删改”。何其芳在这个修改稿上增写的部分,大概是后来发表稿中的这样一段“这些故事都说明了这样的道理:总的来说,鬼并没有什么可怕。人是完全能够打败它、制服它的。但对于每一个具体的鬼,对于每一个同鬼相周旋的具体的场合,人又必须采取谨慎的态度,必须有智谋,然后才能最后取得胜利。这个道理是含有深刻的意义的。虽说世界上并没有鬼,我们古代的传说和迷信既然把鬼描写成为一种能够害人的东西,这些故事的作者就会根据人在实际生活中的经验,根据人同有害的事物做斗争的经验,这样去虚构他们的故事,并从而表现出这样的道理来。当然,如果没有毛泽东同志的高度的理论上的概括,如果没有他的思想的指引,我们读这些故事是不容易看出这样的意义和教训的。”毛泽东收到这个修改稿时,正在北京主持召开中共中央八届九中全会。在 1 月 18 日的会议讲话中,他向与会者谈到了这本书,说："我也60多岁了，我就是不怕鬼。我们很快要出版一本不怕鬼的书。"

与此同时，毛泽东读了何其芳的这个序言修改稿后，又亲自执笔在结尾处以何其芳的口吻增写了这样一大段："这本书从1959年春季全世界帝国主义、各国反动派、修正主义组织反华大合唱的时候，就由中国科学院文学所着手编辑，到这年夏季即已基本上编成。那时正是国内修正主义起来响应国际修正主义、向着党的领导举行猖狂进攻的时候，我们决定将本书初稿加以精选充实，并决定由我写一篇序，1960年年底，国际情况起了很大变化，81个共产党和工人党在莫斯科举行了代表会议，发表了反对帝国主义、反对反动派、反对修正主义的声明。这个'不怕鬼'的声明使全世界革命人民的声势为之大振，妖魔鬼怪感到沮丧，反华大合唱基本上摧垮，但是读者应当明白，世界上妖魔鬼怪还多得很，要消灭它们还需要一定时间；国内的困难也还很大，中国型的魔鬼残余还在作怪，社会主义伟大建设的道路上还有许多障碍需要克服，本书出世就显得很有必要。党的八届九中全会于1961年1月做出了拥护莫斯科会议声明的决议和对国内政治、经济、思想各方面制定了今后的政策，目前条件下的革命斗争的战略战术又已经为更多的人所了解的时候，我们出这本《不怕鬼的故事》，可能不会那么惊世骇俗了。"此外，毛泽东还有几处修改，其中重要的修改有两处。一是在序言："难道它们有气，我们反而没有气吗？难道按照实际情况，不是它们怕我们，反而应该是我们怕它们吗？"一段话后毛泽东加写道："难道我们越怕'鬼'，'鬼'就越喜爱我们，发出慈悲心，不害我们，而我们的事业就会忽然变得顺利起来，一切光昌流丽，春暖花开了吗？"何其芳很喜欢毛泽东加的这段话，认为这是使文字生动活泼起来的传神之笔。另一处是在序言谈到一切革命工作中的困难和挫折"都是可以克服、可以扭转的"时候，毛泽东加写了一句话："事物总是在一定条件下向着它的对方变换位置，向着它的对方转化的。"何其芳认为这是有深刻唯物辩证法思想的警句。

1月23日下午，毛泽东又约何其芳。见面后，他对何其芳说："你写的序文我加了一段，和现在的形势联系起来了。"他把上面那段话念给何其芳和在座的其他同志听，像是征求意见，然后又传给大家看，大家传阅后，毛泽东又对何其芳说："你这篇文章原来政治性就很强，我给你再加强一些。我是把《不怕鬼的故事》作为政治斗争和思想斗争的工具。"他让何其芳再增加几句，讲半人半鬼的问题，并说：半人半鬼，不是走到人，就是走到鬼；走到鬼，经过改造，又会走到人。何其芳临走时，毛泽东又嘱咐把改的稿子誊清打印后，再给他看看。回去后，何其芳连夜根据毛泽东对序言的意见进行修改誊清并嘱人打印出来。1月24日一早，他让通讯员把稿子送到中南海转交毛泽东，并附上一信："主席：《不怕鬼的故事》序根据您修改的稿子誊清打印出来了。只有一二处……做了一点文字上的变动，对'半人半鬼'的人也提到几句，不知合适否？送上请您再审阅。1月24日晨。"信中说的对"半人半鬼"的人所"提到的几句"，在发表稿里是这样的几句："还有一种'半人半鬼'的人，他们不是被改造为完全的人，就会走到成为完全的'鬼'。当着他们还是'半人半鬼'的时候，他们的反动的一面也会同其他'鬼类'一样总要为祟，总要捣乱。"

1月24日当天，毛泽东便审完了这份稿子，并在何其芳的信上批了一段话：

何其芳同志：

此件看过，就照这样付印，付印前，请送清样给刘、周、邓、周扬、郭沫若五同志一阅，询问他们是否还有修改的意见。出书的时候，可将序文在《红旗》和《人民日报》上登载。另请着手翻成几种外文，先翻序，后翻书。序的英文稿先翻成，登在《北京周报》上。此书能在二月出版就好，可使目前正在

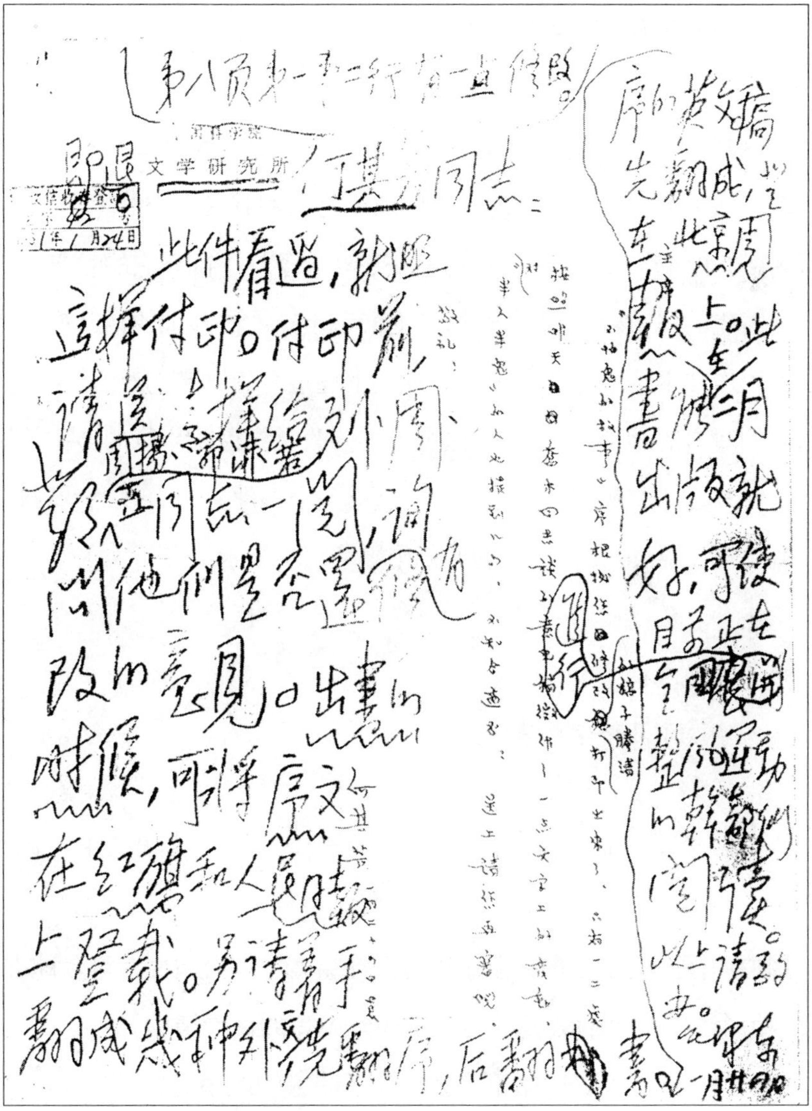

毛泽东对何其芳送审的《不怕鬼的故事》序文的批示。

全国进行整风运动的干部们阅读。以上请酌办。

毛泽东

一月二十四日

第八页第一、第二行有一点修改。

从这封信可以看出，毛泽东是很重视《不怕鬼的故事》及其序言的宣传教育效果的。信中提到的一点修改，是指何其芳送审的《〈不怕鬼的故事〉序》中的一段原文："事物总是在一定条件下向着它的对方变换位置，向着它的对方转化的。"这恰是毛泽东上一次修改加的话，这次他又画去，改作"事物总是在一定的条件之下通过斗争同它的对方交换位置，向着它的对方的地位转化的"。这个重要修改是要说明事物的转化，除了其他条件外，还有赖于"通过斗争"这样一个条件。

周总理 1 月 26 日对送审的书稿用墨笔写了批示。

何其芳同志：

修改了几个字，请酌。

周恩来

一月二十六日

周总理修改的虽不多，但字里行间洋溢着总理批改文件时全神贯注，对文内每个字、每个标点都不放过的一丝不苟的负责精神。

经过这样一个仔细周密的过程，《不怕鬼的故事》终于在 1961 年 2 月正式由人民文学出版社出版了。在这本薄薄的小册子中，毛泽东是花了精力的，书中也凝聚了他在50年代末和60年代初强调的“打鬼”思想。此书作为当时党内干部整风的阅读书籍，对于统一全党的思想，坚定克服困难的信心，起到了积极的作用。

1966年，十年浩劫开始。这本原由毛泽东亲自审阅过的小册子，原不该产生什么需要批判的问题。然而，这篇序言在修改过程中的一些小事传出后，却构成了批判的把柄。问题出在誊写过程中。毛泽东加的那段话：“难道我们越怕‘鬼’，‘鬼’就越喜欢我们，发出慈悲心，不害我们，而我们的事业就会忽然变得顺利起来，一切光昌流丽，春暖花开了吗？”何其芳在誊抄到“光昌流丽”四个字时，觉得非常精彩，但没见前人这样用过，为慎重起见，就通过电话询问文学研究所一级研究员俞平伯，得到肯定答复后就继续抄上去。这种在编审过程中，常遇到的事当时却变成了“怀疑伟大领袖毛主席，相信反动学术权威”的“罪行”，在一片“打倒”声中遭到长时间严厉的批判。

无论如何，在与毛泽东的多次交往中，何其芳对毛泽东的感情日益加深。1977年，何其芳在辞世前留下一篇文章——《毛泽东之歌》，文中详细地记叙了他几次被接见的情景，也回忆起为修改《不怕鬼的故事》序文，毛泽东与他谈话时的音容笑貌等。

从友谊走向决裂

——毛泽东与胡适

1936年，毛泽东在延安曾对美国记者埃德加·斯诺说过这样一段话："《新青年》是有名的新文化运动的杂志，由陈独秀主编。我在师范学校学习的时候，就开始读这个杂志了。我非常钦佩胡适和陈独秀的文章。他们代替了已经被我抛弃的梁启超和康有为，一时成了我的楷模。"毛泽东还说："在这个时候，我的思想是自由主义、民主改良主义、空想社会主义等思想的大杂烩。我憧憬'19世纪的民主'、乌托邦主义和旧式的自由主义，但是我反对军阀和反对帝国主义是明确无疑的。"

从这两段话里，我们可以知道毛泽东在五四时期，不仅具有反对封建军阀和帝国主义的立场观点，而且曾经受过西方资产阶级新文化、新思潮的影响，因此，对当时胡适的所作所为是衷心表示"钦佩"的，以致视为自己的"楷模"。史实说明，毛泽东的这些自我表白，是符合他当时的思想实际的。也是从那时起，毛泽东与胡适之间的交往以及政治上和思想上的联系、分歧与斗争，在中国现代史上留下了不可抹灭的痕迹。

胡适（1891—1962），字适之，安徽绩溪人。1904年在上海中国公学就读，1910年赴美留学，曾先后就读于美国康奈尔大学和哥伦比亚大学，1917年回国后任北京大学教授。五四前后，提倡反封建的新文化运动和文学革命运动，为新文化运动的著名人物。1938年任国民党政府驻美大使，1942年任行政院最高政治顾问，1946年任北京大学校长。1948年去美国，1962年病逝于台湾。

胡适

在湖南省立第一师范学校读书的后期，毛泽东经杨昌济的介绍，成了《新青年》最热心的读者。那时的胡适也是新文化运动的代表人物之一，毛泽东对胡适的名字并不陌生。特别是他1918年8月第一次到北京，在北大图书馆当管理员时，参加了几个学会，旁听过胡适的讲课，还去拜访过胡适。毛泽东早年在湖南的革命活动，如草拟《问题研究会章程》、创办文化书社、成立自修大学等，也都受到了胡适直接或间接的影响。

1918年4月，新民学会成立不久，会员中一些有抱负的青年，怀着向西方国家寻找真理的愿望，响应吴玉章、蔡元培等人在北京发出的号召，积极组织到法国勤工俭学。为此，毛泽东作为新民学会主要负责人做了大量工作。但在这些会员即将乘船赴法时，毛泽东则决定不去法国了，这很出乎大家意料。对此，毛泽东当时做了这样的解释：“我觉得我们要有人到外国去，看些新东西，学些新道理，研究些有用的学问，拿回来改造我们的国家。同时也要有人留在本国，研究本国问题，我觉得关于自己的国家，我所知道的还太少，假使我把时间花费在本国，则对本国更为有利。”1920 年 3 月 14 日，他在给周世钊的一封信中又说：“我觉得求学实在没有‘必要在什么地方’的理，‘出洋’两字，在好些人只是一种‘迷’。中国出洋的总不下几万乃至几十万，好的实在很少。多数呢？仍旧是‘糊涂’，仍旧是‘莫名其妙’，这便是一个具体的证据。我曾以此问过胡适之和黎邵西[①]两位，他们都以我的意见为然，胡适之并且做过一篇《非留学篇》。因此我想暂不出国去，暂时在国内研究各种学问的纲要。”《非留学篇》（一）（二）（三）载于 1914 年 1 月出版的《留美学生年报》第三号。文章主旨是呼吁设立国立大学以救国中无高等学府之失。胡适不曾想到，他这篇只印发了数百份的文章在 5 年后会被毛泽东引为同调。毛泽东之所以决定暂不去法国，主要原因是由于他想了解中国的国情，研究国内的问题，认为这样对国家、对民族更为有利，但与胡适的赞同、支持和影响却是分不开的。

1936 年毛泽东与斯诺的谈话中说，1919 年他在回湖南的前夕，曾去拜访过胡适，“想争取他支持湖南学生的斗争”。胡适当时不仅答应给予支持，而且实际也这样做了。毛泽东在 1919 年 7 月 21 日《湘江评论》上发表《民众的大联合》这篇论文，胡适看后便在他主办的《每周评论》第 36 期《新刊评介》中做了热情的肯定和高度的评价。他说：“《湘江评论》的长处是在议论的一方面。《湘江评论》第二、三、四期的《民众的大联合》一篇大文章，眼光很远大，议论也很痛快，确是现今的重要文字。还有‘湘江大事述评’一栏，记载湖南的新运动，使我们发生无限乐观。武人统治之下，能产生出我们这样一个好兄弟，真是我们意外的欢喜。”有人说，胡适的这段文字，既是对湖南革命运动与《湘江评论》的支持与鼓舞，

① 黎邵西：原名黎锦熙，湖南湘潭人。著名语言文字学家、词典编纂家、文字改革家、教育家。曾任北京师范大学教授、校长。

也是胡适的政治思想火花最明亮的闪烁。值得指出的是，当时热烈欢迎《湘江评论》的人虽多，但恨《湘江评论》、骂《湘江评论》的人也不少。他们认为《湘江评论》提倡男女平权、劳工神圣、反对旧礼教、批判孔夫子是邪说异端、大逆不道。面对如此巨大的恶势力，加上来自反动军阀的政治迫害，胡适当时敢于那样义无反顾地肯定和支持《湘江评论》，热情地赞扬毛泽东的文章，视之为自己的“好兄弟”，应该说这是异乎寻常，非同一般的！

在胡适的影响下，毛泽东曾发起成立了“问题研究会”。1919 年 7 月 20 日《每周评论》第 31 期发表了胡适的《多研究些问题，少谈些主义》，不久即受到李大钊等人的批评。但在当时提出研究社会问题，促进社会改革，这对反对封建保守势力，具有一定的积极意义。毛泽东很可能看到了这篇文章，并受其启发，于是同年 9 月 1 日提出成立“问题研究会”，并向全国有关团体和个人散发了由他亲自起草的《问题研究会章程》。章程列出了要研究的大小问题 144 个，涉及政治、经济、文化、教育、社会、国际等各方面的实际问题，其中还包括胡适十分感兴趣的“杜威教育说如何实施问题”“贞操问题”“国语问题（白话文问题）”等。该章程原拟在《湘江评论》上公开发表，由于北洋皖系军阀张敬尧查封了《湘江评论》，故未能刊出。为此，邓中夏便以邓康的笔名将《问题研究会章程》全文刊登在 1919 年 10 月 23 日的《北京大学日刊》上，并在章程之前附上“邓康启事”：“我的朋友毛君泽东，从长沙寄来《问题研究会章程》十余张。在北京的朋友看了，都说很好，有研究的必要，各向我要了一份去。现在我只剩下一份，要的人还不少，我就借本校日刊登出，以答关心现代问题解决的诸君的雅意。”后来，这个问题研究会并未发展会员，也未成立组织，更未正式开展活动，始终只是“纸面上的东西”。我们今天从这个章程的基本思想和所要研究的问题来看，显然是受了胡适的《多研究些问题，少谈些主义》的影响。毛泽东按照胡适提出的主张，成立“问题研究会”是不足奇怪的，因为当时实验主义和改良主义的影响，明显胜过马克思主义的社会革命论。应该指出的是，随着毛泽东社会实践的不断深入与马克思主义理论水平的提高，到了1920年，毛泽东对“主义与问题”之间的辩证关系，已经有了重新的认识，1920年11月25日，他在给罗章龙①的信中说：“中国坏空气太深太厚，吾们诚哉要造成一种有势力的新空气，才可以将它鬨换过来，我想这种空气，固然要有一班刻苦励志的‘人’，尤其要有一种为大家共同信守的‘主义’，没有主义，是造不成空气的。我想我们学会，不可徒然做人的聚集。感情的结合，要变为主义的结合才好。主义譬如一面旗子，旗子立起了，大家才有所指望，才知所趋赴。”显然，这时的毛泽东已经认识到“主义”的重要性，否定了胡适的改良主义思想，对“问题研究会”的宗旨做了重要修正。

1920年年初，毛泽东在北京酝酿筹备湖南“工读互助团”时，曾经把办学的目的与初步的计划向胡适做了透露，并征求了胡适的意见。他在给周世钊的信中说：“我想我们在长沙要创造一种新的生活，可以邀合同志，租一所房子，办一个自修大学（这个名字是胡适之先生造的）。我们在这个大学里实行共产的生活。”“这种组织，也可以叫作‘工读互助团’”。当时，胡适对毛泽东筹办“工读互助团”是赞成和支持的，并建议把“工读互助团”改名为“自修大学”，这个建议也被毛泽东采纳了。胡适之所以把它改名为“自修大学”，目的是要改变那种“瞧不起做工的人”的传统思想，“打破一点轻视工人的心理”，应该说这个想法是很进步的。但是，对于举办“自修大学”的宗旨，毛泽东同胡适的看法则是

① 罗章龙（1896—1995）：原名罗璈阶，杰出的政治活动家，中共创建时的党员之一。

不一致的，毛泽东把它的目的规定为“创造一种新的生活”“实行共产的生活”，而胡适对此是持反对态度的。他说：“我赞成这种有组织的工作，是因为我希望有了组织可使工读容易实行，我希望用组织来帮助那极平常的工读主义，并不希望用这种组织来‘另外产生一种新生活新组织’”。“我以为提倡工读主义的人，与其先替团员规定共产互助的章程，不如早点替他们计划怎样才可以做自修的学问的方法”。显而易见，湖南自修大学的创办，是与毛泽东不辞劳苦的筹建与胡适的参谋作用分不开的。

正因为毛泽东与胡适之间，不仅有一定的往来，而且在某些问题上还受过胡适思想的影响，对毛泽东所进行的一些革命活动，当时胡适也给予过一定的支持与帮助。所以，当时毛泽东对胡适是很尊重的。这从毛泽东在1920年给胡适的一封信中，可以得到进一步的证实，信的全文是：

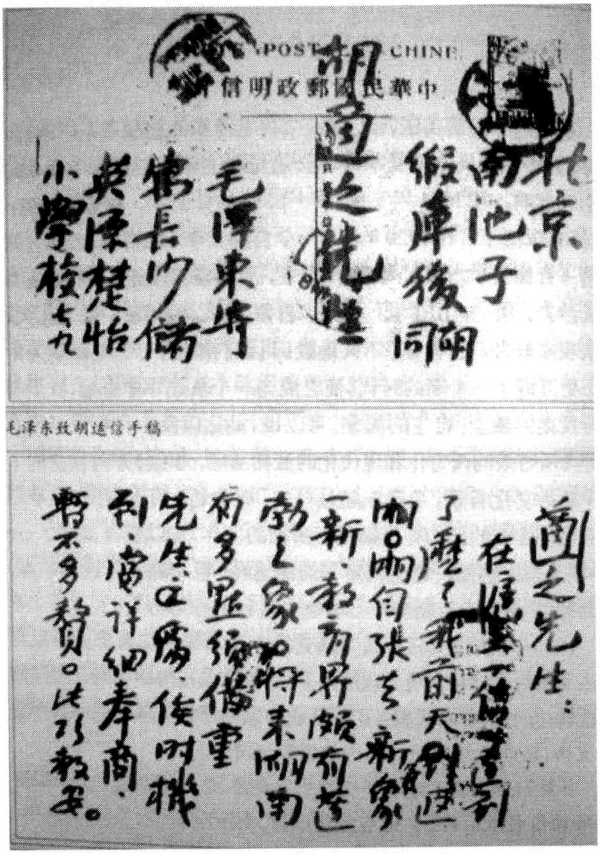

毛泽东致胡适信的全文。

适之先生：

在沪上一信，达到了吗？我前天返湘。湘自张去，气象一新，教育界颇有蓬勃之象。将来湖南有多点须借重先生，倏时机到，当详细奉商，暂不多赘。

此颂教安。

此信是明信片，正面写有“北京南池子缎库后胡同　胡适之先生　毛泽东寄寓长沙储英源楚怡小学校七·九”等字样，并盖有“九年七月九日长沙”和“九年七月十四日北京”两邮戳。信中提到的“张”即指作恶多端、为湘人恨之入骨的湖南督军兼省长张敬尧。1919 年 12 月至 1920 年 6 月，湖南人民曾开展驱张运动。毛泽东为领导者之一，于 1920 年 1 月 15 日拜访胡适，吁请他的支持。此信写于驱张运动胜利后，表明毛泽东不仅感念胡适曾给予的支持，而且想继续借胡适的声望解决湖南问题。此信完好保存至今，成为研究毛泽东与胡适真实关系的重要历史见证。

1921 年 7 月，毛泽东联合湖南各界知名人士 27 人，在长沙潮宗街湘雅医学专门学校租了 3 间房，创办文化书社，作为在湖南传播新思想、新文化的总机关，毛泽东亲任书社的特别交涉员。在书社经售的书报杂志中，有胡适的《尝试集》《中国哲学史大纲》和他翻译的《短篇小说》《杜威五大讲演》，还有其他一些介绍实验主义的读物，如杜威的《实验主义》《现代教育的趋势》《美国民族的发展》等。毛泽东把这些书作为经过严格选择的有价值的新出版物郑重推荐给广大读者。

如何从政治思想上评价前期的胡适，这是个众说纷纭的问题，但最早对胡适做出认真评价的是毛泽东。1923 年 4 月，他在《新时代》创刊号发表的《外力、军阀与革命》一文中说：“把国内各派势力分析起来，不外三派：革命的民主派、非革命的民主派、反动派。革命的民主派主体当然是国民党，新兴的共产派是和国民党合作的。非革命的民主派，以前是进步党，进步党散了，目前的嫡派只有研究系。胡适、黄炎培等新兴的知识阶级派和聂云台、穆藕初等新兴的商人派也属于这派……三派之中，前二派在稍后的一个时期内是会要合作的，因为反动势力来得太大了，研究系、知识派和商人派都会暂放弃他们非革命的主张去和革命的国民党合作，如同共产党暂放弃他们最激进的主张，和较激进的国民党合作一样。所以以后中国政治的形势将成为下式：一方最激进的共产派和缓进的研究系、知识派、商人派都为了推倒共同敌人和国民党合作，成功一个大的民主派；一方就是反动的军阀派。”这里，毛泽东对当时国内各派政治势力做了正确的分析，把胡适划归为“非革命的民主派”，是属于反对封建军阀统治的“大民主派”，指出他既有非革命的一面，又有民主性的一面。

抗日战争即将胜利时，毛泽东和中国共产党对胡适采取了积极争取的态度，希望他能利用自己的地位和影响，为实现国内和平、团结，建立一个独立、自由、民主、统一、富强的中国尽力。1945 年 7 月，傅斯年、黄炎培等以国民参政会参政员的身份到延安“商谈两党团结、共建国内和平问题”，毛泽东曾要傅斯年转达他对胡适的问候。1945 年 8 月 14 日，日本帝国主义宣布无条件投降，蒋介石三次电邀毛泽东到重庆进行和平谈判。为此，胡适于 8 月 24 日特地从美国致电毛泽东，电文如下：

润之先生：

顷见报载，傅孟真转达兄问候胡适之语，感念旧好，不胜驰念。二十二日晚与董必武兄长谈，适陈鄙见，以为中共领袖诸公，今日宜审察世界形势，爱惜中国前途，努力忘却过去，瞻望将来，痛下决心，放弃武力，准备为中国建立一个不靠武力的第二政党。公等若能有此决心，则国内十八年之纠纷一朝解决；而公等廿余年之努力，皆可不致因内战而完全消灭。美国开国之初，吉佛生十余年和平奋斗，其所创之民主党遂于第四届大选获得政权，英国工党五十年前仅得四万四千票，而和平奋斗之结果，今年得一千两百万票，成为绝大多数党。若能持之以耐心毅力，将来和平发展，前途未可限量。万不可以小不忍而自致毁灭！以上为董君谈话要旨，今特陈达，用供考虑。

从这篇电文中，可以看出，胡适对毛泽东的问候是感到欣慰的，但其主旨是在于规劝毛泽东，应以英美合法的议会选举为途径，“努力忘却过去”，放弃用武装斗争来夺取政权，以期使国共两党的纠纷得到圆满的解决。但是，这在国民党专制独裁的半殖地半封建的旧中国是行不通的。胡适照搬西方模式的思路，与毛泽东从国情出发的“枪杆子里面出政权”思想相违背，是毛泽东所断然不能接受的。因此，电文发出之后，虽由王世杰直接转交毛泽东，但迟迟未给予回答。对此，胡适在 1954 年为司徒雷登所著的《回顾五十年》一书写的序言中，曾做了如下的回顾 :“的确，我在对日胜利后不久，竟天真到打了一封信长的电报到重庆，以便转交给我的从前的学生毛泽东。我在电文里用严肃而诚恳的态度央求他说，日本既已投降，中共就再没有正当的理由来继续保持一支庞大的私人军队,中共现在更应该学英国工党的好榜样。这个劳工党没有一兵一卒，但在最近一次选举中，却得到压倒优势的胜利，获得今后 5 年里没有人能够跟他抗争的政权。1945 年 8 月 28 日，毛泽东到了重庆，陪他同来的有美国大使赫尔利将军，也是一个外交的生手。那时候重庆的朋友打电话告诉我，说我的电报已经交给毛先生本人。当然我一直到今天还没有得到回音。”是的，当时毛泽东没有给予回电，以后也没有给他回电。

1949年春，国民党政权即将垮台，毛泽东为了揭露美国对华政策的虚伪性，批评国内某些资产阶级知识分子对于美国的幻想，在1949年8月14日至9月16日这样短的时间里，他接连以新华社评论员的名义发表了《丢掉幻想，准备斗争》《别了，司徒雷登》《为什么要讨论白皮书》《“友谊”，还是侵略？》《唯心历史观的破产》5篇文章。在第一篇文章里，毛泽东公开点名批评胡适，直言不讳地说：为了侵略的必要，帝国主义给中国造成了数百万区别于旧式文人或士大夫的新式的大小知识分子。对于这些人，帝国主义及其走狗中国的反动政府只能控制其中一部分人，到了后来，只能控制其中的极少数人，例如胡适、傅斯年、钱穆之类，其他都不能控制了，他们走到了它的反面。这是抗日战争以后，宣告中华人民共和国成立之前，第一次公开指名道姓批评胡适，明确指出他是“帝国主义及其走狗中国的反动政府”所控制的“极少数人”之一。这一段话，实际上也是对胡适在1945年8月所发电文的回答，说明了胡适提出的所谓“建立不靠武力的第二政党”，通过和平手段而取得政权等建议，全是与历史唯物主义观点相违背的，并且已为历史所证明是错误。尽管如此，该文在最后还是明确地宣布，对于那些“对人民革命事业尚无深仇大恨，但有错误的思想的人”，仍然是采取“争取和团结”的态度，号召先进的人们，应该“向一切这样的人进行说服工作”。毛泽东在《别了，司徒雷登》一文的最后，还是以“争取、团结”为主旨，再次宣称：“中国还有一部分知识分子和其他人等存有糊涂思想，对美国存有幻想，因此应当对他们进行说服、争取、教育和团结的工作，使他们站到人民方面来，不上帝国主义的当。”这里所说的“存有糊涂思想，对美国存有幻想”的人，显然是把胡适包括在内的。可见，即使这个时候，胡适已离开大陆，并且在美国发表支持蒋介石的言论，毛泽东仍然是从统战观点出发，着争取团结的愿望，期待像胡适“这样的人”，弥合裂缝，消除分歧，回归大陆。事实说明，在毛泽东统战策略的感召下。像翁文灏这样与胡适有过密切来往，而且身居国民党要职的人，终于在1951年从国外回到大陆。相反，胡适不仅无动于衷，而且在到达美国或台湾地区后，却接二连三地发表了一系列反共的言论，表明了他所坚持的反共立场。

1954年，毛泽东发表《关于红楼梦研究问题的信》，开展对胡适思想的批判，这对于清除胡适的资产阶级唯心论在古典文学及其他学术领域的影响，对于宣传马克思主义理论是有重要作用的。当然，由于“左”的思想的干扰，当时思想界和学术界对胡适取全盘否定的态度也是不对的。胡适也极力为自己申辩，对毛泽东思想多方诋毁，可见其政治成见是非常根深蒂固的。实际上，毛泽东对于胡适在五四时期的功绩及其在学术上的贡献，是有所肯定的。这从毛泽东在《新民主主义论》《反对党八股》等著作的有关论述中可找到答案。

1957年2月16日，毛泽东在颐年堂的一次讲话中，既肯定了“批胡”运动的成绩，同时也指出“不能全抹煞胡适”，因为“他对中国的启蒙运动起了作用”。1964年8月，毛泽东在北戴河谈到新旧“红学”时，曾明确地指出：“蔡元培对《红楼梦》的观点是不对的，胡适的看法比较对一点。”说明了毛泽东对胡适的《红楼梦》研究也是有所肯定的。

延安情深

——毛泽东与柯仲平

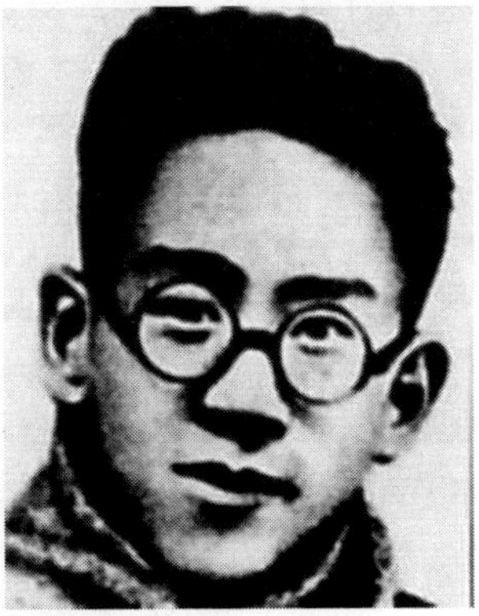

柯仲平

柯仲平是云南广南县人。1924 年赴北京，在国立北京政法大学法律系读书，曾先后在“创造社”和“狂飙社”出版部工作，并得到鲁迅先生的指教，致力于诗歌创作，被誉为“狂飙诗人”。1930 年 3 月入党后，担任党的秘密报纸《红旗报》采访记者兼上海总工会工人纠察队秘书，先后三次被捕，坚贞不屈。1935 年被营救出狱，东渡日本留学。

1937 年七七事变后，柯仲平满怀爱国激情回国。先到武汉，在董必武领导下从事抗日救亡活动。同年 11 月，柯仲平辗转来到革命圣地延安。他向毛泽东汇报了自己的经历和打算，毛泽东爽朗地说：“我看你今后不能光埋头写诗，要做点文艺的领导工作。”柯仲平曾先后担任边区文协副主任、战歌社社长、民众剧团团长、边区地方艺术学校校长等职，他努力致力于诗歌和戏剧的大众化工作，在创作和演出活动中，力求体现出民族的风格和特色，得到了毛泽东和中央领导的极大关注和支持。毛泽东多次观看他们的演出，并亲自和柯仲平谈话，交往十分密切。

街头诗运动

为了积极响应党的文艺大众化的号召，柯仲平以边区文协战歌社和西北战地服务团战地社的名义，与诗人田间、林山、邵子南等，于1938年8月7日发起了延安街头诗运动。8月15日，延安的《新中华报》转载了他们的《街头诗运动宣言》。宣言说："在今天开展大众街头诗歌（包括墙头诗）的运动，不但利用诗歌做战斗的武器，同时能使诗歌走到真正大众化的道路上去。有名氏、无名氏的诗人们，不要让乡村的一堵墙，路旁的一片岩石，白白地空着，也不要让群众会上的空气呆板沉寂。写吧——抗战的，民族的，大众的！唱吧——抗战的，民族的，大众的！"这一天，延安的街道不少地方贴着街头诗。他们还悬挂起几幅宽大的红布横额，上面除贴写街头诗外，还醒目地挂着一条写有"街头诗运动日"的横额。这项活动的准备时间虽然不太长，但几天内就收到了30多位作者的100多首诗。延安的《新中华报》分两次刊登了其中的9首创作。柯仲平著名街头诗《保护我们的利益》和《告同志》，就是在这个运动中发表的。在《告同志》后边，作者注明："此诗曾写在当时延安城内大礼堂对面的那堵石灰墙上。在干部集会上，我朗诵过很多次。"《保护我们的利益》还被抗战文艺工作团带到敌后，多次在老百姓中朗诵。

1938年5月，柯仲平创作了长篇叙事诗《边区自卫军》，全诗描写马福川的农民自卫军配合正规部队保卫家乡，自卫锄奸的斗争故事，反映了边区自卫军的战斗生活和翻身农民的精神新貌，是解放区诗坛上最早出现的描写农民斗争的长诗。夏季的一个傍晚，延安新华印刷厂举办一个晚会，柯仲平朗诵了这首诗歌，他用洪亮的云南口音，读得热情奔放，博得了一阵阵热烈的掌声。他读了一半，感到下面还很长，而当时毛泽东也在听，怕影响他的时间，便停下来问："还要不要念？"毛泽东显得兴致勃勃地说："把它朗诵完吧！"于是诗人爽朗地笑了，又重新挥舞起手臂，大声地朗诵起来。毛泽东坚持听到下半夜，一直听完柯仲平的全部朗诵，他亲切地走到台边，和柯仲平握手，并给予了热情的鼓励，称赞他把工农作为作品的主人，称赞他对民歌体的运用和在诗歌大众化方面所做的努力，还把他的诗稿带回去看。几天以后，毛泽东退还了诗稿，个别地方还做了修改，并批下了八个字："此诗很好，赶快发表。"诗歌很快在很少登文艺作品的党中央的理论刊物《解放》周刊上破例发表了。柯仲平特意在诗前加了一个小序，序云："这诗写后，曾得到一位同志的最崇高的鼓励。我除深致感谢外，以后必然是更加努力的。"这里所说"一位同志"，显然指的就是毛泽东。这部长诗的发表，在当时的延安文艺界引起很大震动。

有一次，毛泽东到"陕北公学"去做报告。柯仲平当时正在那里向来自各地的同学们搜集歌谣。毛泽东见了，问柯仲平在做什么？柯仲平说在记录歌谣。毛泽东听了，微微点了点头，说：一个人记录多慢呀！你为什么不去找成（仿吾）校长，要他多弄些纸来，裁好了发给大家，让每个人自己写出来，岂不是更好吗？柯仲平听了，真是兴奋极了。立即去找成校长，要来了纸，裁好以后发给听报告的人，请他们写下自己所记得的歌谣，这一次就搜集了好几百首。柯仲平后来在一篇文章中写道：毛泽东为什么这样重视民间歌谣呢？主要是因为民间歌谣深刻地反映了

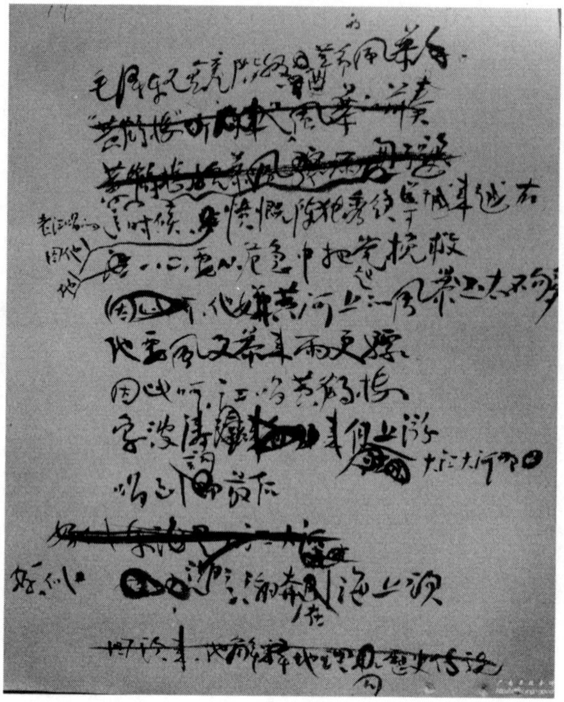

柯仲平手迹

劳动人民的斗争、生活，真实地表达了他们的思想、感情，在艺术上丰富、生动、刚健、清新。

1947 年 5 月，柯仲平随西北野战军攻打陕北波罗镇时，为指战员写下鼓动诗一首《保卫毛主席》。诗云：“从河东，到河西，我们赶来保卫毛主席；我们知道我们的任务最光荣，路上没有一个掉队的！”“五月里，过黄河，过了黄河吃‘菠萝’（指波罗镇），吃‘菠萝’，口不渴，再吃好肉好馍馍。头一口，要吃香，头一仗，要打响；吃了这样吃那样，我们要接二连三地去打胜仗！”柯仲平说，部队“临出动进攻时，我们的首长把部队集合在一条河滩上，又进行一次战斗动员。我奉命在他们简短有力的讲话后，朗诵这首诗。在这个团朗诵毕，又被叫到另一个团去朗诵。这场极热烈的动员一过，马上就出动”。

民众剧团

1938 年 4 月间，延安召开边区工人代表大会。开幕式晚会上，业余剧团演出了传统戏《升官图》《二进宫》《五典坡》。节目间隙，毛泽东向工会负责人齐华说："你看老百姓来的这么多，老年人又穿着新衣服，女青年擦粉戴花的，男女老少把剧场拥挤得满满的，群众非常欢迎这种形式。群众喜欢的形式，我们应该搞，就是内容太旧了。如果加进抗日内容，那就成了革命的戏了。"齐华听后指着坐在后排的柯仲平说："文协的老柯在这里。"毛泽东转身对柯仲平说："你说我们是不是应该搞？"柯仲平回答说："应该！应该！"毛泽东接着说："要搞这种群众喜闻乐见的中国气派的形式。"柯仲平连忙表态："我们马上动手去办。"柯仲平说干就干，立即开始筹建陕甘宁边区民众剧团。7月初，剧团成立。初时，剧团条件很困难，毛泽东得知情况，给了剧团300元钢洋。贺龙从晋西北回来，给了20元法币，还把从日军缴获的战利品，如钢盔、皮鞋、军刀、军大衣等托人从前线捎回，作为剧团的道具。周恩来、博古从重庆回来时，每人给剧团50元法币。后来，张鼎丞、陈云也都给剧团送来了许多战利品做道具。中央领导的支持给剧团以极大的鼓舞。

民众剧团在柯仲平、马健翎带领下，长期坚持下乡，深入基层生活，热情为老百姓和八路军指战员演出，他们走遍边区23县，行程数万华里，创作演出了《查路条》《回关东》《十二把镰刀》《血泪仇》《大家喜欢》等许多优秀现代剧目，受到陕北人民的热烈欢迎。当时的剧团团歌唱道："你们从哪搭来？从老百姓中来。你们又往哪搭去？到老百姓中去。"剧团团旗上写着："大众艺术野战兵团"，舞台两边贴着对联，上联："中国气派，民族形式，工农大众，喜闻乐见"，下联："明白世理，尽情尽理，有说有笑，红火热闹"，横额是："团结抗战"。陕北老乡用《信天游》来赞颂剧团："鸡娃子叫来狗娃子咬，咱们的民众剧团过来了"；"一杆大旗硷畔上插，我把你亲人迎回家"；"黄米馍馍就酸菜，我把你剧团没错待"。

乡干部们也纷纷说："你们演一天戏，胜过我们工作一个月。"在陕甘宁边区文教会上，民众剧团被授予"特等奖旗"。1942年5月12日，延安文艺座谈会举行第二次会议，柯仲平针对当时有人忽视大众化文艺的倾向，结合自己率剧团到各地受欢迎的体会，做了热情洋溢的发言。他说，剧团离村的时候，群众恋恋不舍地把他们送得很远，并给了许多慰劳品。他还幽默地讲道："我们就是演《小放牛》。你们瞧不起《小放牛》吗？老百姓都很喜欢。你们要在那些地区找我们剧团，怎么找呢？你们只要顺着鸡蛋壳、水果皮、红枣核多的道路走，就可以找到。"到会的许多人都笑了，毛泽东也笑了。不过，毛泽东说：普及工作还要和提高工作相结合，不能老是《小放牛》，如果你们老是《小放牛》，就没有鸡蛋吃了。毛泽东和中央领导还多次观看他们的演出，给予高度评价。毛泽东看了《中国的拳头》后，亲自题了"简单、明了、动人"六个字；看了秦腔《国魂》后，亲自给柯仲平写信建议改名为《中国魂》，认为此剧"情节动人，对于动员沦陷区的人民大众参加抗日救亡工作可起到积极作用"。

1943年秋季的一天，柯仲平、马健翎、杨醉乡接到中宣部部长张闻天的电话通知，说毛泽东邀请他们三人到枣园一见。毛泽东当晚在一孔普通的窑洞里接见了他们。窑洞里陈设极为简单。办公桌紧靠窗口，桌上摆满了书刊、稿纸和文具，窑洞西南角支了一张木板床，折叠整齐的被面上还打着一块约二尺长的补丁。毛泽东点燃办公桌上的小马灯，笑着与他们一一握手，随后示意让他们坐下。毛泽东说，"请来'三贤'，有两位'美髯公'，一位'佘太君'。你们是苏区的文艺先驱，一个抗战剧团，一个民众剧团，好像两个深受群众欢迎的播种队，走到哪里就将抗日的种子撒到那里"。毛泽东对柯仲平说："云南诗人柯仲平真有股犟劲。

你们民众剧团比抗战剧团成立晚好几年，但也是在创作力量和物质条件极差的情况下诞生的。一个时期，是靠种田做工的写剧本，靠大伙节衣缩食搞募捐解决经费问题的。‘马髯公’坚持文艺和群众相结合，走大众化的道路，深入根据地，大写根据地，连续创作和演出了《一条路》《查路条》《好男儿》《拿台刘》等剧目。每到一地，一演就到天亮。这很好，既是大众性的，又是艺术性的，体现了中国气派和中国作风。”随后柯仲平、马健翎又将民众剧团的演出情况向毛泽东做了汇报。大家边说边笑，气氛活跃极了。在谈话快要结束时，毛泽东说：“抗战进入了新的时期，共产党不仅要领导全国人民夺取抗日战争的全面胜利，而且要建设一个新社会和新国家。在这个新社会、新国家中，不但要有新政治、新经济，而且要有新文化。什么是新文化？作为观念形式上反映新的政治力量和新的经济力量并为它们服务的东西，就是新文化。具体一点说，抗战剧团和民众剧团的创作和演出，就体现了一定意义上的新文化。我希望你们再接再厉，继续努力！”

新中国成立后，柯仲平到北京参加人代会，见到毛泽东。毛泽东握着他的手，笑眯眯地说：“柯仲平同志，你到哪里，鸡蛋壳到哪里！”说得柯仲平笑了。

枣园之宴

1942 年 9 月，毛泽东为办好《解放日报》第四版副刊，与副刊主编舒群反复商讨，拟定了一份征稿人名单，亲笔抄录。名单中有范文澜、邓发、彭真、冯文彬、艾思奇、陈伯达、蔡畅、董纯才、吴玉章等各方面人士共16位。内有3位作家，其中之一就是柯仲平。毛泽东还在柯仲平的名字下注明:“以大众化文艺及文化为主,其他附之,每月一万二千字。”随后，即由中共中央办公厅按名单发出了通知，请大家参加毛泽东的“枣园之宴”。开宴那天,客人从四面八方赶来,相继入席,毛泽东站起来即席致词:“诸公驾到，非常感谢。今在枣园摆宴，必有所求。”他宣读一遍《〈解放日报〉第四版征稿办法》及其具体内容,然后接着说:“俗话说,吃人口短,吃人一口,报人一斗。吃亏只这一回,但不许哪个口上抹石灰。办好党报,党内同志人人有责，责无旁贷。我想，诸位专家、学者必然乐于为第四版负责，当仁不让，有求必应，全力赴之，取之不尽，用之不竭。”诸人欣闻毛泽东相约为征稿事，皆乐于接受，宴席上纷纷表示，为办好党报，愿尽全力而为之。

大家边吃边讲，直到夕阳西沉，明月东升，才尽兴而散。最后只剩下柯仲平和舒群。毛泽东叫警卫员送来3个碗，2个给柯仲平、舒群，然后给自己斟得满满的，说：“喝吧，老柯、大舒，酒逢知己千杯少……”又对柯仲平说：“你带个剧团，常年奔波‘他乡’，辛苦了。喝吧，这是慰劳酒！”柯仲平说：“感谢你！是你——毛主席批给我300块钱，搞起这个剧团。”毛泽东说：“让你去受苦受难……”柯仲平说：“过惯了，我愿意同老百姓在一起……”

月亮渐高，夜色已浓，舒群悄悄地写了一个条子，背着毛泽东递去，劝柯仲平罢饮归去,不料,事机不密,给毛泽东截住了,他笑了笑把它撕掉，挽留两人继续喝下去，直到柯仲平喝到不能再喝，才算散席，毛泽东送客到屋门口，望着柯仲平和舒群远去。

柯仲平酒喝多了，骑在马上左右摇晃，终于栽下来，舒群下马搀扶，但扶不起来,两人东倒西歪,结果都卧地呼呼大睡起来。好梦正酣的时候，被人唤醒，抬头一瞧，身边有两个警卫员，迎面是毛泽东，还有延安唯一的一辆华侨所赠的汽车，于是 5 人一起上了汽车。

为刘志丹立传

在陕甘宁边区巡回演出的岁月里，柯仲平和群众无所不谈，他特别注意到陕北人民对刘志丹烈士的怀念，认真倾听陕北乡亲们对刘志丹英雄事迹的叙说。他根据毛泽东的“群众领袖,民族英雄”和周恩来的“上下五千年，英雄万万千，人民的英雄，要数刘志丹”题词精神，决心创作一部长诗，歌颂刘志丹，歌颂党领导下的边区人民的武装斗争历史。

在巡回演出途中和日常工作之余，柯仲平时时处处留心搜集刘志丹的事迹，他从刘志丹的战友、部下和接触过的群众中搜集到大量珍贵的资料。他的黄布挎包积累了一本本写满密密麻麻字迹的笔记本。

1947 年夏，柯仲平奉命来到河北平山县西柏坡党中央所在地，参加中央召开的全国土地会议，会后，柯仲平被留在华北局，主持编辑《中国人民文艺丛书》的工作。1948 年 4 月，“丛书”编辑工作即将结束。一天，胡乔木告诉柯仲平，毛泽东请他去。那天，毛泽东有点儿伤风，在床上躺着。柯仲平一进去，毛泽东便从床上下来，问柯仲平：“你在这里是扛长工还是打短工？”柯仲平说打短工。毛泽东又问：“你把短工打完到哪里去？”柯仲平说：“到你待过 13 年的地方去。”毛泽东说：“实际只 12 年半。”毛泽东又问：“还回去？打算干什么？”柯仲平就把酝酿多年，准备创作一部长诗，歌颂刘志丹，歌颂在井冈山道路影响下创建陕甘革命根据地的斗争历史的打算告诉了毛泽东，毛泽东十分理解诗人的心情，对他寄予热切的希望。他鼓励柯仲平多去调查研究，花上十年八年，真正了解一个根据地。并说："人的一生，能写出一部《红楼梦》那样的作品就很不错了。"柯仲平也向刘少奇做了汇报。刘少奇支持他搞创作，而且提出了一个极其中肯的意见：你最好写一支游击队的成长。如果全面铺开写，写出来还得交中央审查，中央又得尊重地方的意见，他们说这儿不对，那儿不符合事实，就很难出版，不要受真人真事的限制，要写得感动人，写那些最微妙的东西。

柯仲平带着毛泽东的期望和党中央的关怀回到西安。但他托人搜集的采访记录和写作素材，均因战争年代的恶劣环境被烧毁。他不得不从头开始，重新采访，重新搜集素材。新中国成立后，柯仲平先后担任西北文联主席、中国作家协会副主席、西安作协主席、一届政协委员、全国人大一届、二届代表，领导工作十分繁忙，参加会议，迎来送往，下乡调查，临时性的写作任务常常占去他很多时间。后来，组织上减少了他的一些行政工作，使他有较多的时间从事创作，经过 3 年辛勤耕耘，他终于撰写出《刘志丹》长诗初稿。

1953 年，党内出现了"高饶问题"，柯仲平日夜呕心沥血所写的长诗的一部分受到株连，书稿全部报废。有人劝他不要再写了，何必去冒这个风险？但他的决心丝毫没有动摇，他不受真人真事的局限，重新开始创作。

1962 年八届十中全会上，康生别有用心地把《刘志丹》小说打成反党小说，正在创作长诗《刘志丹》的柯仲平又一次受到审查，要审查他的 15 本笔记本和刘志丹诗稿，要他交代创作过程，查他与"反党集团"的关系。他想到毛泽东和党中央对他的鼓励和支持，仍不畏艰险，不怕受到株连，狠下心要为陕北人民斗争写出一部长篇叙事诗！他把全部精力用于创作。1964 年秋，长篇叙事诗《刘志丹》终于完成了五分之四。但是，就在这年 10 月 24 日晚上，柯仲平在支部大会上发言，突然倒在沙发背上，终因主动脉夹层动脉瘤穿孔，不幸与世长辞。遗憾的是诗人为之奋斗 20 多年的长篇叙事诗《刘志丹》未能完稿，这是中国文坛的一大损失。

“文化大革命”中，长篇叙事诗《刘志丹》被作为罪证提出来。连贺龙送给他的那件羊皮大衣也被当作罪证展出，已经安放在烈士陵园里的骨灰也被驱逐出来。柯仲平的英灵再次受到践踏。

粉碎“四人帮”后，1979 年 9 月 20 日，中共陕西省委在西安举行了柯仲平骨灰安放仪式。1985 年元月 25 日，中国作协第四次代表大会，为纪念柯仲平召开了座谈会，称赞他是革命的大诗人，人民的大诗人，中国无产阶级诗歌的先驱者，为革命奋斗终生的光荣的共产党员。柯仲平的一生得到了党和人民的高度评价。

读书也是重要的工作
——毛泽东与刘白羽

刘白羽（1916 — 2005），现代文学界卓越的散文家、报告文学家、小说家、作家。在长期的革命斗争实践中，他写出了大量具有鲜明时代色彩、深刻思想内涵和独特艺术风格的优秀作品。《日出》《长江三日》等被选入中学、大学教材。

1939 年 2 月，正是严寒冬天，刘白羽踏过黄河断裂的冰层，攀上西北高原，来到延安。在中华民族生死存亡的关头，毛泽东正在为抗日战争日夜操劳。刘白羽没有期望能够很快见到毛泽东，事情却出乎意料。在刘白羽他们到延安的第三天，毛泽东就亲自到招待所看望他们。这是刘白羽第一次见到毛泽东，毛泽东戴着灰布八角帽，穿着灰布军衣，踏着粗布鞋，沿着挤满行人的延安中心的石板路，迈着大步走过来。由于拘束、紧张，刘白羽缩在后面，还是丁玲一把把他拉到前面来，介绍给毛泽东。当毛泽东和刘白羽握手时，刘白羽想到这是指挥铁流两万五千里完成震惊世界的长征的巨手，他心情非常激动。可是面前的毛泽东却是那样虚怀若谷、平易近人。他和大家坐在窄窄的白木板凳上亲切地谈话。毛泽东问刘白羽想做什么工作？并且说："你到陕北公学教书好不好？"刘白羽非常想去敌后打游击，于是向毛泽东提出了这个愿望。毛泽东没说什么，只深深点了点头，就转而和别人说话去了。

5月的一个傍晚，毛泽东派一个警卫员提了一盏马灯来找刘白羽，告诉刘白羽说，毛泽东请他去。刘白羽走进毛泽东住的窑洞时，毛泽东正在灯下奋笔直书。他招呼刘白羽坐下后，对刘白羽说："你不是想去敌后吗？现在有一个机会。"刘白羽一听，蓦然一惊。毛泽东日理万机，但还把一个青年人的要求牢牢记在心间，在夜里抽出时间，亲自安排，实现这个青年人的愿望，这使刘白羽万分感动。毛泽东接着说："现在有一个美国人，名字叫卡尔逊，他要到华北各游击区去看看，你陪他一同去转一转，好不好？"刘白羽立即高兴地说："主席！我非常愿意去。"毛泽东又说："你组织几个人，里面要有一个能讲英文的，给他当翻译。你们的任务，就是陪他完成华北之行。"

刘白羽和边区文协领导研究了一个5人名单，有刘白羽、欧阳山尊、汪洋、全肇野、林山。第三天，刘白羽就带着这个5人名单去见毛泽东。毛泽东仔细地审阅了名单，问了每个人的情况，而后取出一张印有红线的宣纸信笺，写了一封介绍信，信的大致内容是："兹由抗战文工团的刘白羽等一行，陪美人卡尔逊入后方工作，望准予通行，并提供一切方便。"然后毛泽东又在信封上写下"八路军各级将领"一行大字。这样由毛泽东命名的"抗战文艺工作团"的组织便诞生了。不久，边区文协与八路军总政治部，根据毛泽东的意见，联合研究了"抗战文艺工作团"的组织、领导及工作、安排等具体问题，决定统一领导并不断发展这个组织，当时确定抗战文艺工作团的任务是：搜集战地材料，反映前线生活；推动文艺运动，建立文艺组织。曾先后派出六组，刘白羽他们是第一组。

经过一段时间的准备，抗战文艺工作团第一组于1938年5月15日告别延安，到敌后去工作。临行，边区文协、八路军总政治部于5月11日晚为他们举行了热烈的聚餐会，以示饯行。几位日本朋友也参加了这次盛会，为他们歌唱了送行曲，场面十分感人。他们出发后不久，延安的《新中华报》编者写道："不要忘记，'抗战文艺工作团'这个光荣的名字。这名字是毛泽东同志赠送给你们的！"从5月到8月，刘白羽他们由延安北上，经榆林到了绥、蒙边境，又过黄河到晋西北，再穿过同蒲路到了晋察冀边区，再穿过陇海线，经西安，于8月中旬回延安。3个月，穿过了两条封锁线（同蒲、平汉），突过豫北一带敌我犬牙交错的地区，在战区行程7000多里。

刘白羽前去向毛泽东汇报华北敌后游击根据地的情况，那一天毛泽东心情格外高兴，特别是刘白羽他们把沿途拍摄的照片拿出来给他看时，他伏在案上一张一张地仔细观看，有时凝眸沉思，有时开怀大笑。毛泽东看着一张照片说："这是聂荣臻同志。他身体好吗？"刘白羽说："很好，他还亲自骑马带我们上了五台山呢！"毛泽东说："我也有一些照片给你们看！"说着，他拉开左手边的抽斗，从中取出一个大纸袋，把里面装的照片一下子倒在桌上，他说："你们看这是叶挺同志！这是陈毅同志！他们干得很好呀！"刘白羽他们把从敌后带回的丰富资料加以整理，举办了一个展览会。1938年8月底，《新中华报》对这次展览进行了报道：抗战文艺工作团第一组，"带回了许多宝贵的材料，把敌人后方的游击战争及人民抗敌情绪及艰苦斗争，等等，均摄入照片中，并有游击区域的各种书籍、报纸、刊物带来延安，于21日起，在文协正式展览，每天前往参观者不下四五百人"。这次展览一连展出7天，产生了很大的影响。毛泽东参观后题词："发展抗战文艺，振奋军民，争取最后胜利。"此外，刘白羽在报纸上发表了《我们在沙漠里》，描写他们此行中一个片断情景。

1941年，革命又濒于危难之中。德国法西斯军队攻到斯大林格勒，国内，国民党反动派掀起一次又一次反共高潮。一时间，大有“黑云压城城欲摧”之势。当时，刘白羽所在单位有些人思想混乱，刘白羽是党支部书记，工作难做，他感到有许多委屈，于是去向毛泽东倾诉。那是一个深夜，刘白羽来到杨家岭毛泽东的窑洞前面，一下子愣住了，他看见毛泽东在挂满军用地图的墙壁前，仔细地看着，然后背着双手，微皱眉头，踱着步，深沉地思索着。刘白羽后悔极了！当时正是“皖南事变”之后，日蒋疯狂夹击共军，毛泽东正在力挽狂澜，部署战局，怎么能为个人的一点小事打扰毛泽东呢？可是，领他来的警卫战士已经报告了，刘白羽只好硬着头皮走进去。

毛泽东让刘白羽坐在办公桌一头的木椅上，他自己坐在中间的木椅上，从容自在地问：“你有什么事那样急呀！”刘白羽滔滔不绝地向毛泽东谈起他的遭遇，最后竟然提出那样尖锐的问题：“为了党，我遭受来自党外的攻击，我可以忍耐，但是来自党内的不理解，我却无法忍受，我是一个坚定的共产党员，我要求党派我到白区去做地下工作，来考验我吧！”毛泽东一直在倾听着，然后站到刘白羽的面前对他说：“党内不仅有时不理解，甚至还会有误解呢！一个共产党员遇到这种情况又怎么样呢？还是要革命奋斗呀！你知道有个陆定一吧？你知道有个萧劲光吧？他们在中央苏区给戴上‘反革命’的帽子，斗得好凶哟！他们毫无怨言，作为普通一卒，还是一步一步跟着党走过两万五千里长征。”毛泽东还十分俏皮地对刘白羽说：“你不是说要考验吗？何必兴师动众去那遥远的地方，你的支部书记岗位，不就是对你的考验吗？”毛泽东的话像一把火驱散了刘白羽心中的迷雾，使他感到万分激动和惭愧。毛泽东靠近刘白羽坐下，非常关心地问刘白羽的工作情况。刘白羽报告说："主席！我把每一点时间都花在工作上，只有休息的时候看看书"。毛泽东笑了，立刻纠正说："这不对呀！读书也是重要的工作！"至此，刘白羽的心境豁然开朗了。从毛泽东住处告别出来，刘白羽望着西北高原美丽的夜空，满天星斗好像离他们很近。几十年间，每当遇到困难，刘白羽总是想起毛泽东的教导。刘白羽深知，毛泽东不仅教导他怎样工作，怎样学习，更重要的是教他怎样革命。

1942 年春日的一天，毛泽东派人把刘白羽叫到窑洞，闲谈几句之后，他对刘白羽说："一个时期要抓一个中心，前些日子我们调查研究边区的经济工作，好解决抗日根据地的经济问题，现在我们可以腾出手，回转头来考虑一下文艺方面的问题了。"毛泽东非常谦虚地说："这件事要你们文艺界的同志多出主意，多提意见。任何事情，只有多听听大家的意见，才能判断情况。我今天请你来，就是同你研究几个问题，然后由你邀集你那里的党员作家，议一议，听听大家的意见。"接着毛泽东提出了几个问题，大致就是《在延安文艺座谈会上的讲话》引言中提出的一系列问题，如当前文艺总的任务、立场问题、态度问题、工作对象问题，等等。刘白羽为能接受毛泽东亲自交代的任务而感到十分高兴。回到兰家坪，他召开了党员作家会议，由他提出这几个问题，大家立刻议论纷纷。刘白羽记录了同志们在讨论会上的发言，综合整理了十来个问题。他带着这个答卷，又一次去了毛泽东那里。

毛泽东仔细地听了刘白羽的汇报，然后对刘白羽讲了起来，大致就是延安文艺座谈会上讲话结论的要点，这说明毛泽东对于这些复杂的文艺思想已经成竹在胸，有了一个腹稿。将近中午的时候，贺龙来了。毛泽东诙谐而又风趣地说："光说话，不吃饭，肚子可要提出抗议了呢！"

刘白羽要走，毛泽东坚持要留下刘白羽跟贺龙和他一道吃午饭。毛泽东说：“哪里有他来了，就把你撵走之理？你们都是我的客人，文武两家要合得拢嘛！来吃！来吃！”刘白羽理解毛泽东的弦外之音，之前贺龙、王震对文艺界提过意见，而他认为大家应该团结。午餐中间，贺龙对毛泽东恭敬，毛泽东对贺龙亲切，毛泽东不断地给贺龙斟酒、搛菜、盛饭，给刘白羽留下了深刻的印象。吃过饭，刘白羽知道毛泽东要跟贺龙交谈，就告辞走了。毛泽东送刘白羽到门口，握紧刘白羽的手，神情专注地注视着他说：“刘白羽同志！我看你是一个很认真的人，我说过世界上的事最怕认真二字，我们干革命的就是要时时处处都讲究认真二字呀！”

不久，刘白羽参加了延安文艺座谈会。大家围坐在毛泽东身旁，凝目静听着毛泽东所做的“结论”，刘白羽极其珍重的一个字一个字记下笔记，他感到，听了毛泽东的讲话就像穿过漫漫长夜看到曙色，透过沉沉迷雾看见阳光。他决心抛弃以前那种把自己的作品当作小资产阶级自我表现的创作，决定走与工农兵相结合的道路。从此以后，刘白羽的文学创作展开了新的一页。

1946年年初，刘白羽到北平军事调停执行部任记者。在国共两党谈判破裂后，他被派往东北战场担任新华社随军记者。1950年，刘白羽参加编制反映解放战争的影片《中国人民的胜利》，曾获斯大林文艺奖金。抗美援朝战争期间，他两度奔赴朝鲜前线，写了散文通讯集《朝鲜在战火中前进》《对和平宣誓》等。刘白羽一生著作颇丰，1996年10月19日，他首批珍贵文学艺术档案的部分著作、手稿、奖状、奖章、奖杯、名家字画、剪报等共180余件，亲手交给家乡通县档案馆。

2005年8月24日下午两点，刘白羽因病在301医院去世，享年89岁。

亲切的关怀

——毛泽东与罗烽

罗烽，原名傅乃畸，笔名洛虹、彭勃、克宁等，1909 年 12 月出生于辽宁沈阳。罗烽是卓有成就的小说家，又是激情奔放的诗人，他在文坛耕耘 50 年，发表了 5 部短篇小说集、3 部中篇小说、1 部长篇小说，另外还有长诗、散文等。

1941 年 1 月，国民党蒋介石背信弃义，倒行逆施，疯狂反共，悍然发动震惊中外的屠杀新四军将士的皖南事变。与此同时，在重庆疯狂捕杀各界进步人士。罗烽、艾青、张仃等著名革命作家被特务盯梢，失去行动自由，随时有被捕或遭暗害的危险。周恩来十分关心文艺工作者的安全，决定让他们立即撤退到延安。罗烽被安排和艾青、张仃为一组同撤。行前，周恩来召集大家，商定出走的路线，并决定化装为西北军三十八军驻榆林邓宝珊军部的高级政工干部，罗烽扮成护兵，带着邓宝珊的护照，暗渡宝鸡，混入咸阳，一路被盘查留难，行程 6 日，经洛川、宜君、铜川、耀县、三原等五道鬼门关，终于胜利到达中国革命圣地延安。罗烽在延安被选为“中华全国文艺界抗敌协会延安分会”第一任主席、陕甘宁边区政府文化工作委员会常委兼秘书长。

毛泽东得知一大批文艺界同志先后由大后方来到延安，非常高兴，也非常关心，亲自到兰家坪去看望他们。不巧，那天罗烽和爱人白朗外出探望朋友，与毛泽东失之交臂，回来后听说，他们后悔极了。没过几天，毛泽东突然捎信邀请他们去作客，他们高兴极了。

罗烽、白朗怀着忐忑的心情来到杨家岭毛泽东住处。窑洞里的陈设很简洁。他们很拘束地向毛泽东问好后便茫然不知所措，不知该说些什么，更不知从哪儿说起。毛泽东大约看出他们紧张的神态，便笑着说："今天请你们作客，不谈工作。"也许毛泽东的这句话定了调子，再加上他的态度又比较平易近人，罗烽紧张的心一下子自如了。他们像到了久别重逢的老朋友家一样，无拘无束地和毛泽东谈笑，一直到很晚才依依不舍地离去。

还有一次，罗烽和白朗抱着孩子去毛泽东家作客。饭后，毛泽东邀罗烽他们一起打牌。罗烽平时很少玩牌，可一旦玩起来就非常专注用心，牌出得也精明。江青站在毛泽东身后忍不住指手画脚，不但频频给毛泽东"支招"，还不断埋怨毛泽东"土包子"牌术不高明。开头，毛泽东并不介意，可是她还喋喋不休说个没完，毛泽东便很不耐烦地挥手说："去、去、去！"事情很小，但给罗烽他们印象很深，让人感觉到这两人性格截然不同。

毛泽东不但无微不至地关心身边的干部和同志，同时也十分尊敬老年人，爱护小孩子。罗烽的母亲是位普普通通的家庭妇女，没上过学，只是凭自学能读读报，但是她热爱共产党，信仰共产主义。早在20年代末30年代初，罗烽在哈尔滨搞地下工作时，她就积极支持儿子革命，掩护他们的对敌斗争。她一直跟随罗烽他们四处奔波，吃了不少苦头，却无半句怨言。当毛泽东知道罗烽母亲也来到延安后，特意把别人送给他的一大块砖茶转送给老太太。罗烽的孩子体弱多病，经常住医院，只要毛泽东知道孩子病了，不是派人送药就是送些营养品。

罗烽担任“文抗”主席不久，“文抗”盖了一间“干打垒”房子，约有60平方米，主要供开会使用。延安物资匮乏，条件艰苦，住房也很紧张，居住和办公一律是窑洞，现在有这么一间宽敞明亮的大房子实在是够气派的，也惹人眼红，有人在周末利用它开舞会，调剂调剂单调的生活，颇受群众欢迎，也吸引上层人物，江青是这里的常客。丁玲曾在《“三八节”有感》这篇后来惹出大祸的杂文里揶揄江青迷恋跳舞，文中“有着保姆的女同志，每一个星期可以有一次最卫生的交际舞”，影射的就是她。可是，后来舞会次数越办越频繁，规模也越来越大，不但跳舞，还可以在此喝酒助兴。俱乐部几乎成了酒吧。罗烽看不下去，觉得领导要掌握分寸，因势利导。他找“文抗”刘某商议，要适当约束党员同志。可是，话过如烟飞雾散。一天，罗烽站在外圈喝酒冷眼旁观。场内江青独占鳌头，翩翩起舞。罗烽憋足劲，一扬脖把一杯酒干了。瞬间，拿起眼前一只四条腿小凳“啪”地摔下，然后拂袖而去。场上惊愕，一片肃静，尔后舞客便快快散去了。从此，这里不再跳舞，不再喝酒，恢复了它建房时的最初设计的功能。

此后不久，罗烽去毛泽东那里，谈到了跳舞的事，毛泽东说：这种舞会不可多亦不可少，边区生活气氛过分单一化，只是工作、学习、生产。延安的草鞋舞是有别于大后方的红灯绿酒、金迷纸醉的，但不是说这里就没有国民党老爷们的坏作风。有，也是少数，不是主导，不小心加以对比，要跌跤子。罗烽还与毛泽东谈到了“鲁艺”教学的情况，并反映说，“鲁艺”有的教员认为：鲁迅杂文的文体形式在延安可以废除了，那么杂文还能不能写？毛泽东说：要尊重鲁迅，他是没有拿到党证的布尔什维克。当罗烽问到对“两个口号”争论如何看时，毛泽东说：“民族革命战争的大众文学”这个口号立意明确，目的鲜明，响亮，颇有战斗行列前军旗的气概。“国防文学”口号有益于扩大统一战线，但这个口号明显的缺点是含混不清，不加正确的注脚，脚跟不稳，一推就倒。

为了召开延安文艺座谈会，毛泽东一度非常注意文艺方面的问题，他为了了解一些反面的意见，曾于1942年4月13日写信给罗烽，托他代为搜集一些材料，信是这样写的：

罗烽同志：

前日我们所谈关于文艺方针诸问题，拟请代我搜集反面的意见。如有所得，请随时示知为盼！

此致

敬礼！

毛泽东

四月十三日

延安文艺座谈会于5月2日召开，5月23日结束，毛泽东在会上做了《在延安文艺座谈会上的讲话》，罗烽到会聆听了他的讲话。由于罗烽写过《还是杂文的时代》的文章，在会上还受到了毛泽东不点名的批评，罗烽的这篇文章发表在1942年3月12日延安的《解放日报》上。文中写道：“在边区——光明的边区，有人说‘杂文的时代过去了’，我也是很希望杂文的时代不要再卷土重来的，因为不见杂文，同时也就不见可怕的黑暗，和使人恶心的恶毒的脓疱，这样，岂不是‘天下太平’了吗？岂不是很有把握获得‘抗战的最后胜利’吗？但是事实常常不如希望那么圆满的，尽管你的思想如太阳之光，终年阴湿的角落还是会找到，而且从那里发现些垃圾之类的宝物，也并不是什么难事。”文中还说：“是的，‘延安是政治警觉性表现最高的地方’，若是单凭穿着华丽的衣裳，而懒于洗澡，迟早那件衣裳也要肮脏起来的。”文中指出：“提到此，常常忆起鲁迅先生，划破黑暗，指示一条去路的短剑已经埋在地下了，锈了，现在能启用这种武器的，实在不多。然而如今还是杂文的时代。”毛泽东在讲话中对“还是杂文的时代，还要鲁迅的笔法”的论点，提出了中肯的批评，他说：“鲁迅处在黑暗势力统治下面，没有言论自由，所以用冷嘲热讽的杂文形式作战，鲁迅是完全正确的。我们也需要尖锐地嘲笑法西斯主义、中国的反动派和一切危害人民的事物，但在给革命文艺家以充分民主自由、仅仅不给反革命分子以民主自由的陕甘宁边区和敌后各抗日根据地，杂文形式就不应该简单地和鲁迅的一样。我们可以大声疾呼，而不要隐晦曲折，使人民大众不易看懂，如果不是对于人民的敌人，而是对于人民自己，那么‘杂文时代’的鲁迅，也不曾嘲笑和攻击革命人民和革命政党，杂文的写法也和对于敌人的完全两样。对于人民的缺点需要批评的，我们在前面已经说过了，但必须是真正站在人民的立场上，用保护人民、教育人民的满腔热情来说话。如果把同志当作敌人来对待，就是使自己站在敌人的立场上去了。我们是否废除讽刺？不是的，讽刺是永远需要的。但是有几种讽刺：有对付敌人的，有对付同盟者的，有对付自己队伍的，态度各有不同，我们并不一般地反对讽刺，但是必须废除讽刺的乱用。”

延安文艺座谈会后，罗烽把自己写的几篇文章：《高尔基论艺术与思想》《漫谈批评》《嚣张录》《还是杂文的时代》呈交毛泽东阅读，毛泽东读后，于6月12日给罗烽写了一封信：

罗烽同志：

你的文章读过了，今付还。

我觉得关于高尔基的一篇是好的，这篇使我读后得到很大的益处，但其余的文章，和这一篇的观点不大调和，我虽只看一遍，但觉有些是不明朗化，有些则论点似乎有毛病。我希望你用马克思主义的观点将自己的作品检查一番，对于你的前进是有益的。未知当否，请加考虑为盼！

敬礼！

毛泽东

六月十二日

毛泽东语重心长地指出罗烽文章的不足之处，使罗烽深受感动。然而，不幸的是，罗烽的《还是杂文的时代》一文，竟连累了他的一生，直到中华人民共和国成立以后，他仍然为此而遭到一连串的灾难。1955 年，他与舒群、白朗一起被错定为反党小集团。1957 年则被抛出“再批判”，并错划为“右派”分子，还被开除党籍，发配塞外矿区劳动改造。“十年动乱”期间，罗烽作为“摘帽右派”更是在劫难逃，斗得死去活来，“四人帮”被粉碎后，几十年的冤案才得以平反，罗烽才重又拿起笔来继续从事创作。但是，这荣幸来得实在太晚，罗烽的肌体和精神几尽摧毁变为废人，不幸于 1991 年逝世，终年 81 岁。

风流人物在中华
——毛泽东与老舍

老舍热爱毛泽东，也非常喜爱毛泽东的诗词。1962 年，毛泽东诗词同在《人民文学》上集中发表，老舍十分高兴，亲手抄了一份，自己装订成册。1966 年春节，老舍和友人于志恭谈话，谈及毛泽东夜以继日，彻夜不眠地工作时，老舍挥笔写春联一副，“壮丽关山迎晓月，风流人物在中华”。继而又以魏体字书毛泽东七绝《为女民兵题照》。然而，就是在这年的 8 月 23 日，老舍因忍受不了红卫兵非人的侮辱和毒打，准备舍身自尽。据说，他还携带着他亲手抄写和装订的那本《毛泽东诗词》，在太平湖边读了一整天。他对夫人胡挈青说：“我相信，毛主席、周恩来是理解我的，人民是理解我的。”

老舍和毛泽东的交往早在延安时期就开始了。1939 年 6 月 28 日，老舍作为“文协”、总会的代表，随全国慰劳总会组织的北路慰问团由重庆起程，经广元、宝鸡、西安、洛阳、南阳、襄樊，而后再由西安北上，于 9 月 9 日到达延安。毛泽东与中央领导以及延安群众三四千人到公路两旁列队欢迎。第二天傍晚，毛泽东赴招待处拜访慰问团全体团员，并设宴招待。老舍和毛泽东、朱德并肩而坐，谈笑风生，极为欢洽。席间，毛泽东向老舍祝酒："老舍先生，听人说过你是有些酒量的，我来敬你一杯。"老舍激动地说："毛主席是五湖四海的酒量，我不能比；我一个人，毛主席身边是亿万人民群众啊！"毛泽东笑着说："我感谢老舍先生的祝酒。"他和老舍轻轻碰了杯，然后一饮而尽。毛泽东亲切和蔼的神情，使老舍感到无比的温暖。宴会结束后，毛泽东陪同慰劳团乘车前往中央大礼堂，参加延安各界召开的盛大欢迎会。会场布置得庄严朴素，主席台布幔上贴着"欢迎中央慰劳团"的大幅标语，礼堂窗前和门口被赶来参加大会的群众挤得水泄不通。数盏马灯照得台上一片光明。毛泽东首先致欢迎词，强调加强抗日民族统一战线，"要做亲者所快仇者所痛的事，而为亲者所痛仇者所快的事一件也不做"。要"坚持抗战，反对投降；坚持团结，反对分裂；坚持进步，反对倒退"。会场上群情振奋，"拥护国共合作！""拥护抗日民族统一战线！"的口号声此起彼伏，仿佛秋天的旷野上空滚过的阵阵惊雷。坐在台下的老舍，怔怔地出神，眼前这位共产党领袖的每一句话，都使他感到一种从未有过的明白和畅快。抗日战争一爆发，他就辞去山东大学的教授职务，抛下老母与妻小，只身来到大后方，为组织文人的抗战而奔走。就在这一瞬间，这几年的苦闷与困惑全让毛泽东给赶跑了。这时，全国慰劳团总团长张继、北路团分团长贺衷寒先后应邀登台讲话。毛泽东对这两位国民党军政要人十分客气，请他们就团结抗战给以指教，老舍不由得暗暗佩服："这个党不图一党一派的私利，真是一心为抗战、一心为人民！"大家对老舍到达延安特别报以热烈的掌声，欢迎他即席讲话。老舍在讲话中提到文化人在团结抗战中所起的作用，作家们在"文章下乡""文章入伍"这两个口号下取得的成绩。他讲得幽默风趣，感情真挚，博得了大家的欢笑和掌声，毛泽东也不时点头微笑鼓掌。欢迎会后，青艺演出了气势磅礴的《黄河大合唱》，民众剧团演出了秧歌剧《查路条》，演出直到深夜才结束，老舍一行尽兴而归。这一夜，老舍失眠了，他想了许多。两年多以后，远在沦陷区北平的妻子收到老舍的一封来信："我去过延安，见过共产党的主席，两位领袖一比，两个党一比，便分外地明白了。"就在那次欢迎大会上，就在那个不眠之夜，老舍断然悟出了，共产党人必然是日后新中国的主人。1939 年 12 月 9 日，老舍随慰问团返回重庆，他和友人谈起这次陕北之行时，感慨地说："崭新的大地，崭新的人，真是大开眼界，也大开心窍呀。"后来，老舍在他的长诗《剑北篇》中反映了陕北之行的所见所闻，热情歌颂了边区军民艰苦奋斗的革命精神和抗战到底的决心，记录了对我党领导下的陕北革命根据地的美好印象。在第 24 章《宜川——清涧》中，老舍写道："听，抗战的歌声依然未断，在新开的窑洞里，在山田溪水之间，壮烈的歌声，声声是抗战，一直延伸到大河两岸！"他还以延安人的口吻唱道："唱着，我们开山；唱着，我们开田；唱着，我们耕田；唱着，我们抗战，抗战，抗战！"

1949 年 10 月，老舍在美国先后接到周总理嘱托冯乃超、夏衍写的邀请回国的来信后，即决定启程。经过两个月的海上颠簸，于 12 月 12 日到达北京。当他看完毛泽东在第一次文代会上的讲话，读过《我们的希望》之后，感动得流下了热泪。从国外回来后，老舍首先找到一部《毛泽东选集》，他所读的第一篇文章是《在延安文艺座谈会上的讲话》。在旧中国，由于客观条件的限制，老舍没有机会深入地学习和钻研马克思主义，回国之后阅读毛泽东的《在延安文艺座谈会上的讲话》，是他认真学习马克思主义的一个开端。他后来所写的《毛主席给了我新的文艺生命》一文，真实地记录了他读完这篇《在延安文艺座谈会上的讲话》之后既

“狂喜”又“发愁”的心情，以及他的感想、他的态度。老舍是一个真诚的人，他笃信真理，而且严于解剖自己。他说：“读完了这篇伟大的文章，我不禁狂喜。在我以前所看过的文艺理论里，没有一篇这么明确地告诉我：文艺是为谁服务的，和怎么去服务的。”狂喜之后，他感到，“从我开始学习文艺写作起，20多年来，我的思想、生活、作风都始终是在小资产阶级里绕圈圈”，对工农兵“缺乏接近，缺乏了解，缺乏研究，缺乏知心朋友，不善于描写他们”，这又使他“真发了愁”。这种“愁”，是一种严肃的自我解剖，是寻求上进的自我策励。他决定了自己的态度，不自暴自弃，而要在马克思主义里，在毛泽东的指示里，“找到自己的新文艺生命”。所谓“新文艺生命”，就是为新社会歌唱，为人民歌唱。

1950年夏，老舍承受着酷暑炎热的袭击，完成了剧本《龙须沟》的创作。龙须沟，是一个真实的地名，它的位置在北京天桥的东边。在旧时代的北京，这是一条有名的臭沟，污水、垃圾、粪便，充斥于内，整日散发着极其恶浊、不堪人闻的腥臭。沟的两岸，杂居着五行八作的穷苦劳动者。在旧社会，龙须沟两岸的贫民在肮脏的环境中挣扎、喘息，日月更替，年复一年，除了反动当局的收捐收税，有谁去关心他们呢？新中国成立后，北京市有关部门，倾听人民的呼声，在1950年上半年，对龙须沟进行了彻底整治。在北京市的市政建设中，也许这是一件平常的事，但是，作家老舍为之感动了。人民群众实际生活的重大变化，给老舍提供了创作的素材，热爱社会主义、热爱人民政府的高度政治热情又促使他产生了强烈的创作冲动，于是就有了话剧《龙须沟》。老舍采用新旧对比的写法，真实地描写了生活在龙须沟的劳动人民，在新旧两个社会的不同遭遇，有力地控诉了旧社会，热情地歌颂了新社会。该剧演出之后，在社会上引起了强烈的反响。周总理在百忙之中，几次到剧场看《龙须沟》的演出，并且安排北京人民艺术剧院到中南海怀仁堂为毛泽东和其他中央负责同志演戏。老舍的夫人，著名画家兼诗人胡絜青在回忆文章中讲道："那是1951年春天的一个晚上，《龙须沟》在中南海怀仁堂演出，我们一家都被邀请去看这场戏。为了让毛主席看好戏，在演出的前一天，总理亲自到剧团又从头到尾把戏审查了一遍。那天晚上，周总理和邓颖超同志很早就来到怀仁堂。毛泽东入场后，周总理拉着老舍来到毛主席面前，向毛主席介绍，主席很高兴地和他握了手。"事后，老舍才知道这是新中国成立后毛泽东在北京观看的第一场大型话剧，这给了他莫大的鼓舞。《龙须沟》的创作和演出是新中国成立初期社会主义戏剧事业成长发展的里程碑，是新中国话剧创作所取得的第一个巨大的成功。因为《龙须沟》的成就，北京市人民政府授予老舍"人民艺术家"的荣誉奖状。

老舍先生是满族人，属正红旗，他父亲是一名护军，不识字，牺牲在和八国联军作战的炮火中。可是，直到老舍先生50岁，他从不在正式场合说他是满族人，或者旗人，他觉得自己是满族人"丢人"，因为清末的满族最高统治者丧权辱国，没干好事，很不光彩。一个有趣的文字现象是，老舍先生在自己前半生写的文学作品中，竟没有一处标明自己笔下的某个人物是满族人。新中国成立后，情况大变，党的民族政策不仅把历史遗留下的种种顾虑和世俗偏见一扫而光，而且从政治上、经济上和文化上提高了各少数民族的权利，使少数民族和汉族一起走上了平等与共同繁荣的道路。随着满族地位的根本变化，老舍对满族的兴趣也越来越大。他不仅作为文化界的代表，还常常作为满族的代表，参加一系列涉及国家命运的重大政治协商。1960年4月，老舍作为全国人大代表出席全国人大二届二次会议，会议期间毛泽东与老舍的亲切谈话，给老舍留下了深刻的印象。

1960年7月23日，毛泽东接见中华全国文学艺术工作者第三次代表大会的代表。右起：老舍、梅兰芳、田汉。

那天，大会中间休息，老舍先生由主席台上下来到旁边的休息室抽烟，坐在一个角落里。隔了一会儿，突然，他发现毛泽东、周恩来、刘少奇和其他几位中央领导也走进了休息室，而且照直向老舍这个角落走来。老舍先生以为他们要找个角落商量什么事，便想起身躲开，可是，毛泽东却把他拉住说，“一起坐一坐，说说你们满族人”。于是，大家便都落座，围成一个小圈圈，真的开始大聊满族人，而且兴致极高。毛泽东主讲，其他几位频频插话。毛泽东一开口便说，满族是个了不起的民族，对中华民族大家庭做出过伟大贡献。他还说，清朝开始的几位皇帝都很有本事，尤其是康熙皇帝。接下来，便大讲康熙。毛泽东说康熙皇帝的头一个伟大贡献是打下了今天我们国家所拥有的这块领土。我们今天继承的这大块版图基本上是康熙皇帝时牢固地确定了的。他三征噶尔丹，团结众蒙古部，把新疆牢牢地守住。他进兵西藏，振兴黄教，尊崇达赖喇嘛，护送六世达赖进藏，打败准噶尔人，为维护西南边疆的统一，迈出了关键性的一步。他进剿台湾，在澎湖激战，完成统一台湾的大业。他在东北收复雅克萨，组织东北各族人民进行抗俄斗争，和沙俄签订《尼布楚条约》，保证我永戍黑龙江，取得了独立自主外交的胜利，为巩固东北边疆做出了重大贡献。毛泽东说，康熙皇帝的第二个伟大贡献是他的统一战线政策。满族进关时兵力只有 5 万多，加上家属也不过 20 万，以这样少的人口去统治那么一个大国，占领那么大领土，管理那么多人口，矛盾非常突出，康熙皇帝便发明了一个统一战线，先团结蒙古族和其他少数民族，后来又团结了汉族的上层人士。他还全面学习和继承了当时比满文化要先进得多的汉文化，尊孔崇儒。在官吏的设置上，凡高级官吏都是一满一汉，大学士、尚书、侍郎、军机大臣都是如此。这样，康熙便非常成功地克服了满族官员少的困难，真正达到了以一顶百的神奇效果。毛泽东说康熙皇帝的第三个了不起的地方是他有奖罚分明的用人制度。毛泽东讲了一些实际例子，说明即使皇子犯了错误，也一样要受到严厉的处罚。皇子打了败仗，回来不敢进德胜门，照样要蹲在城外，听候处罚。他的这套办法既能调动部下的积极性，奋勇向前，义无反顾，又能组织起一支有严明纪律的队伍，所向披靡。毛泽东特别夸奖康熙皇帝的学习精神，说他不仅有雄才大略，而且勤奋好学。他除了会几种民族语言之外，还会好几种外语，包括希腊文。他既是军事家、政治家，又是大文人，精通诗词歌赋，会琴棋书画。毛泽东还说康熙皇帝是最早懂得向西方资本主义先进知识学习的开明君主。康熙喜欢研究自然科学，对数学、天文、地理、医学、生物学、解剖学、农艺学和工程技术有浓厚的兴趣，还亲自主持编辑科技书籍。

毛泽东的这一番议论，还有周恩来、刘少奇等人的插话，使老舍大为惊讶。他以前也知道一些康熙皇帝的功绩，但既不系统又不太具体，而且绝对没有这么高的评价。所以，回到家中，他便向家人做了详细的传达，并说他完全换了脑子，换了眼睛。从这以后，老舍开始着手写表现满族人民的作品，如历史剧《神拳》、长篇小说《正红旗下》等。他的这些作品形象生动地说明了满族是一个对中华民族大家庭做出过伟大贡献的民族。老舍还想写《康熙大帝》，并搜集了大量的资料。毛泽东对满族和康熙皇帝的评价，始终装在老舍的脑子里，它成了老舍晚年主要思索的课题。

两位伟人之间的相知相契
——毛泽东与鲁迅

毛泽东和鲁迅先生是中国现代史上的两位伟人，虽然他们生前从未谋一面，也没有直接的书信往来，但是他们在对中国社会的历史和现状的深刻洞察方面，在对马克思主义理论原则的正确理解和指导革命实践时的创造性运用方面，都有许多可贵的共同点。毛泽东曾经说过："我跟鲁迅的心是相通的。"

站在"毛泽东先生们"一边

在中国革命处于最艰苦阶段的20世纪30年代，国民党反动派对中国革命进行了残酷的军事"围剿"和文化"围剿"。在白色恐怖下的上海，鲁迅一方面同国民党反革命文化"围剿"进行殊死的搏斗，一方面关心着毛泽东和他领导下的工农红军的情况。1931年，从江西苏区传来了中央红军一举粉碎蒋介石亲自指挥的第三次反革命"围剿"的胜利消息，鲁迅喜出望外，他兴奋地对前来议事的冯雪峰说，“国民党在报纸上天天大喊朱毛如何如何，看来朱毛真把他们吓坏了！”言毕，转而问在场的茅盾：“朱德、毛泽东你认识吗？我只知道南昌暴动有朱德，其他的很不了解。”茅盾回答说，“朱德我也未见过面，只知道他是四川人，军人出身，能打仗。毛泽东倒知道一点，‘五卅’运动前就认识了，1926 年春在广州还与他共过事，他是我的顶头上司”。随后，茅盾就把自己在大革命期间与毛泽东共事的情况，向鲁迅做了详细介绍。介绍过后，茅盾见鲁迅听得出神，于是又说道：“毛泽东是共产党里的大学问家，博闻强记，谈笑风生；他的夫人杨开慧却相反，是个贤淑腼腆之人，整天不声不响，带着两个孩子。”鲁迅听后，感叹道：“过去只听说毛泽东是搞农民运动的，想不到还是个学者，而且已有了家眷。”接着又关切地问道：“不知他有多大岁数了？”茅盾笑道：“大约比我大两三岁。”接着茅盾又笑赞道：“在广州时，他给我的印象是个白面书生，谁料得到现在竟然指挥千军万马！”

1936 年 2 月的一天早晨，美国进步作家史沫特莱很兴奋地告诉鲁迅：中国工农红军在毛泽东的领导下，已经胜利结束了长征，到达陕北。正在病中的鲁迅闻讯，立即拟就了一封感情深沉、热情洋溢的贺电，托史沫特莱发往陕北。贺电说：“英勇的红军将领和士兵们，你们的英勇斗争，你们的伟大胜利是中华民族解放史上最光荣的一页！全中国民众期待着你们更大的胜利。全中国民众正在努力奋斗，为你们的后盾，为你们的声援，你们每一步前进，将遇到热烈的拥护和欢迎。”“对于你们，我们那最英勇的伟大的民族解放的先锋队，我们是抱着那样深刻的敬仰，那样热烈的爱护，那样深挚的期望，在你们身上寄托着人类的光荣和幸福的未来。只要想到你们在中国那样无比的白色恐怖进攻下，英勇的，顽强的，浴血奋斗的百折不回的精神，就是半身不遂的人也会站起来笑！”

鲁迅的贺电给正在陕北的党中央和毛泽东以极大的鼓舞。为促进中国革命高潮的迅速到来，党中央决定于1936年4月，派冯雪峰作为特使专赴上海面见鲁迅，并通过鲁迅恢复与上海地下党的联系。请鲁迅帮助在上海建立秘密电台，与救国会等爱国组织建立统战关系。1936年4月下旬，冯雪峰安抵上海，在这之后，他和鲁迅有过多次长谈，谈到中央苏区红军几次反“围剿”的胜利和失败、经验和教训，两万五千里长征，遵义会议，等等。鲁迅对这一切极感兴趣。冯雪峰在《回忆鲁迅》一文中谈道：

“关于毛主席，据我所知道，他一向是敬佩的，和他敬佩每一个坚决英勇的革命者一样，特别是因为毛主席和朱总司令领导着红军长期坚持艰苦的斗争。

“……而他一提到我党和毛主席，那不知不觉流露出来的亲切的感觉，是我以前很少接触到的，至少在程度上有很大的差别。他谈到时的那种亲切、谦虚、快乐和年轻的心情，他那神往于什么事情似的微笑，以及用‘M’代称毛主席的那种自然而亲切的声音，在我记忆里是什么时候都很生动的。

“有一天，也就在谈到了我党和毛主席之后，他横躺到床上去随意抽着纸烟休息，一会儿却又好像想到了什么，慢慢地从床上起来，脸上漾着平静的微笑，就在窗前的书桌前面站着，半向着坐在书桌旁边的我，半向着窗子，一手横在胸前托着另一只拿着纸烟的手的手肘，只是那么柔和地默默地微笑着，然后怡然自得地，又好像忘我地、缓慢平静地说：‘我想，我做一个小兵是还胜任的，用笔！’”

这一年10月初，鲁迅先生托人买了一只很大的金华火腿，连同两本经他编辑、校对后刚出版的瞿秋白的文集《海上述林》上卷，交冯雪峰转送延安，并说：皮脊面的一本送给M，蓝绒面的一本送给周恩来。

1936年，中共中央向全国提出建立抗日民族统一战线的号召，一时受到托派的攻击。鲁迅却与毛泽东心有灵犀一点通，在《答徐懋庸并关于抗日统一战线问题》一文中，他指出："中国目前的革命的政党向全国人民所提出的抗日统一战线的政策，我是看见的，我是拥护的，我无条件地加入这战线。"在《答托洛茨基派的信》一文中，他义正词严地斥责了中国的托洛茨基派，"你们的'理论'确比毛泽东先生们高超得多，岂但得多，简直一是在天上，一是在地下，但高超固然是可敬佩的，无奈这高超又恰恰为日本侵略者所欢迎，则这高超仍不免要从天上掉下来，掉到地上最不干净的地方去……我只要敬告你们一声，你们的高超的理论，将不受中国大众所欢迎，你们的所为有悖于中国人现在为人的道德"。他公开表示站在"毛泽东先生们"一边，并宣称："但我，即使怎样不行，自觉和你们总是相离很远的罢。那切切实实，足踏在地上，为着现在中国人的生存而流血奋斗者，我得引为同志，是自以为光荣的。"

党外的布尔什维克

在延安的毛泽东也非常关注鲁迅，虽然国民党反动派对根据地严加封锁，但是毛泽东还是利用一切机会了解鲁迅。鲁迅的许多情况，是毛泽东通过我党与鲁迅的联系人冯雪峰了解到的。

1933年，冯雪峰因叛徒出卖险遭毒手，被迫转移到中央苏区。那时的毛泽东由于受王明错误路线的排斥，不担任党中央领导职务，因此时间比较多。毛泽东听说冯雪峰从鲁迅身边来，于是主动找冯雪峰攀谈，

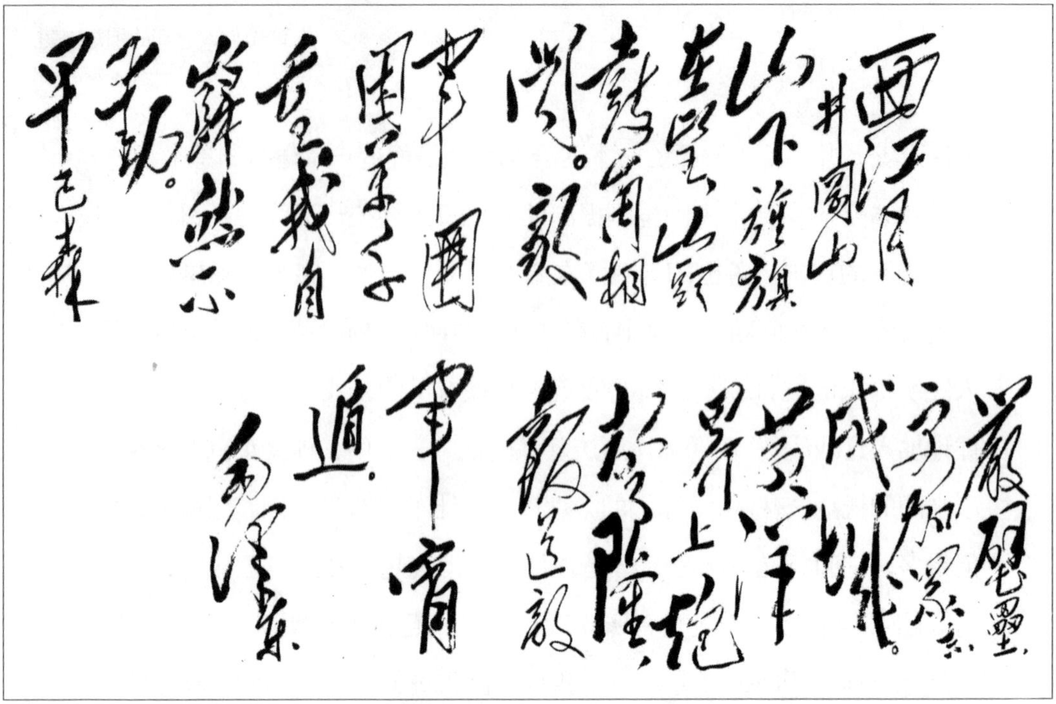

毛泽东的《西江月·井冈山》

有几次他对冯雪峰说："今晚我们不谈别的，只谈鲁迅好不好？"毛泽东不厌其烦地了解苦斗在上海的鲁迅的思想状况、工作状况、生活状况、健康状况。他还遗憾地对冯雪峰讲："五四时期在北京，弄新文学的人我见过李大钊、陈独秀、胡适、周作人，就是没见过鲁迅。"当他听说，"有一个日本人说，全中国只有两个半人懂得中国：一个是蒋介石，一个是鲁迅，半个是毛泽东"。先是哈哈大笑，然后用赞赏的口气说："这个日本人还不简单，他以为鲁迅懂得中国，这是对的。"当冯雪峰告诉毛泽东，鲁迅读了他的《西江月·井冈山》等诗词后，认为诗中有"山大王"的气概，毛泽东听了也开怀大笑。

1933年年末，有一天几位中央领导闲谈，他们谈到苏区教育部门的工作有点儿事务主义，张闻天想让瞿秋白来主持教育工作，博古认为也可以让鲁迅来担任这个职务，说鲁迅搞教育行政很有经验。后来冯雪峰向毛泽东讲起这件事，毛泽东是持反对这种意见的。他批评这些同志不了解鲁迅，不认识鲁迅，他说 ：“鲁迅当然是在外面作用大。”

1936 年 10 月 19 日鲁迅逝世后，冯雪峰立即用秘密电台，向党中央报告了这一噩耗。为悼念鲁迅，以毛泽东为首的中共中央和苏维埃共和国中央政府，立即向外发了 4 封电报 ：一份给南京国民党政府，要求为鲁迅先生遗体举行国葬，并付国史馆列传 ；一份是《告全国同胞和全世界人士书》；一份是给鲁迅夫人许广平的唁电 ；一份是给中共上海办事处主任冯雪峰的专电，责成冯代表党中央全权主持鲁迅的治丧工作。为悼念鲁迅，经毛泽东的倡议，在十分困难的条件下，党中央在延安创办了 3 所以鲁迅名字命名的单位，即鲁迅艺术学院、鲁迅图书馆和鲁迅师范学校。1956 年 10 月 14 日，鲁迅墓迁葬于上海虹口公园，毛泽东为鲁迅墓碑庄重地题写了“鲁迅先生之墓”几个大字，以表达对鲁迅的哀思和纪念。

毛泽东念念不忘鲁迅，他在领导中国革命的伟大斗争中，时常怀着深厚的感情，多次高度赞扬逝去的鲁迅，并对鲁迅在中国革命和文化发展史中的地位做了很高的评价。1937 年 10 月 19 日，毛泽东应邀在延安陕北公学鲁迅逝世周年纪念大会上发表演说，这就是后来那篇有名的《论鲁迅》的讲话。在这篇讲话中，毛泽东称鲁迅不仅是一个伟大的文学家，而且是一个民族解放的急先锋。“他并不是共产党组织中的一人，然而他的思想、行动、著作，都是马克思主义的。他是党外的布尔什维克。”并称他“是中国的第一等圣人”“是现代中国的圣人”。还从三个方面概括了“鲁迅精神”。1940 年 1 月，在《新民主主义论》一文中，毛泽东称“鲁迅是中国文化革命的主将，他不但是伟大的文学家，而且是伟大的思想家和伟大的革命家”。“鲁迅是在文化战线上，代表全民族的大多数，向着敌人冲锋陷阵的最正确、最勇敢、最坚决、最忠实、最热忱的空前的民族英雄。鲁迅的方向，就是中华民族新文化的方向。”1942 年 5 月，《在延安文艺座谈会上的讲话》中，他号召“一切共产党员，一切革命家，一切革命的文艺工作者，都应该学鲁迅的榜样，做无产阶级和人民大众的‘牛’，鞠躬尽瘁，死而后已”。1956 年 8 月，在《同音乐工作者的谈话》中，毛泽东说：“鲁迅对于外国的东西和中国的东西都懂，但他不轻视中国的。”“鲁迅的小说，既不同于外国的，也不同于中国古代的，它是中国现代的。”

毛泽东在他的著作中也评论过鲁迅的一些不足。在《同音乐工作者的谈话》中，毛泽东指出：“在中医和京剧方面他的看法不大正确，中医医死了他的父亲。他对地方戏还是喜欢的。”早在 1939 年 11 月 7 日，毛泽东在给周扬的信中曾经说过：鲁迅表现农民看重其黑暗面、封建主义的一面，这是因为他未曾经验过农民斗争之故。毛泽东的这个见解是非常深刻的。这个批评并无损于鲁迅的形象，也并非毛泽东对鲁迅的不敬。恰恰相反，说明了“金无足赤，人无完人”的科学道理，说明了毛泽东历史唯物主义、辩证唯物主义的深邃眼光和马克思主义者的宽广胸怀。

鲁迅著作伴终身

在中国现代作家中，毛泽东十分爱读鲁迅的著作。还在延安时期，1938 年 1 月 12 日，他给当时在延安抗日军政大学任主任教员的艾思奇写过一封信。他写道：“我没有《鲁迅全集》，有几本零的，《朝花夕拾》也在内，遍寻都不见了。”这说明在此信之前，毛泽东已经读过了一些鲁迅的著作，但限于当时的客观环境，他还没能系统地读到鲁迅的著作。

1938年8月，鲁迅先生纪念委员会编辑的20卷本《鲁迅全集》(内容包括鲁迅的著作、译作和他所整理的部分古籍）在上海出版。地下党组织辗转千里给陕北根据地的毛泽东送去了一套。第一版全集特印了200套编号发行的纪念本，在每册的版权页上注明“非卖品”。毛泽东得到的是第58号。书的封面是紫色的，书脊是黑色的，每卷的封底、封面的两角都是同书脊一样的布料包角，毛泽东收到这套《鲁迅全集》，爱不释手。他转移、行军到哪里，就把它带到哪里。在那戎马倥偬的战争年代，毛泽东的不少书籍和用品都丢弃了，但这套《鲁迅全集》却一直完整无缺地保留着，并最终带进了中南海。

毛泽东在庐山寓所读《鲁迅全集》。

1949年12月，毛泽东率中国党政代表团访问苏联，出访前夕，他亲手挑选了几本鲁迅的著作带走。到了莫斯科，有不少外事活动，可是他还利用零星时间阅读鲁迅著作。有一天，外事活动后回到住地，离开饭时间不到半小时，他便拿出一本鲁迅的书，津津有味地读了起来。他边看边在书上圈圈画画，还自言自语道:“说得好！说得好！”饭菜端上来，他还放不下手里的书，直到把20来页书看完才吃饭。他对身边的工作人员说："我就是爱读鲁迅的书，鲁迅的心和我们是相通的。我在延安，夜晚读鲁迅的书，常常忘记了睡觉。"1956—1958年，人民文学出版社出版了新版《鲁迅全集》，毛泽东十分珍爱，许多文章反复读过多次，出差外地也带在身边。1972年，为了毛泽东及中央其他老同志阅读方便，人民文学出版社又印了少量的大字线装本《鲁迅全集》，出版社一边印刷装订，一边送阅，毛泽东又读了一遍《鲁迅全集》，并做了许多圈点。在有的封面上，他还亲笔写了"1975.8再阅"，直到逝世，毛泽东的床头、床边的桌子上、书架上，还摆放着这套大字本的《鲁迅全集》，是鲁迅著作伴随着毛泽东走完了生命的最后几年。

毛泽东读鲁迅的著作，兴趣最浓、倾注时间和读的遍数最多的是杂文著作。读鲁迅杂文时，他十分用心理解、思索，还时有发挥。在《花边文学·正是时候》一文里有这样一段话："倘是旧家子弟呢，为了逞雄，好奇，趋时，吃饭，固然也未必不出门，然而只因为一点小成功，或者一点小挫折，都能够使他立刻退缩。这一缩而且缩得不小，简直退回家，更坏的是他的家乃是一所古老破烂的大宅子。"毛泽东读到这段话时，在"吃饭"后面添加了"夺权"两个字。这样就把"旧家子弟"的本质更深入地揭示出来了。

毛泽东还经常运用鲁迅杂文中的思想和言论来阐明自己的观点，表明自己的主张。这在毛泽东著作、讲话、报告和谈话中，是常常可以见到的。毛泽东在《论鲁迅》的讲话中，用鲁迅《论"费厄泼赖"应该缓行》这篇杂文中的"打落水狗"的主张和思想来启发和教育人们。他说："鲁迅在一篇文章里，主张打落水狗。他说，如果不打落水狗，它一旦跳起来，就要咬你，最低限度也要溅你一身的污泥。所以他主张打到底。"他号召人民群众学习和发扬鲁迅"打落水狗"的革命精神，说"现在日本帝国主义这条疯狗，还没有被我们打下水，我们要一直打到他不能翻身，退出中国国境为止。我们要学习鲁迅的这种精神，把它运用到全中国去”。通俗的语言，深刻的道理，给人们以力量和启示。

1942 年 2 月 8 日，毛泽东在延安干部会上发表了著名的《反对党八股》的重要讲演。在这次讲演中，他多次引用鲁迅杂文里的话。譬如，洋八股，这是“五四”运动以后由一些浅薄的资产阶级和小资产阶级知识分子发展起来的东西，经过他们的传播，长时期地在革命队伍中存在着。鲁迅批判这种洋八股说：“八股无论新旧，都在扫荡之列……例如只会‘辱骂’‘恐吓’甚至于‘判决’而不肯具体地切实地运用科学所取得的公式，去解释每天的新的事实，新的现象，而只抄一通公式，往一切事实上乱凑，这也是一种八股。”毛泽东运用鲁迅的思想和言论，针对当时文风不正的实际情形说：“党八股也就是一种洋八股。这洋八股，鲁迅早就反对过的。”还说：“空话连篇，言之无物，还可以说是幼稚；装腔作势，借以吓人，则不但幼稚，简直是无赖了。鲁迅曾批评这种人，他说：‘辱骂和恐吓绝不是战斗。’”就在这个报告会上，毛泽东把他亲自审阅编定的《宣传指南》的小册子分发给每一个与会的人。这本《宣传指南》里收入了鲁迅论创作的一封信，即《答北斗杂志社问》。为了便于和推动人们的学习，毛泽东在讲演中专门对《宣传指南》做了解说。鲁迅谈创作有 8 条，他详细地解说了 4 条。毛泽东说：“鲁迅说，文章写好后‘至少看两遍’，至多呢？他没有说，我看重要的文章不妨看他十多遍，认真地加以删改，然后发表。文章是客观事物的反映，而事物是曲折复杂的，必须反复研究，才能反映恰当。”我们翻开 1938 年出版的《鲁迅全集》就可以看到，毛泽东在这里所解释的 4 条，都是他在鲁迅的原文里画了道道的地方。由此可以看出，毛泽东对鲁迅文章不但赞同，而且他们的思想脉搏也是一致的。《宣传指南》是延安整风运动22个必读文件之一，并被编入《整风文献》。

毛泽东为什么爱读鲁迅的杂文，为什么喜欢引用鲁迅杂文中的思想和言论来表达自己的观点呢？这是因为鲁迅的杂文具有极强的思想性和战斗性，特别是鲁迅后期的杂文，都是运用马克思主义的基本原理剖析当时中国实际的产物。鲁迅反对帝国主义、封建主义和国民党反动派的统治、压迫和迫害，不能直言不讳地阐明和发表自己的见解和主张，于是他多用冷嘲热讽的杂文形式作战，把钢刀一样的笔刺向他所憎恨的一切。他站在战士的血迹中，坚忍地反抗着，呼啸着前进，并且在斗争中掌握了马克思主义。毛泽东在1937年时曾说过："鲁迅是一个彻底的现实主义者，他丝毫不妥协，他具备坚决的心。""他在黑暗与暴力的进袭中，是一株独立支持的大树。"他称赞"鲁迅的骨头是最硬的，他没有丝毫的奴颜和媚骨"。他认为："鲁迅后期的杂文最深刻有力，并没有片面性，就是因为这时候他学会了辩证法。"

毛泽东对鲁迅的小说非常熟悉。他经常谈论鲁迅小说中的主人公，特别是阿Q。他曾说过："《阿Q正传》是一篇好小说，我劝看过的同志再看一遍，没看过的同志好好地看一看。"他在讲话、谈话、报告和著作中，多次提到《阿Q正传》。1945年4月21日，毛泽东在中国共产党第七次全国代表大会预备会议上的报告中讲到"治病救人"的问题时说："对犯错误的同志要有好的态度，家庭里是很少有开除家籍的事情的。阿Q到底姓什么虽不清楚，但也没有听说他曾被开除家籍。阿Q斗争起来也算英勇，他的弱点是主观主义、宗派主义，加党八股，毫无自我批评精神。人家的疮疤他要揭，他的疮疤人家揭不得。至于教条主义和党八股，那厉害得很。长凳一定要叫长凳，不能叫条凳，叫条凳是路线错误，那样教条主义，那样党八股！但是，写阿Q的作家，还是喜欢阿Q的，因为反革命把他枪毙了，所以对于有缺点的人，我们要团结一致。”1959年，庐山会议期间，毛泽东在讲话中，又一次谈到《阿Q正传》。他说：“对犯错误的同志要给条路走，不要像《阿Q正传》上的假洋鬼子，不准别人革命。”“要给人出路。阿Q要准许革命，阿Q不做自我批评，人家就越讲，打架打不赢，就说儿子打老子。鲁迅描写不觉悟的劳动人民，本质是好的。”他还提倡写文件要像《阿Q正传》那样通俗化、口语化。

毛泽东也爱读鲁迅的诗。鲁迅的诗和他的文一样，是鼓舞人们前进的号角。它在中国的诗歌史上是独树一帜的。1959年3月，文物出版社为适应老年人的读书需要，专门刻印了一册大字线装本的《鲁迅诗集》，共收诗47题54首。因为是线装本，而且字也刻印得比较大，所以毛泽东很喜爱这本诗集。诗集中所收54首诗，毛泽东从头至尾都读过，有的诗篇毛泽东反复读过多遍，并能随口流利地背诵出来。这本集子中有一首诗为《湘灵歌》，是鲁迅1931年3月5日写赠给日本友人松元三郎的。这首诗，毛泽东很喜欢，全诗他都用黑铅笔圈点过。“湘灵”是古代楚人神话里的湘水女神。她原为舜帝的妃子，后在湘水中溺死，成为湘夫人。鲁迅借用这个神话传说中的人物来表达自己对国民党反动派血腥屠杀共产党人和革命群众的强烈憎恨，以及对死难的烈士和人民群众的哀思，毛泽东在读完这首诗的末句“太平成象盈秋门”后，随手用笔在这一句旁粗粗地画了一道，并在天头上批注：“从李长吉来”。李长吉即唐代诗人李贺。鲁迅诗句中的“秋门”，来源于李贺的《自昌谷到洛后门》这首诗，诗中有“九月大野白，苍岑竦秋门”句。所以，毛泽东在读了鲁迅的这句诗后，随手写下了“从李长吉来”的批注。

1975年春天的一大早，为给毛泽东会诊眼病，经当时中央有关领导同志同意，特意请来了当时北京地区一些著名的眼科专家，有西医，也有中医。大夫们来中南海游泳池后，毛泽东高兴地和他们一一握手，并感谢大家来为他会诊。广安门医院来的眼科大夫唐由之比较年轻，身材也比较高大，初见毛泽东显得有点紧张。毛泽东似乎看出了这位年轻大夫的心理，与他握手时笑着问道："你叫什么名字？"唐大夫答道："唐由之"。毛泽东说："你这个名字起得好，你的父亲一定是位读书人，他可能读过鲁迅先生的诗，为你起了这个'由之'的名字。"说着，毛泽东很有兴趣地吟诵起鲁迅悼杨诠的诗："岂有豪情似旧时，花开花落两由之。何期泪洒江南雨，又为斯民哭健儿。"这首诗是1933年6月20日鲁迅为哀悼杨诠被国民党蓝衣社暗杀而作。杨诠，即杨杏佛。读这首诗时，毛泽东已经重病在身，双目呆滞，可是他还能一字不漏地、极富感情地背出了鲁迅的这首诗，唐由之和在场的各位专家都为之惊叹，从内心里对他老人家更加钦佩。不过，唐大夫以前不了解鲁迅先生的这首诗，再加上毛泽东那浓重的湖南口音，所以全诗唐大夫没有完全听清楚。在唐大夫的要求下，毛泽东亲手将这首诗写在一张白纸上，赠送给唐大夫。毛泽东幽默风趣的谈话，改变了唐大夫当时的紧张心情。毛泽东书赠鲁迅的诗，成了唐由之大夫永久的纪念。

毛泽东还爱书写鲁迅的诗。他生前有一段时间，每次练习书法，几乎都要书写鲁迅的诗句。他为什么这样爱好书写鲁迅的诗句呢？一次他在书写鲁迅诗句时曾这样说过：书写鲁迅的诗句，既可以进一步理解诗的内容，又可以进一步了解鲁迅。平时有友人请他题字、题词时，他也常书录鲁迅的诗句赠之。鲁迅的两句诗："横眉冷对千夫指，俯首甘为孺子牛"，他最爱书写。1945年10月在延安时，他就书写过鲁迅的这一诗句。1958年，在武昌召开党的八届六中全会期间，著名粤剧演员红线女随团应邀为全会演出。演出结束后，在毛泽东等领导人登台接见的时候，红线女请求毛泽东给她写几个字，毛泽东高兴地答应了。当晚，他书写了：“横眉冷对千夫指，俯首甘为孺子牛”。第二天，叫工作人员将此题词转交给了红线女。毛泽东在书写的鲁迅诗句前面写了一段类似小引的文字：“1958年，在武昌，红线女同志对我说，写几个字给我，我希望。我说：好吧。因写如右。”最后落款：“毛泽东，1958年12月1日”。

外国朋友来访时，毛泽东也常书写鲁迅诗相赠。1961年10月7日，毛泽东在中南海接见日中友好协会代表团和日本民间教育代表团部分成员时，他高兴地将鲁迅1934年5月30日的著名诗作“万家墨面没蒿莱，敢有歌吟动地哀。心事浩茫连广宇，于无声处听惊雷”。书赠给日本朋友。他对日本朋友说：“这一首诗，是鲁迅在中国黎明前黑暗的年代里写的。”他怕日本朋友看不懂鲁迅的这首诗，还特意让郭沫若帮助翻译一下。郭沫若在《翻译鲁迅的诗》中说道：“鲁迅的这首诗，是在去世前不久，写赠给一位日本的社会评论家新居格的。新居格访问中国在上海拜访了鲁迅，鲁迅写了这首诗赠他，其用意是：当时的中国在三座大山的压迫之下，

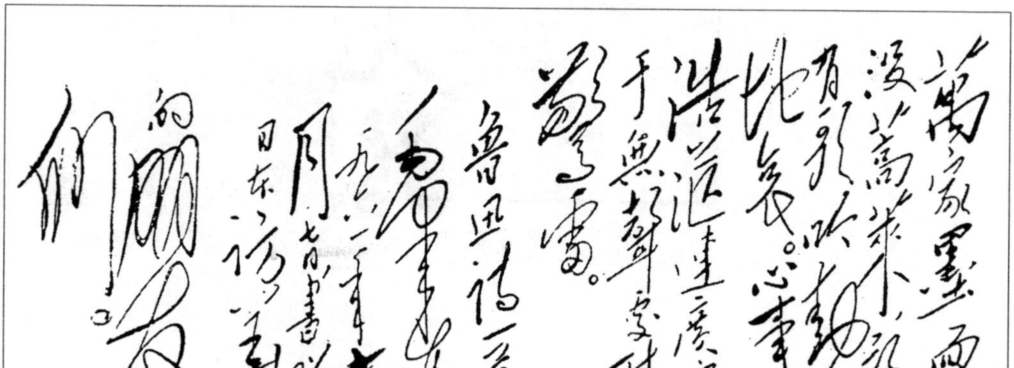

1961年10月7日，毛泽东书赠日本访华的朋友们一首鲁迅的诗：“万家墨面没蒿莱，敢有歌吟动地哀。心事浩茫连广宇，于无声处听惊雷。”

民不聊生，在苦难中正酝酿着解放运动；希望来访的客人不要以为‘无声的中国’真正没有声音。”毛泽东那奔放流畅、刚劲潇洒的书作，既充分表达了对日本朋友的笃厚情谊，也真挚地表达了对诗作者鲁迅的敬仰和思念。在半个多世纪的革命岁月里，毛泽东通过系统地阅读鲁迅著作，对鲁迅著作的思想性、战斗性、人民性有了更多的了解，是鲁迅的著作把两位伟人的两颗圣洁的革命心紧紧地联系在了一起。

1956 年毛泽东为鲁迅墓迁葬的题词。

《红楼梦》风波

——毛泽东与李希凡

在已出版的毛泽东著作中，有两封书信和李希凡有关，一封为大家所熟悉，即《关于红楼梦研究问题的信》，已收编在《毛泽东选集》第5卷里。此信写于1954年10月16日，当时虽未公开发表，却在学术界开展了一场思想批判运动。第二封信是1957年4月20日写给袁水拍的，但信中却涉及李希凡，此信收辑在人民出版社1983年12月出版的《毛泽东书信选集》里。从这两封信中反映出毛泽东对意识形态领域的极大关注和对青年学者的关心培养。

小人物的“挑战”

1953年5月，《文艺报》第9期的“新书刊”专栏里，介绍了俞平伯的《红楼梦研究》(1952年，棠棣出版社出版)，说这本书对《红楼梦》“做了细密的考证、校勘，扫除了过去‘红学’的一切梦呓，这是很大的功绩。其他有价值的考证和研究也还有不少”。1954年3月《新建设》杂志又发表了俞平伯的《红楼梦简论》一文，该文是他研究《红楼梦》成果的扼要总结。

不久，山东大学中文系毕业不久的李希凡、蓝翎两位青年合写了一篇批评俞平伯的文章，题为《关于〈红楼梦简论〉及其他》。他们写信问《文艺报》可不可以批评俞平伯，《文艺报》没有答复。他们又写信给母校山东大学的老师，获得了支持，山东大学学报《文史哲》9月号发表了他们的文章。有人提出要《人民日报》转载，《人民日报》编辑以“党报不是自由辩论的场所”为理由，拒绝转载。后来指定由《文艺报》转载。编者在按语中表现了保留态度，说“作者是两个在开始研究中国古典文学的青年；他们试着从科学的观点对俞平伯先生在《红楼梦简论》一文中的论点提出了批评，我们觉得这是值得引起大家注意的……作者的意见显然还有不够周密和不够全面的地方，但他们这样地去认识《红楼梦》，在基本上是正确的，只有大家来继续深入地研究，才能使我们的了解更深刻和周密，认识也更全面”。10月10日，《光明日报》副刊“文学遗产”专栏发表李希凡、蓝翎批评俞平伯的另一篇文章《评〈红楼梦研究〉》时，也加了类似的按语，“目前，如何运用马克思主义科学观点去研究古典文学，这一极其重要的工作尚没有很好地进行，而且也亟待展开。本文在试图从这方面提出一些问题和意见，是可供我们参考的，同时我们更希望能因此引起大家的注意和讨论。与此文相关的另一篇‘关于《〈红楼梦〉简论》’的文章也已在第18期《文艺报》上转载，也可供大家研究”。这两个按语确实反映了当时古典文学研究界的思想状况，既没有认识到这两篇文章是向旧红学错误观点认真的开火，也没有敏感到它在当时的特殊意义。

《红楼梦》是毛泽东最爱读的我国著名的古典小说之一。1964 年 8 月 18 日，毛泽东在北戴河同哲学工作者的一次谈话中说："《红楼梦》我至少读过 5 遍。"毛泽东反复读《红楼梦》，不是仅看书中的故事、语言艺术，更重要的是看阶级斗争，看政治斗争，看社会历史。毛泽东也非常关心《红楼梦》的学术研究和评论工作。李希凡、蓝翎批评俞平伯的文章，引起毛泽东的极大关注。毛泽东详细阅读了这两篇文章，称《关于〈红楼梦简论〉及其他》是"很成熟的文章"，在"李希凡、蓝翎"的名字下批注道："青年团员，一个 23 岁，一个 26 岁。"对于文章的内容，毛泽东差不多从头到尾画了圈，在许多处还画了双着重线，有的地方还用线牵出来连画三个圈，一些地方还写了批注文字，比如：

1. 在《评〈红楼梦研究〉》的第二节，谈到贾府衰败的时候，曾有过这样的论断："贾府的衰败不是一个家庭的问题，也不仅仅是贾氏家族兴衰的命运，而是整个封建官僚地主阶级，在逐渐形成的新的历史条件下必然走向崩溃的征兆。"

毛泽东在这段文字旁边做了细密的圈点，并加了一句批语说："这个问题值得研究。"

2. 在文章的同一节里，谈到官僚地主阶级的经济破败时，讲了这样一段意思："这样的豪华享受，单依靠向农民索取地租已不能维持，唯一的出路只有大量的借高利贷。因而它的经济基础必然要走向崩溃。"

毛泽东在这段话旁画了竖线，打了一个问号，并批道："这一点讲得有缺点。"

3. 在文章的第三节，讲到俞平伯先生对文艺批评的见解时，曾引用了他的原文："原来批评文学的眼光是很容易有偏见的，所以甲是乙非，了无标准，"即"麻油拌韭菜，各人心里爱"。

毛泽东在“甲是乙非，了无标准”“麻油拌韭菜，各人心里爱”两句旁分别画了竖线，并批道：“这就是胡适哲学的相对主义即实用主义。”

4. 在文章的最后一段讲道：“俞平伯先生这样评价《红楼梦》也许和胡适的目的不同，但其效果却是一致的。即都是否认《红楼梦》是一部伟大的现实主义杰作，否认《红楼梦》所反映的是典型的社会的人的悲剧，进而肯定《红楼梦》是个别家庭和个别的人的悲剧，把《红楼梦》歪曲成为一部自然主义的写生的作品。这就是新索隐派所企图达到的共同目标。《〈红楼梦〉研究》就是这种新索隐派的典型代表作品。”

毛泽东读此批道：“这里写得有缺点，不应该替俞平伯开脱。”

从这几点批示中可以看出，毛泽东在50年代是从意识形态的矛盾冲突中关注古典文学研究问题的，毛泽东不仅在李、蓝的文章中发现了吻合自己红学观点的思路，更感觉到它在向旧的红学观点、旧的文化思想、旧的哲学方法挑战上的特殊分量，并有意识地发掘和强化这两篇文章在这方面的意义。

毛泽东感到特别气愤的是，有关报刊对新旧观念、对“小人物”和权威作家“抑此扬彼”的不同态度。毛泽东在阅读李、蓝文章时，特意针对《文艺报》《光明日报》的两个按语写下了这样一些批注：“不过是小人物”“不过是不成熟的试作”“对两青年的缺点则饶不饶过”“很成熟的文章，妄加驳斥”“不过是试作？不过是一些问题和意见？不过可供参考而已？”不满之情，溢于言表。

毛泽东在10月16日写了那封著名的《关于红楼梦研究问题的信》，信中说：

各同志：

驳俞平伯的两篇文章附上，请一阅。这是30多年以来向所谓红楼梦研究权威作家的错误观点的第一次认真地开火。作者是两个青年团员。他们起初写信给《文艺报》，请问可不可以批评俞平伯，被置之不理。他们不得已写信给他们的母校——山东大学的老师，获得了支持，并在该校刊物《文史哲》上登出了他们的文章驳《红楼梦简论》。问题又回到北京，有人要求将此文在《人民日报》上转载，以期引起争论，展开批评，又被某些人以种种理由（主要是“小人物的文章”“党报不是自由辩论的场所”）给以反对，不能实现；结果成立妥协，被允许在《文艺报》转载此文。嗣后，《光明日报》的“文学遗产”栏又发表了这两个青年的驳俞平伯《红楼梦研究》一书的文章。看样子，这个反对在古典文学领域毒害青年30余年的胡适派资产阶级唯心论的斗争，也许可以开展起来了。事情是两个“小人物”做起来的，而“大人物”往往不注意，并往往加以阻拦，他们同资产阶级作家在唯心论方面讲统一战线，甘心做资产阶级的俘虏，这同影片《清宫秘史》和《武训传》放映时候的情形几乎是相同的。被人称为爱国主义影片而实际是卖国主义影片的《清宫秘史》，在全国放映以后，至今没有被批判。《武训传》虽然批判了，却至今没有引出教训，又出现了容忍俞平伯唯心论和阻拦“小人物”的很有生气的批判文章的奇怪事情，这是值得我们注意的。

毛泽东

一九五四年十月十六日

俞平伯这一类资产阶级知识分子，当然是应当对他们采取团结态度的，但应当批判他们的毒害青年的错误思想，不应当对他们投降。

毛泽东在以上信的信封上写有："刘少奇、周恩来、陈云、朱德、邓小平、胡绳、彭真、董老、林老、彭德怀、陆定一、胡乔木、陈伯达、郭沫若、沈雁冰、邓拓、袁水拍、林淡秋、周扬、林枫、凯丰、田家英、林默涵、张际春、丁玲、冯雪峰、习仲勋、何其芳诸同志阅。退毛泽东。"

毛泽东的这封信当时没有公开，只在小范围内传达，但通过间接的方式很快向理论界宣布了信的指示精神。《人民日报》10 月 23 日发表了《应该重视对〈红楼梦〉研究中的错误观点的批判》，此后，这场彻底清算资产阶级唯心论思想的斗争，在全国开展起来了。这次批判提出的问题，

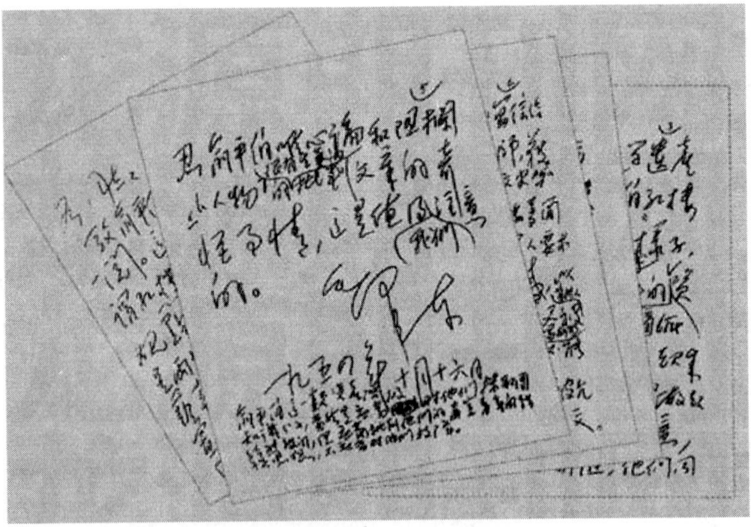

毛泽东《关于红楼梦研究问题的信》

不仅是如何评价和研究《红楼梦》这部中国古典文学名著，而且是要从哲学、文学、史学、社会政治思想各个方面，对五四运动以后最有影响的一派资产阶级学术思想，进行一番清理和批评。毛泽东发动这次批判，提出的问题是重大的，进行这样的工作是必要的。结合实际的事例，开展批评和讨论，来学习如何掌握和运用马克思主义，是知识分子自我教育和自我改造的一种方法。这次批判对学习和宣传历史唯物主义和辩证唯物主义起了好的作用，有其积极的方面。但是，思想问题和学术问题是属于精神世界的很复杂的问题，采取批判运动的办法来解决，容易流于简单和片面，学术上的不同意见难以展开争论。而且这次批判已经有把学术问题当作政治斗争并加以尖锐化的倾向，因而有其消极的方面。

“他和贾宝玉很熟嘛”

1954 年 12 月 21 日，中国人民政协二届一次会议在怀仁堂举行，毛泽东、刘少奇、周恩来等党和国家领导人都出席了会议。会议休息中间，当时的青年团代表小组组长胡耀邦拉着李希凡去见周总理。周总理看出李希凡有点儿紧张，便和李希凡聊起了家常，问李希凡原籍哪里，哪年入的团，有没有结婚，“蓝翎是你爱人吗？”听了总理和蔼可亲的问话，李希凡的心情逐渐平静下来。一一做了回答。当听到李希凡说蓝翎是他的男同学时，总理开朗地笑了。说：“人们总爱信这些猜测中的事。”总理接着说：毛主席表扬了你们的文章，可青年人有锐气，也容易骄傲。毛主席经常教育我们：谦虚谨慎，戒骄戒躁。记住毛主席的教导，警惕这些毛病，就会少犯错误。特别是你们，现在有名了，会有人包围你们。

要清醒，不要犯生活错误，毁了自己。要好好学习，提高觉悟，为党工作……总理的教导，李希凡一直记在心中。12 月 25 日晚，政协在北京饭店西楼宴会厅举行宴会。李希凡壮着胆子和同桌的一位同志去给毛泽东敬酒，毛泽东含笑起立和李希凡碰杯，看着李说：“谢谢你！”李希凡也急急忙忙说了一句，“祝毛主席健康长寿”。这时，刘少奇也在毛泽东身边，他和李希凡握了手，眯起眼睛瞧了李希凡一会儿，说了一句：“你很年轻么！”一个多月后，政协在中南海举行 1955 年春节团拜会，李希凡得到了邀请。那时的怀仁堂两廊有隔开的小间屋，每屋设一桌席，李希凡坐在第二间屋的那张桌，大家正在谈笑时，毛泽东在中央统战部同

1954 年政协会议上，李希凡见到了毛泽东。

志的陪同下走进屋来，和大家一一握手拜年。最后和李希凡握手，还特别盯着李希凡看了几眼，像是有些眼熟，又一时记不起这里的唯一的“小家伙”是谁。他似乎在追忆着，已经走出这间屋又返回来，重新和李希凡握手说：“你是李希凡？”李希凡高兴极了，赶忙回答说：“是我，是我。”毛泽东终于记起了李希凡，这使李希凡心情久久不能平静。大概正因为有了这次小插曲，所以1956年政协二届二次会议上，当胡耀邦把李希凡介绍给毛泽东时，毛泽东立即幽默地说：“他，我认识，他和贾宝玉很熟嘛。”毛泽东这句诙谐的话，引起了周围很多人的笑声。

1955年，李希凡在毛泽东的关怀下调到人民日报社文艺部工作。在

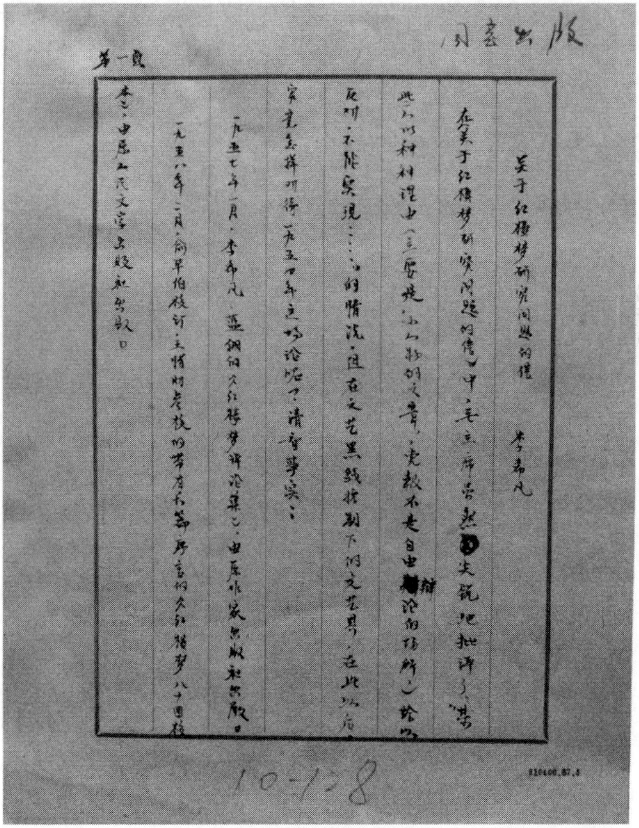
同意出版

第一页

关于红楼梦研究问题的信

李希凡

在《关于红楼梦研究问题的信》中，毛主席曾[illegible]尖锐地批评了“某些人以种种理由（主要是‘小人物的文章’，更极不是自由辩论的场所）给以反对，不能实现……”的情况。但在文艺黑线控制下的文艺界，在此以后究竟怎样对待一九五四年这场论战呢？请看事实：

一九五七年一月，李希凡、蓝翎的《红楼梦评论集》，由作家出版社出版。

一九五八年二月，俞平伯校订、王惜时参校的[illegible]序言的《红楼梦八十回校本》，由人民文学出版社出版。

10-128

李希凡手迹

《人民日报》眼界开阔，接触面宽，李希凡对自己的工作很是高兴了一阵子。但时间不久，由于年轻气盛，又脱离群众，写文章也就不那么讲理了。1957 年 4 月 12 日．毛泽东给当时的人民日报社文学艺术和副刊部主任袁水拍写信，除了交换对袁水拍诗的看法外，其中也谈到了李希凡，信中说：“李希凡宜于回到学校边教书、边研究。一到报社他就脱离群众了，平心说理的态度就不足了。请你和他商量一下。”李希凡后来给毛泽东写了信，检查了自己的缺点，表示愿意经常到生活中去，克服脱离群众的缺点，但也表明了不愿教书的想法。毛泽东的工作虽然十分繁忙。但仍然关心着李希凡的成长。直到 1964 年开展农村社会主义教育运动时，他还想到李希凡不深入群众和缺乏锻炼的缺点，特别指示人民日报社领导人，点名要李希凡到农村去。这些事虽然过了许多年了，但却铭刻在李希凡的脑际，使他终生难忘。

诗坛友谊传佳话

——毛泽东与柳亚子

柳亚子先生是我国著名的爱国诗人，郭沫若曾称柳亚子先生为“今屈原”。茅盾认为“柳先生的诗，反映了前清末年直到新中国成立后这一长时期的历史，亦即从旧民主主义革命到社会主义革命的历史，称之为史诗，是名副其实的”。柳亚子一生与毛泽东有过三次聚会。第一次是1926年5月在广州，第二次是1945年毛泽东在重庆谈判期间，第三次是新中国成立后在北京。两位诗人之间的友好交往、诗词唱和、书信往来为中国诗坛上留下了一段千秋佳话。

粤海难忘共品茶

毛泽东与柳亚子的交往，是以政治上、诗词上的共同语言为基础的。1924年，柳亚子赞同孙中山先生的联俄、联共、扶助农工的三大政策，参加了改组后的中国国民党，并且成为三大政策的忠实拥护者和坚决执行者。1926 年 5 月，国民党在广州召开二届二中全会，柳亚子当时是国民党“中央监委委员”,毛泽东是以国民党“中央候补委员”和国民党“中央代理宣传部长”的身份出席会议。当时,蒋介石向全会提出了所谓“整理党务案”，旨在排斥共产党，夺取国民党党权。毛泽东等人反对陈独秀的右倾投降主义，坚持反蒋的革命立场，得到何香凝、柳亚子的支持。出于愤慨，柳亚子不等会议结束，就托母亲病重，离开了广州。毛泽东和柳亚子虽为初识，双方深谈不多，但柳亚子的此举给毛泽东留下了极深刻的印象。柳亚子诗中也有“粤海难忘共品茶”“珠江粤海惊初见”的诗句，表达了他初见毛泽东的心情。

1927 年,蒋介石背叛革命,国共合作破裂,柳亚子不屑与这些“小人”为伍，遂遭蒋介石通缉。他靠友人帮助，躲藏于“复壁”中才免遭逮捕。事后，柳亚子偷渡出海，东渡日本避难，但他仍然关心着国内共产党人的斗争。1928 年，柳亚子从日本回到上海居住。1929 年，当他听到毛泽东在湖南领导了秋收起义并进军井冈山建立了红色革命根据地时，十分兴奋，在《存殁口号》一诗中写道,“神烈峰头墓草青，湘南赤帜正纵横。人间毁誉原休问,并世支那两列宁”。对“支那两列宁”,柳亚子自注之“孙中山、毛润之”。在这个时候，就把毛泽东与孙中山并列，并极尽推崇之，柳亚子是第一人。诗中高度赞扬了毛泽东提出的农民革命以及武装斗争的理论，同时称颂和怀念民主革命的先驱孙中山先生。

从 1926 年初晤之后，毛泽东一直无法得到柳亚子的信息。直到 1937 年，他在延安接到何香凝女士的来信，才知道柳亚子的情况。他激动地给何香凝去信说 :“看了柳亚子先生题画，如见其人，便时乞为致意。像这样有骨气的旧文人，可惜太少，得一二个拿句老话说叫作人中麟凤。”

1941 年，柳亚子因反对蒋介石制造的“皖南事变”，而被开除国民党党籍，亡命香港，太平洋战争爆发后，才从香港回到桂林。1944 年秋天，国民党军湘桂大溃逃，在周恩来的直接关怀下，于 9 月 12 日由桂林搭乘飞机到重庆。他积极参加抗日民主运动，经常写诗、填词，歌颂共产党，痛斥国民党，并与周恩来、董必武等共产党领导人过从甚密。1945 年 1 月，他在《新华日报》创刊纪念会上宣称："世界的光明在莫斯科，中国的光明在延安"，并撰《延安一首》寄给毛泽东："世界光明两灯塔，延安遥接莫斯科。"他把中国的希望寄托在中国共产党及其领导下的革命人民身上。

毛泽东在延安指挥着中国人民的抗日战争，工作十分繁重，但仍然关心着柳亚子等人的安危。1944 年 11 月 21 日，毛泽东写信给柳亚子说："广州别后，18 年中，你的灾难也受得够了，但是没有把你压倒，还是屹然独立的，为你并为中国人民庆贺！'云天倘许同忧国，粤海难忘共饮茶'，这是你几年前为我写的诗，我却至今做不出半句来回答你。看见照片，样子老一些，精神还好，没有病吧？很想有见面的机会，不知能如愿否？"这封信字里行间充满了对柳亚子的亲切关怀和深厚情谊。柳亚子读了毛泽东的信，激动万分，更加增强了与共产党团结合作、革命到底的决心和力量。

重逢握手喜渝州

抗战胜利后，为了争取和平、民主、团结，反对内战、独裁、分裂，毛泽东于 1945 年 8 月 28 日亲抵重庆与国民党当局举行了 43 天的谈判。柳亚子深为毛泽东的大智大勇所折服。30 日下午，柳亚子即来到中共中央所在地曾家岩50号与毛泽东会面。久别重逢，故人情深，欣喜之情不言而喻。柳亚子当夜作诗一首，诗云："阔别羊城十九秋，重逢握手喜渝州。弥天大勇诚能格，遍地劳民乱倘休。霖雨苍生新建国，云雷青史旧同舟。中山卡尔双源合，一笑昆仑顶上头。"诗人念念不忘"羊城初晤"，更津津乐道"渝州重逢"，他崇拜毛泽东的超人胆略，以及不畏艰险，亲赴重庆的"弥天大勇"。但同时希望共产党人能以诚意感动国民党政府，使之放弃内战阴谋。柳亚子的意见代表了"国统区"一部分民主人士对时局的看法，他们对国民党尚有幻想，对国内局势仍有盲目的乐观情绪。几天后，毛泽东约柳亚子等人到红岩村办事处谈话。毛泽东高屋建瓴，通俗易懂地分析了国共和谈的态势，深刻有据地指出了国民党蒋介石集团"独夭民贼"的反革命本质。毛泽东的谈话，使柳亚子很受启发。他在《润之招谈于红岩嘴办事处》诗中表达了自己的感受，"心上温馨生感激，归来絮语告山妻"，"与君一席肺肝语，胜我十年萤雪功"。

毛泽东在重庆的43天，谈判之紧张是世上所罕见的，但他仍把民主人士如与柳亚子等的晤谈挂在心上。9月6日，毛泽东在周恩来、王若飞的陪同下，亲临沙坪坝南开学校津南村11号拜访柳亚子。在长达一个多小时的畅谈中，柳亚子向毛泽东索要诗句，他知道毛泽东也是精于此道的人。毛泽东没有让老友失望，他仔细斟酌，最后把自己于1936年12月所写的《沁园春·雪》一词重新抄录后，赠送柳亚子。他在10月7日致柳亚子的信中说："初到陕北看见大雪时，填过一首词，似与先生诗格略近，录呈审正。"对毛泽东特意致赠的这首词，柳亚子奉读再三，直呼"大作，大作"，并于10月中旬作词一首为和。他对毛泽东的《沁园春·雪》在艺术上做了高度的评价，认为不但是宋代的苏东坡、辛弃疾不能比拟，清代的纳兰容若也望尘莫及，他为此写出了，"才华信美多娇，看千古词人共折腰”。柳亚子从国民党民主派的立场出发，认识到只要中国各党各派、各族人民团结起来，就能推翻反动统治。他在词的结尾用“君与我，要上天下地，把握今朝”来抒发他决心与共产党密切合作，并肩战斗，推翻蒋家王朝，建立新中国的信念。柳亚子的和词与毛泽东的原词在重庆《新华日报》《新民晚报》等报刊上发表，轰动山城，这是毛泽东的诗词首次与广大读者见面。那时郭沫若、陈毅、黄齐生都有《沁园春》和词，可谓盛极一时。当天客人离去之前，邻居卢国清以纪念册索题。毛泽东题词“为和平民主团结而奋斗”，周恩来题“民主团结，和平建国”，王若飞题“在和平民主团结的基础上，实现独立统一的新中国”。柳亚子题七绝一首：“兰玉庭阶第一枝，英雄崇拜复何疑，已看三杰留鸿爪，更遣髯翁补小诗。”

毛泽东把《沁园春·雪》送给柳亚子时，由于柳亚子很敬佩毛泽东的诗词书法，请加盖印章，毛泽东笑着说：“我身边没有印章。”于是柳亚子慨然允诺说：“我送你两枚吧！”回到寓处，柳亚子即请同寓的重庆篆刻名家曹立庵刻了“毛泽东”“润之”两方印，柳亚子当场就铃盖在册页上，翌日面交毛泽东。

毛泽东与柳亚子

毛泽东在渝期间，柳亚子商同尹瘦石，以他炽热的爱国诗言同瘦石生动的历史画卷合在一起，举行一次展览，得到毛泽东的支持，并特地为《新华日报》编印的“柳诗尹画联展特刊”题写了刊头。在筹办联展期间，柳亚子于1945年10月2日在红岩村再次会见毛泽东，提出由尹瘦石为毛泽东画像，毛泽东欣然同意。10月5日下午，尹瘦石专程去红岩村为毛泽东挥毫，10月6日柳亚子便在画像上题诗云：“恩马堂堂斯列健，人间又见此头颅。龙翔凤翥君堪喜，骥附骖随我敢呼。岳峙渊渟真磊落，天心民意要同符，双江会合巴渝地，听取欢虞万众呼。”这首诗表达了柳亚子对毛泽东衷心爱戴、骥附骖随的心情。

10月初，柳妻郑佩宜因盲肠炎住重庆中立医院做手术，柳亚子心绪不宁。毛泽东在百忙中闻讯特意写信致柳亚子，询问其妻手术后情况，表示慰问，并把对时局的看法交给柳亚子，其中有“前途是光明的，道路是曲折的”这两句名言，信中毛泽东还对柳亚子的诗做出评价：“先生诗慨当以慷，卑视陆游、陈亮，读之使人感发兴起，可惜我只能读，不能做。但是万千读者中多我一个读者，也不算辱没先生，我又引以为自豪了。”毛泽东对柳诗的高度评价，使柳亚子感发兴起，又作赋一首：“瑜亮同时君与我，几时煮酒论英雄？陆游、陈亮宁卑视，卡尔、中山愿略同。”在“握手渝州”的这段友好相处中，与毛泽东的多次谈话和通信，使柳亚子更坚定了对中国光明前途的信心以及为之奋斗的勇气。从此，他更积极地投身到共产党领导的争取民主、反对内战的运动中。

1946年年初，柳亚子回到上海不久，就参加了在玉佛寺举行的上海各界群众公祭昆明“一二·一”死难烈士于再的追悼大会，并在会上发表演讲，激烈抨击国民党的法西斯独裁政策。毛泽东闻讯后，于1月28日致函柳亚子：“阅报知先生已迁沪，在于再追悼会上慷慨陈词，快何如之。”由于国共关系的恶化，国民党当局不断加紧对民主人士的迫害，柳亚子被迫于1947年10月离沪去香港，积极参加国民党民主派联合的工作。

1948 年 1 月，中国国民党革命委员会成立，柳亚子又被推为中央监察委员会主席。

前途真喜向光明

1949 年初，毛泽东专电致函在香港的民主人士，邀请他们北上共议新中国成立这一大事，毛泽东又特意给柳亚子先生单发了一份邀请电。柳亚子对毛泽东的亲自电召感动不已。这位 63 岁的老人，在饱经忧患，历尽坎坷之后，看到自己一生为之奋斗的新中国即将诞生，其兴奋之情难以形容。他在《毛泽东电召北行二月二十八日启程有作》中写道："六十三龄万里程，前途真喜向光明。乘风破浪平生意，席卷南溟下北溟。"3 月 18 日，柳亚子和其他民主人士到达北平。3 月 25 日，毛泽东从石家庄到北平，柳亚子随陈叔通、李锡九、黄炎培、马寅初诸老到机场迎接，与沈钧儒、李济深、章伯钧同乘第一号汽车检阅军队阵容雄壮。当晚，毛泽东于颐和园益寿堂设宴，宾主共 20 人。柳亚子与毛泽东、周恩来在重庆别后 3 年有余，得以相聚，心情欢畅兴奋。回到饭店，赋七律四首，歌颂了解放区的新气象和人民解放军的伟大胜利。

当时，由于从国民党统治区赴北京的民主人士络绎不绝，有关部门应接不暇，一时对柳亚子的照顾稍有欠周，浪漫气度颇浓的柳亚子在 3 月 28 日写了一首七律《感事呈毛主席》："开天辟地君真健，说项依刘我大难。夺席谈经非五鹿，无车弹铗怨冯驩。头颅早悔平生贱，肝胆宁忘一寸丹。安得南征驰捷报，分湖便是子陵滩。"抒发了他不满于自己当时的政治物质待遇，准备步严子陵的后尘回江南故乡隐居的感情。此时虽然正值中国人民解放军准备突破长江天险的前夜，毛泽东日理万机，但他收到柳亚子的诗后，仍很重视。当他了解到柳亚子到达北京后，想到香山碧云寺拜谒孙中山的衣冠冢，但没有交通工具因而颇为懊恼等情况时，立即派人安排柳亚子的生活，让柳亚子从北京六国饭店移往颐和园居住。后来又派秘书田家英接柳亚子和夫人到香山碧云寺，了却他拜谒孙中山衣冠冢的心愿，并且周到地派摄影师为他们摄影留念。

4 月 29 日，毛泽东也写了一首《七律・和柳亚子》，感情真挚、亲切感人地回忆了他们过去 20 多年的交往 ："饮茶粤海未能忘，索句渝州叶正黄。三十一年还旧国，落叶时节读华章。"继而对柳亚子流露的消极情绪提出委婉的批评和诚挚的规劝 ："牢骚太盛防肠断，风物长宜放眼量。莫道昆明池水浅，观鱼胜过富春江。"勉励和希望柳亚子在北京继续为革命工作，像过去一样全心全意投身到新中国的建设事业中去，不要半途而废。

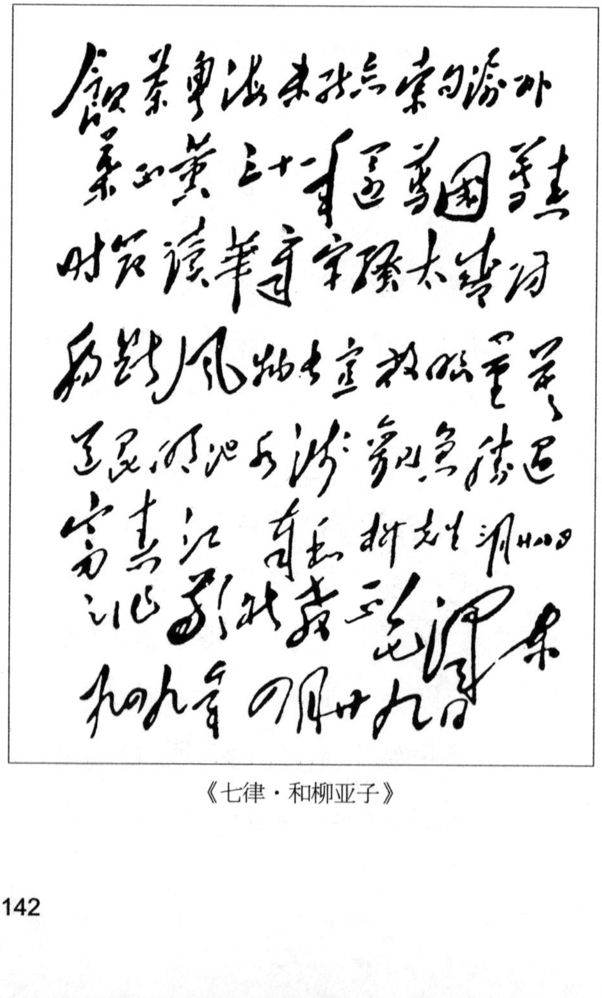

《七律・和柳亚子》

1949 年的"五一"国际劳动节，毛泽东从百忙中抽出时间亲自到颐和园新居看望柳亚子，和他论国事，谈诗词，叙友情，并一起游览了颐和园。当时，中国人民解放军百万雄师已突破长江天险，解放了南京，蒋家王朝被人民推翻了。毛泽东对柳亚子说，中国再也不能落后下去了，新中国成立后，我们要艰苦奋斗，奋发图强，一定要改变中国的落后面貌。他还以风趣的口吻对柳亚子说，现在与蒋介石不一样，你可以“赤膊上阵”发表文章、讲话了。你的人身安全是有保障的，你的意见是会受到尊重的。柳亚子对毛泽东的关怀深为感动，他向毛泽东表示：“我一定按照毛主席说的去做，我要尽力做一些对人民、对政府有利的工作。”他又写了一首诗给毛泽东，情意真切地感谢毛泽东以“风度元戎海水量”来对待他的牢骚，心悦诚服地接受毛泽东的规劝和批评，表明“昆明池水清如许，未要严光忆富江”，不回故乡隐居了。自此以后，柳亚子以高昂的革命热情，积极投身到建设新中国的伟大事业中去，并且继续以他如椽的诗笔热情歌颂新生的人民共和国。

诗人兴会更无前

1949 年 10 月 1 日，中华人民共和国成立，柳亚子当选为中共中央人民政府委员。11 月，民革举行第二届全国代表大会，柳亚子再次当选为中共中央常务委员。1950年10月1日，柳亚子登天安门参加首届国庆节。10 月 3 日晚，中央在中南海怀仁堂举行盛大歌舞晚会，西南各民族文工团、新疆文工团、吉林省延边文工团、内蒙古文工团联合演出了精彩的节目。毛泽东等中央领导人出席了歌舞晚会，并邀民主人士柳亚子等一同观看。当来京参加国庆盛典的各族代表隆重向中央人民政府首长献旗、献礼致敬后，毛泽东心情很激动，他对坐在前排的柳亚子说：“这样的盛况，亚子先生为什么不填词以志盛？我来和。”毛泽东的这番盛情，柳亚子求之不得，他即席填成一首《浣溪沙》，“用纪大团结之盛况”，呈献毛泽东。词曰：“火树银花不夜天，弟兄姊妹舞翩跹，歌声唱彻月儿圆，不是一人能领导，那容百族共骈阗？良宵盛会喜空前！”毛泽东乃步其韵奉和，写出了《浣溪沙·和柳亚子》，全词是：“长夜难明赤县天，百年魔怪舞翩跹，人民五亿不团圆。一唱雄鸡天下白，万方乐奏有于阗，诗人兴会更无前。”10 月 4 日和 5 日晚，柳亚子在怀仁堂观看了中央戏剧

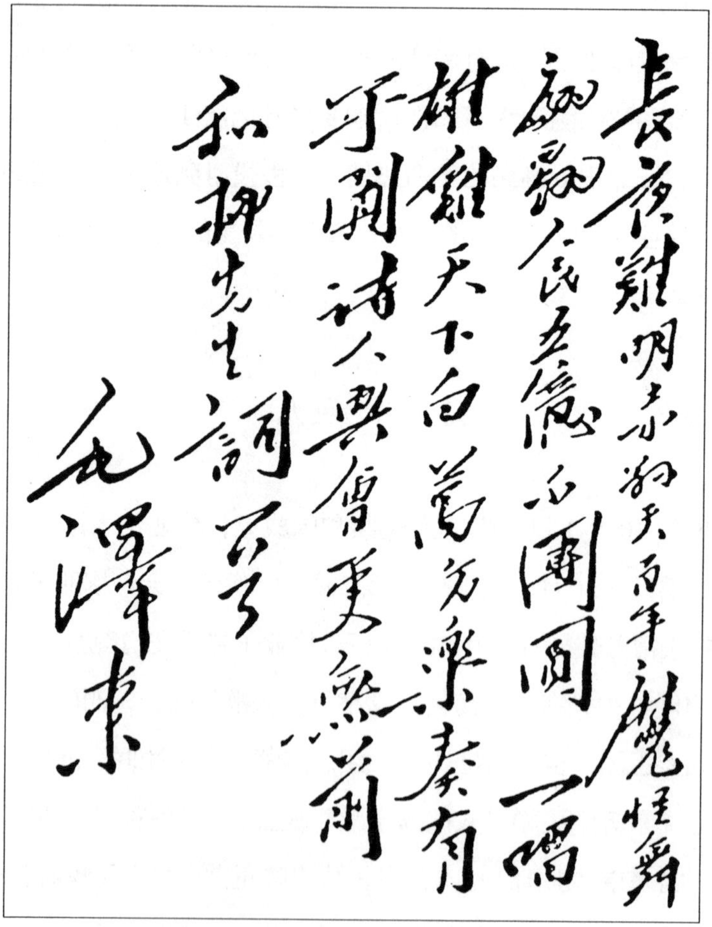

《浣沙溪·和柳亚子》

学院舞蹈团戴爱莲主演的《和平鸽》舞剧，诗人极为欣赏赞美，随即又填词一首，“白鸽连翩奋舞前，工农大众力无边，推翻原子更金圆，战贩集团仇美帝，和平堡垒拥苏联，天安门上万红妍！”这首诗传到毛泽东那里，这时，正值美国纠集的所谓“联合国军”在朝鲜被我志愿军赶回三八线附近之际，毛泽东诗兴大发，又挥笔写下一首和词：“颜斶齐王各命前，多年矛盾廓无边，而今一扫纪新元。最喜诗人高唱至，正和前线捷音联，妙香山上战旗妍。”毛泽东用“最喜诗人高唱至”这样最普通的语言，写出了对诗人柳亚子的最高评价。

1950 年 9 月，为了便于与柳亚子的交往，又将他的住处转迁于北长街 89 号。住宅为北方四合院，位于北海之南，故宫之西，中山公园之北，庭院宽敞，环境良好。毛泽东题其新居为“上天下地之庐”，此匾悬挂在客厅正中。有了环境优雅的新房子，柳自云：“精神更好，大非昔比了。”此后，柳亚子写下了不少诗篇，用诗歌赞颂共产党，赞颂新中国，并为国家和人民做了许多有益的工作。1958 年 6 月 21 日，柳亚子病逝于北京医院，终年 72 岁。

你去当这面旗帜

——毛泽东与茅盾

提起茅盾，大家都知道他是国内外享有崇高声望的著名作家，他的《子夜》《蚀》《虹》《春蚕》《林家铺子》等大量杰出的文学作品，为我国文学宝库创造了珍贵的财富，在文学史上留下了不可磨灭的功绩。然而，一般人却很少知道，茅盾早年就投身于革命活动，1921 年在上海先后参加共产主义小组和中国共产党，是党的最早的一批党员之一，并曾积极参加党的筹备工作和早期工作。在此期间，他和毛泽东相识，受到毛泽东的器重和信任，做过毛泽东的助手，并结下了诚挚的友谊。

毛泽东的得力助手

茅盾原名沈德鸿，字雁冰。1896 年 7 月 4 日出生于浙江省桐乡县乌镇。1927 年 9 月，他创作的第一部小说《幻灭》在《小说月报》上发表时，由于正受到蒋介石国民党政府的通缉，所以使用了一个笔名“茅盾”，后来他就以沈雁冰和茅盾两个名字闻名于世。

茅盾和毛泽东初识是在1923年夏天，那时茅盾是中共上海地方兼区（江浙）委员会执行委员兼国民运动委员会委员长。8月5日，他去出席上海地方兼区执委会第六次会议。一位身材高大魁梧的中年人热情地用湖南话跟他打招呼："你好！沈雁冰同志，我是毛泽东。"茅盾紧握对方的手，笑着说："啊，毛泽东同志！久仰，久仰。"毛泽东爽朗地说："我是《小说月报》的老读者，对你的大名，我也是久仰呀！"茅盾知道，毛泽东是中共中央委员，他今天是代表中央出席会议并做指导的。这次会议通过了四项决议，其中之一是"密令金佛庄相机做反战宣传，如果他带的一营要上阵，打仗时应设法保存实力"。金佛庄当时在杭州夏超的警备团担任营长，是共产党员。茅盾对这项决议的印象特别深刻。后来他写道："这是根据毛泽东的提议而做出的决议。由此可见毛泽东早年就注意共产党掌握枪杆子的问题了。"

在此之前，邵力子、沈玄庐、陈望道等三人因不满陈独秀的领导和对一些党员的品质有意见，曾提出要退党。毛泽东对参加会议的执委说："我建议，对他们三人的态度应当缓和，劝他们取消退出党的意思。"散会时，毛泽东对茅盾说："雁冰同志，会议分工由你去找他们三人做工作，有困难吗？"茅盾说："困难一定会有的，我尽力去克服吧。"第二天，茅盾去找了陈望道、邵力子做解释，请他们不要退党。邵力子同意了，陈望道不愿意，说："雁冰，你和我多年交情，你知道我的为人。我既然反对陈独秀的家长作风而要退党，现在陈独秀的家长作风依然如故，我如何又取消退党呢？"并说，"我信仰共产主义终身不变，愿为共产主义事业贡献我的力量，我在党外为党效劳，也许比在党内更方便。"邵力子、陈望道都对茅盾说，不必去劝说沈玄庐了，他一定不愿意留在党内的。

不过，茅盾还是去找了沈玄庐。沈玄庐发了一顿牢骚，但表示愿意考虑党组织的挽留。然而，到了第二年春天，还是退出了党。事后，茅盾向毛泽东汇报说他只完成了三分之一的任务，毛泽东鼓励他说："能完成三分之一，就很好嘛。"

1926年1月19日，国共两党合作的国民党第二次全国代表大会在广州闭幕了。茅盾在旅馆整理行装，正准备回上海，中共广东区委书记陈延年派人把他找了去，对他说："沈雁冰同志，你和恽代英同志都得留在广州工作。"这个决定使他感到突然，但他懂得，一个共产党员必须服从组织的决定，便问："我的工作？"陈延年说："你到国民党'中央宣传部'担任秘书。'中宣部部长'由汪精卫兼，他是国民党政府主席，忙不过来。现由毛泽东同志代理部长，你受他的领导。"能为毛泽东做助手，茅盾感到十分高兴。毛泽东住在东山庙前西街38号。这是一幢简陋的中式楼房。他一见到茅盾，就伸出一双大手说："老朋友，欢迎你！"又指着站在身旁的一个黑脸、麻子的男青年对他说："这是萧楚女同志。"茅盾早就知道萧楚女是"楚男"，出乎他意料之外的是，楚女还是麻面黑脸。萧楚女同茅盾一见如故，指着室内一张挂着蚊帐的单人木板床说："这是留给你的。我陪伴你。毛润之同志和杨开慧同志住在楼上。"三人坐下后，毛泽东对茅盾说："中央宣传部设在旧省议会二楼，离这里比较远。两三天后就要开国民党'中央常务委员会'，那时，我就提出任命你为秘书，请中常委通过。"茅盾有点儿不解地问："哦，任命一个秘书，也要中常委通过吗？"毛泽东说："这个你不知道，部长之下就是秘书。国民党中央委员会各个部，像妇女部、青年部，都是如此。"茅盾感到自己要挑的担子不轻，忙说："我怕不能胜任。"毛泽东赶紧解释说："不要紧，萧楚女可以暂时帮助你处理部务。"毛泽东又说："我这些天正忙着筹备第六期农民运动讲习所，不能天天到宣传部办公。还有，《政治周报》过去是我自己编，开慧当助手；现在可要交给你编了，开慧还要帮我做别的事。”到宣传部办公不久，茅盾就参加了一次部务会议。那天，汪精卫到会讲了几句话，希望大家在毛泽东同志的领导下，共同努力，依据“第二次全国代表大会”的宣言、政治报告以及各项决议案的内容，展开革命的宣传工作。讲完话，汪精卫就先走了。然后，毛泽东对宣传部的工作提出了具体的意见，指示茅盾和萧楚女起草一个宣传大纲，用国民党中央的名义下发，向全国宣传这次大会的精神。茅盾和萧楚女都是写文章的能手，两人只用了一天时间，就起草好一份宣传大纲。毛泽东仔细审阅了一遍，加上“军队与人民合作”一段，在文字上做了一些修改，然后对茅盾说：“你还是送给汪精卫，请他再看一下。”这个宣传大纲经过国民党二届中常委会议讨论、修改后下发了。茅盾在处理好宣传部日常事务的同时，还要编辑《政治周报》，撰写政论，到学校讲演，工作很是繁忙。过了一段时间，毛泽东要秘密前往湘粤边界的韶关，去视察那里的农民运动，向国民党中常委提出“因病请假两周”。因此，2 月 16 日的中常委会议决定：在毛泽东同志因病请假两周期间，宣传部的部务由茅盾同志代理。

不久，由于蒋介石策划制造了反共的“中山舰事件”，形势发生了变化。这时上海的党组织也让茅盾回上海。茅盾把这件事告诉了毛泽东。毛泽东说：“看来汪精卫要下台了，我这代理宣传部长也不用再代理了。”离开广州的那天上午，茅盾依依不舍地向毛泽东告别。毛泽东嘱咐他：“上海《民国日报》早为右派所把持，这里的国民党中央在上海没有喉舌，你到上海后赶紧设法办个党报，有了眉目就来信给我！”茅盾说：“好的，我努力去办。”3 月底，茅盾回到了上海。这次广州之行，加上在船上的来回时间，正好三个月，虽然时间不长，但和毛泽东在工作中相互信任、相互支持，结下了深厚的友谊。

在革命圣地延安

1935年，红军长征胜利地到达延北后，茅盾就曾和鲁迅在一起给党中央拍去“在你们身上，寄托着人类和中国的将来”的电文，表达了他们对革命和中国共产党的深切希望和信赖。时隔5年，到了1940年，茅盾才有机会亲身到革命的圣地延安去。事情是这样的。1938年年底，茅盾应新疆学院院长杜重远的邀请，远赴新疆从事革命文化教育工作。1940年5月，茅盾与张仲实等人离开了政治形势越来越险恶的新疆，经兰州到了西安。这时，他对延安的向往，对党的怀念越来越急切了，奔赴延安成为他此时最大的渴望。在西安八路军办事处，茅盾巧遇早在大革命时代就已熟识的周恩来和慕名已久的八路军总司令朱德。他欲赴延安的想法受到了两位中共领导人的热烈欢迎。于是，他与朱德等并肩踏上了去延安的路程。1940年5月26日下午，茅盾顺利地抵达革命圣地延安。

第二天晚上，延安各界在中央大礼堂开欢迎晚会，朱德、茅盾等相继讲话。晚会上，“鲁艺”演出了《黄河大合唱》，给茅盾留下了很深刻的印象，他一直念念不忘，后来回忆说，这次演出，他十分感动，大开眼界，《黄河大合唱》那“伟大的气魄自然而然使人鄙吝全消，发生崇高的情感，就像灵魂洗过一次澡似的”。

茅盾在延安安顿好后，就到杨家岭毛泽东的住处看望毛泽东。自1926年广州分手，他们已有14年未见面了，老友重逢，分外高兴。毛泽东依旧是茅盾印象中十多年前那样的平易近人，谈笑风生，丝毫没有因为当了党的领袖而有什么改变。茅盾向毛泽东详细地谈了他在新疆期间所看到的政治形势的恶化和自己虎口脱险的经历。毛泽东十分认真地听着茅盾的述说，脸上流露出深深的关切之情。

6 月初的一天，茅盾正在家里阅读吴玉章主编的《中国文化》，门外忽然响起一个熟悉的湖南口音："雁冰在家吗？"茅盾应声把毛泽东迎进窑洞，毛泽东对他说，直到今天才来问候他和夫人、孩子，实在是太忙，请他们原谅，并拿出一本《新民主主义论》送给茅盾："刚刚出版。您是大作家、评论家，请你看后多多批评呵！"毛泽东兴致勃勃地与茅盾大谈中国古典文学，并对《红楼梦》发表了许多精辟的见解，令从事文学批评和创作的茅盾惊叹不已，自愧不如。中午，茅盾留毛泽东吃便饭。在饭桌上，毛泽东问到他今后的创作活动，茅盾说："在新疆待了一年，使我深感大大落后于沸腾的生活，非常需要补课，我想多读点东西，再到前线、后方走走，体验体验生活。我今后仍想搞我的创作。"毛泽东听了频频点头，说："你这个想法，很好！我建议你搬到鲁艺去住，鲁艺，需要一面旗帜，你去当这面旗帜罢。"在这之前，曾有人劝茅盾搬到全国文艺家抗敌协会延安分会去住，并说丁玲等作家都住在那里，现在他听了毛泽东的建议，决定搬到鲁艺，他对毛泽东说："旗帜我不够资格，搬去住我乐意，因为我是搞文学的。"茅盾的妻子看到毛泽东一支接一支地吸烟，甚至在饭桌上也不停，而饭却吃得很少，便劝他戒烟。毛泽东摇了摇头，幽默地说："戒不了罗！前几年医生命令我戒烟，我服从了，可是后来又抽上了。看来，在这个问题上，我是个顽固分子。"和毛泽东谈话后不久，茅盾就把家搬到了桥儿沟的鲁迅艺术学院。大约在 7 月间，毛泽东又把茅盾找到杨家岭长谈了一次。那次他们谈的是 20 世纪 30 年代上海文坛的斗争以及抗战以来文艺运动的发展。

在延安，生活在同志们中间，生活在沸腾的生活中，茅盾有一种如鱼得水的感觉，他怀抱着极大的热情参加延安的各项活动、讲课，从事文学批评和创作，还参加了由毛泽东发起、艾思奇主持的哲学座谈会，与毛泽东、朱德、任弼时、张闻天、凯丰及在延安的著名哲学家们坐在一起，讨论各种哲学问题。

9 月下旬的一天，张闻天来到桥儿沟茅盾住的窑洞，递给他一封周恩来从重庆打来的电报，电报的大意是：郭沫若等人已退出第三厅，政治部另外组织了一个文化工作委员会，仍由郭沫若主持。为了加强国统区文化战线的力量，希望茅盾能来重庆，担任文化工作委员会的常务委员。张闻天还说，恩来想请你去重庆，就是考虑到你在国内外的名声，在那种环境里活动比较方便，国民党对你也奈何不得。不过，这只是我们的建议，我们知道你全家都来延安了，你原来也不打算再出去的，如果你实在不愿意，也不必勉强。茅盾无条件地接受党中央的安排。为了全力以赴地投入抗战工作，他准备把两个孩子留在延安。几个月来，孩子们已在集体环境中生活得融洽无间。临行前，茅盾到杨家岭向毛泽东辞行。他对毛泽东说：“我把两个孩子都交给了党，请党来教育他们吧。”毛泽东风趣地说：“这很好嘛。你现在把两个包袱扔在这里，可以轻装上阵了。”10 月 10 日，茅盾和妻子随董必武的车队离开了生活、工作了 5 个月的延安，踏上了新的征途。“鲁艺”全体学员在桥儿沟西边、延河北岸列队欢送。茅盾夫妇一边擦泪，一边挥手向送行的同志们告别。

延安的生活虽然是短暂的，但它给茅盾留下了难以磨灭的印象。到重庆后不久，作家就写出了散文《风景谈》和《白杨礼赞》，热情歌颂了延安的生活，歌颂延安人民和革命战士，歌颂中国共产党。

第一任文化部长

地理条件上的间隔，中断了毛泽东与茅盾的直接交往，但他们的心是相通的，时常有书信往来，并渴望再次相见。1945 年 1 月，周恩来由延安飞抵重庆，代表中国共产党与国民党再度进行谈判。他给茅盾带来了一封毛泽东的亲笔信：

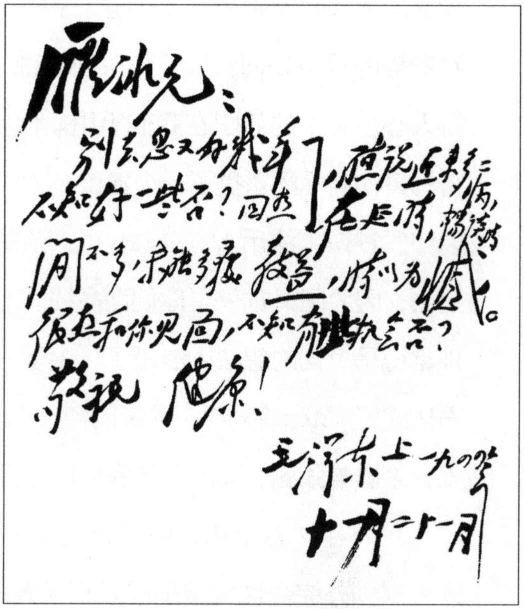
雁冰兄：
别去忽又好几年了，听说近来多病，不知好一些否？回想在延时，畅谈时间不多，未能多获教益，时以为憾。很想和你见面，不知有此机会否？
敬祝
健康！
毛泽东上 一九四四年十一月二十一日

毛泽东致矛盾的信。

雁冰兄：

别去忽又好几年了，听说近来多病，不知好一些否？回想在延时，畅谈时间不多，未能多获教益，时以为憾。很想和你见面，不知有此机会否？

敬祝

健康！

毛泽东上

一九四四年十一月二十一日

捧着这封信，茅盾的眼眶湿润了。毛泽东身为党的领袖，还这样谦逊；

他工作十分繁忙，还惦记着老朋友的身体，这使得茅盾感动不已。1945年8月28日，毛泽东飞抵重庆参加国共谈判。整个山城沸腾了。毛泽东住到重庆八路军办事处后，茅盾立即偕夫人前往拜访。后来，毛泽东分别会见各方民主人士，又约茅盾和马寅初到办事处恳谈了两个小时，因为当时大家最关心的大局是内战问题，茅盾在谈话中询问毛泽东："你高瞻远瞩，对形势的看法如何？"毛泽东回答说："蒋介石是要打仗的。但是，他不得人心。和平的旗帜在我们手里。他要打我们也不怕。我们有准备。"记得马寅初向毛泽东提了一个建议：为了打破国民党的经济封锁，共产党可以印假钞票（法币），这样既可以解决解放区的经济困难，道义上也说得过去，因为国民党欠了你们许多钱。毛泽东微笑地听着，未置可否，大概他觉得马寅初的想法太浪漫了。由于我党有理有礼有节的斗争，迫使蒋介石达成了"双十协定"，重庆谈判结束。10月11日，毛泽东、王若飞返延安，茅盾与张澜、郭沫若等到机场送行。

1949年7月下旬，中华全国文学工作者协会成立，茅盾任主席，随即决定创办综合性文学创作月刊《人民文学》，茅盾任主编。《人民文学》筹办期间，茅盾曾请毛泽东为杂志书写刊名并题词。不久，毛泽东给茅盾写了一封回信。

雁冰兄：

示悉。写了一句话，作为题词，未知可用否？封面宜由兄写，或请沫若兄写，不宜要我写。

毛泽东

九月二十三日

展开信中附来的一张宣纸，上面写着：

希望有更多好作品出世

毛泽东

茅盾给周扬看时说："起应，主席这个题词，语重心长，我们的担子不轻呵！"他没料到，更重的担子将要放在他的肩上。当周恩来被选为政务院总理后，来找茅盾："雁冰，我受命组织中央人民政府政务院，准备任命您为文化部长，特向您征求意见。"茅盾跟周总理很熟悉，便坦率地表示："我一向都是搞创作的，中华人民共和国成立以后，生活可以安定下来了，我不想当部长，只希望继续从事创作。"周恩来认为他说的合乎情理，答应再考虑一下。过了一天，周恩来派人把茅盾接到中南海丰泽园的颐年堂。茅盾看到毛泽东和周恩来已在等候。坐下后，周恩来对他说，在人事安排过程中遇到一些困难，所以请他来商量。毛泽东微笑着说："我跟恩来商量过了，还是要请你出任文化部长。雁冰，你是中外知名的大作家，这第一任文化部长，非你莫属啊！"看到主席和总

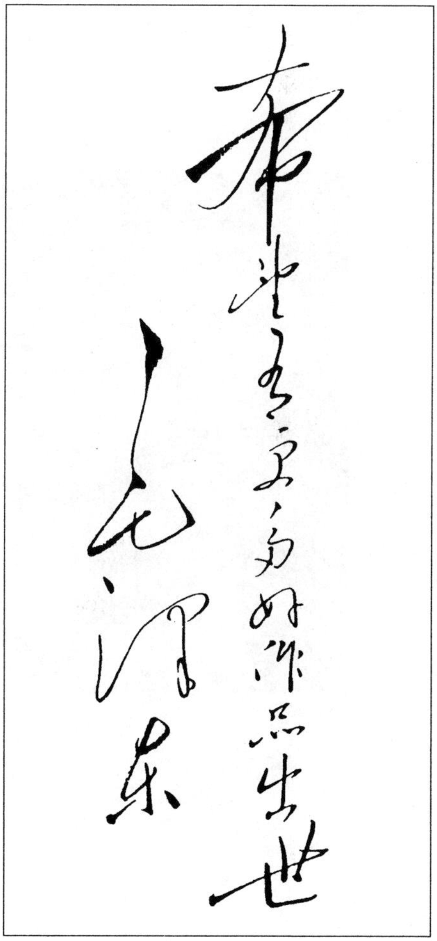

毛泽东为人民文学题词。

理如此郑重地向他提出，想到既然革命工作这样需要，他觉得不能再推托，便答应了。毛泽东、周恩来一听，都笑了。他们跟茅盾紧紧握手，送他步出颐年堂。

10月1日，茅盾作为中央人民政府委员会委员，登上天安门城楼，出席开国大典。20日，中央人民政府委员会举行第三次会议，正式任命矛盾为文化部部长、文化教育委员会副主任委员。11月2日，茅盾主持了文化部成立大会。从此，他挑起了新中国文化部门领导的重担，为开创和发展社会主义文化和文学艺术事业勤勤恳恳，殚思竭虑，献出了全部心血。

1949年7月2日，毛泽东出席中华全国文学艺术工作者第一次代表大会，向大会祝贺。主席台右起：郭沫若、茅盾、周扬、毛泽东。

领袖和作家之间

———毛泽东与欧阳山

毛泽东在延安很重视同文艺界人士的交往，每闻有人到延安，总是尽快从百忙之中挤出时间，安排集体或个别的场合，同他们见面，倾听他们的意见和要求，帮助他们解决各种困难。和鲁迅有过交往的作家欧阳山到延安后，更是受到毛泽东的重视，毛泽东曾给欧阳山写过三封信，邀欧阳山面谈；认真阅读欧阳山发表的作品，给以热情的鼓励；并经他批准，任命欧阳山为中央研究室文艺研究室主任等。这些礼遇与殊荣，使欧阳山内心深受感动，并给他留下难忘的记忆。

初次见面

欧阳山，原名杨凤岐，湖北荆州人，从小随养父在外流浪，接触了广泛的人生。1923 年，他用凡鸟的笔名在上海《学生杂志》发表第一篇短篇小说《那一夜》，从此开始文学创作。1927 年组织“南中国文学会”，曾得到鲁迅的指导。1933 年因受到国民党政府的通缉，逃亡上海，参加中国左翼作家联盟，开始用欧阳山的笔名发表作品。1941 年，震惊中外的“皖南事变”发生后，在组织的安排下前往延安。

欧阳山从重庆到延安，长途跋涉，历尽千辛万苦。为了安全，他改变了身份，扮为八路军的家属。他当时的夫人草明也不能与他同行。草明带着一个一岁多的孩子，同有家属的队伍一道撤退，先一批到延安。欧阳山于 1941 年 4 月到达延安，当时正是阳春季节，陕北高原的广阔原野，使这位长期生活在南方的人顿开眼界；解放区的沸腾生活，使他的理想变成了现实。他满怀热情地投进新的生活与工作中去，并开始了新的创作时期。

欧阳山和毛泽东的初次见面是在 1941 年夏天，那时毛泽东 48 岁，高高的身材，庄严平静地站在欧阳山的面前。和欧阳山握手之后，毛泽东看出了欧阳山手足无措、心情激动的窘态，就热情地让欧阳山坐下，并给他倒了杯开水，像一位贤良的兄长一样，用随和的低声问欧阳山的文学经历和社会经历，问他在上海时看到的鲁迅先生的情况，问当时重庆的文学艺术活动和大家所受到的国民党的迫害。欧阳山望着毛泽东智慧深沉的眼睛和温和的微笑，看着他那披在背上打着补丁的棉衣，便忘了他是一位伟大的领袖，高高兴兴地谈了起来。欧阳山从毛泽东的住地告别出来后，才觉得十分后悔，因为他光顾自己说话，没有从他那真知灼见、雄才大略里面多得一些教益。

三封书信

1942年春，随着延安文艺界队伍的不断扩大，文艺运动的深入发展，其内部的种种分歧也显露出来，一些作家、艺术家在立场、观点、方法上存在的缺陷表露得较为明显和充分，其中最为突出的现象是出现了《野百合花》等一批讽刺、暴露革命根据地生活中缺点或阴暗面的文艺作品。这些作品的主要立场或其中的某些思想倾向，不仅脱离了动员、团结、鼓舞广大人民群众以反抗日本帝国主义侵略的时代主旋律，而且也有悖于一些文艺家奔赴延安的初衷。欧阳山感到文艺队伍中存在的问题很多且很严重，一些来自大后方的作家、艺术家并不了解根据地人民的生活和斗争，不懂得怎样正确地开展革命文艺活动，于是欧阳山给毛泽东写了一封信，信中除反映一些问题外，还建议党需要制定一套明确的文艺政策，以便大家工作起来有统一的标准。他还援引了苏联共产党对文艺工作提出的一些方针政策，请中央考虑、研究。毛泽东看后，于4月9日早晨复信，信中写道：

欧阳山同志：

来信收到。拟面谈一次，如同意，请于今日惠临一叙，并盼与草明同志偕来。此致

敬礼！

毛泽东

四月九日

欧阳山和草明高兴极了，他们整整衣领，扣好纽扣便于当日上午下山去杨家岭毛泽东的住地。毛泽东住的是双眼窑洞，就像套间一样，外间办公室放一张写字台、两把椅子，写字台对面是一个可坐两三个人的旧沙发。毛泽东正在批阅文件，看见欧阳山和草明进来，便请他们在沙发上坐下，然后开门见山地说，党中央准备召开一次文艺座谈会，和大家研究一下文艺工作问题，准备提出三个问题：一是文学艺术家的立场问题；二是态度问题；三是工作对象问题。毛泽东首先谈了自己的看法。据草明回忆，毛泽东当时谈的时间很长，其中有许多观点是她有生以来头一次听说，因此印象很深，这些观点有：文艺工作者要有正确的立场，党员要站在党的立场上；文艺要解决为什么人和如何为的问题，要为人民服务，为无产阶级政治服务；文艺工作的对象是工农兵及党的干部，只有熟悉他们，才能表现他们；文艺工作者要到火热的斗争生活中去，并使自己的思想感情来一个变化；文艺的目的是团结人民，教育人民，打击敌人，消灭敌人，帮助人民同心同德地同敌人做斗争。他还说，延安的青年是拥护共产党的，但马列主义水平不高，头脑中还有非无产阶级思想，因此还要改造他们的世界观。毛泽东说完，欧阳山就上述问题发表了自己的见解。当谈到目前文艺工作中的种种困难时，他特别提出希望中央制定明确的文艺政策。草明补充了一些意见，反映文艺界存在的宗派主义问题。谈话进行了两个多小时，这时已有人摆好饭菜，毛泽东留他们吃了一顿午饭，饭菜很朴素，这天特意为他们加上两个菜，虽然不过是猪肉、猪肝，却使他们几十年来还余甘在舌。

时隔几天，毛泽东于4月13日和17日又给欧阳山和草明写了两封信，请他们对上次谈话中涉及的“文艺方针诸问题”“搜集反面的意见”“正反两面都盼搜集”，并附“简要的说明书”给他。接信后，文艺研究室的全体同志立即帮助翻阅解放区内外的报纸杂志，将其中有关文章或者折起来，或者做个记号，尤其注意有资产阶级文艺观方面的材料。这些材料经过欧阳山的筛选，采用了十几种，每篇都附上简要说明，然后包扎好，让草明送去。

草明来到毛泽东办公室时，毛泽东正在看材料。见到草明进去，他就离开座位和草明打招呼。草明把材料打开，送到毛泽东面前，毛泽东一面翻阅一面看欧阳山写的简介，然后坐下，关心地问草明：“工作、生

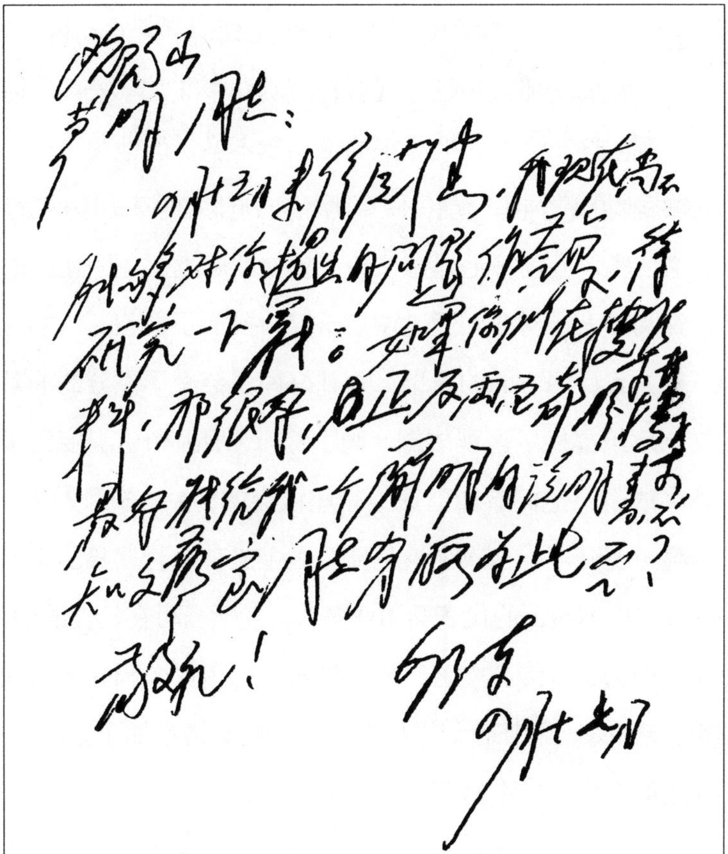

毛泽东致欧阳山和草明的信。

活环境怎么样，有什么困难没有？”草明痛快地回答说：“一切都很好，很理想。只是三个孩子缠身，对写作有些妨碍。”毛泽东不解地问：“怎么不把孩子送托儿所和学校去？”草明说：“中央托儿所需要一个保姆才能让孩子进去，我没有保姆；两个学龄孩子想进干部子弟学校，可我们不是军人，也送不进去。”毛泽东自言自语地说：“还要保姆，咳。”随即，毛泽东吩咐服务员请傅连暲大夫来，他正负责中央托儿所，毛泽东请他解决草明的小儿子入托问题。草明站起身来表示感谢，毛泽东又吩咐他的秘书叶子龙，用他的名义给八路军总参谋长叶剑英写信，请他介绍草明的两个女儿到干部子弟学校入学。此时此刻，草明感动得不知所措，这样的小事，竟惊动那么多领导同志，草明心中非常不安，后悔不该提出这样的问题。这次会见，毛泽东的话虽然不多，但他关心干部、关心作家、爱护后代的精神和行动，使草明体会到伟大的革命家的宽广胸怀。

延安文艺座谈会前，毛泽东又找了包括欧阳山、草明在内的许多作家谈话，查阅了大批材料，通过调查研究，摸清了文艺队伍的现状，全面掌握了有关正反两方面的意见，为开好座谈会做了充分的准备，为制定党的文艺政策提供了客观依据。4 月底，欧阳山和草明接到了毛泽东和凯丰署名的邀请他们参加延安文艺座谈会的请帖。5 月 2 日，延安文艺座谈会隆重召开了，这次会议是新民主主义革命时期我国文艺界一次空前的盛会。出席会议的代表共 100 多人，包括当时在延安的中央领导，党的思想、理论、宣传、文艺、教育等部门的负责人和许多国内颇有影响的作家、艺术家。欧阳山、草明怀着激动的心情参加了会议的全过程，受到了深刻的教育。5 月 23 日，毛泽东为座谈会做了结论，这就是著名的《在延安文艺座谈会上的讲话》，参加会议的所有代表都为其恢宏的气势、精湛的道理、严密的逻辑、锐利的锋芒所震慑、所激动、所折服。

会议结束前，摄影家吴印咸不失时机地要趁亮为全体与会人员照相，大家起身到坪台上，围着毛泽东随便坐的坐、站的站。草明有幸坐在第一排，离毛泽东很近，欧阳山站在第二排，只听吴印咸的相机咔嚓一声，便留下了这个历史性的光辉的一页。

写作新风

延安文艺座谈会闭幕后，文艺界普遍开始了整风运动。广大文艺工作者通过学习《在延安文艺座谈会上的讲话》等有关整风文件，精神面貌焕然一新。为了转变立场，克服以往脱离实际、脱离群众的最大弱点，他们纷纷行动起来，到工农兵群众中去，一批批振奋人心的作品相继破土而出。

1944 年 4 月，欧阳山从中央党校三部调到边区文协专门从事文学创作活动。不久，丁玲和陈明也被调来了。欧阳山和丁玲一起参加了边区合作社模范工作者会议。会后，丁玲写出了报告文学《田保霖》，欧阳山写出特写《活在新社会里》，两篇文章同时登在 6 月 30 日的《解放日报》上。丁玲的文章记叙了田保霖在党的领导和革命政权的支持下，为解决群众生活困难，举办合作社，搞活经济的先进事迹。《活在新社会里》写的是田保霖办合作社时，发现一个叫邹兰英的老婆子，她原是要饭的，听说边区是穷人的“福地”，带着儿孙来到靖边县，田保霖帮她安了家，并要她发挥自己的特长，教人纺纱，为解决群众穿衣难的问题做出了有益的贡献，自己也过上了丰衣足食的生活。文章通过邹兰英在新旧社会的不同经历的描写，歌颂了新社会的优越性。欧阳山和丁玲都没有想到，这两篇反映现实斗争生活中两个小小侧面的短文，却会引起当时肩负着领导全国人民抗战重任的毛泽东的兴趣和重视。毛泽东在读完作品后，立刻亲笔给他们写了祝贺信，还在百忙中抽出时间约他们会面，信是这样写的：

丁玲
二同志：
欧阳山

快要天亮了，你们的文章引得我在洗澡后睡觉前一口气读完，我替中国人民庆祝，替你们两位的新写作作风庆祝！合作社会议要我讲一次话，毫无材料，不知从何讲起。除了谢谢你们的文章之外，我还想多知道一点，如果可能的话，今天下午或傍晚拟请你们来我处一叙，不知是否可以？

敬礼！

毛泽东

七月一日早

下午，丁玲、欧阳山应邀来到枣园毛泽东的住处，毛泽东鼓励他们说："我一口气看完你们的作品，很高兴。这是你们写工农兵的开始，希望你们继续写下去，为你们走上新的文学道路而庆祝。"傍晚，毛泽东请他们俩吃了饭。明日初升，他们才策马出来。欧阳山喝了不少酒，敞开衣襟，让威风吹拂。他们还沉浸在刚才的回忆中。毛泽东雍容大方、温和典雅的仪态，以及他在款款漫步中的音容笑语，都铭刻在他们的记忆里。后来，欧阳山在《想起毛泽东同志这封信》文章中说："《活在新社会里》这篇

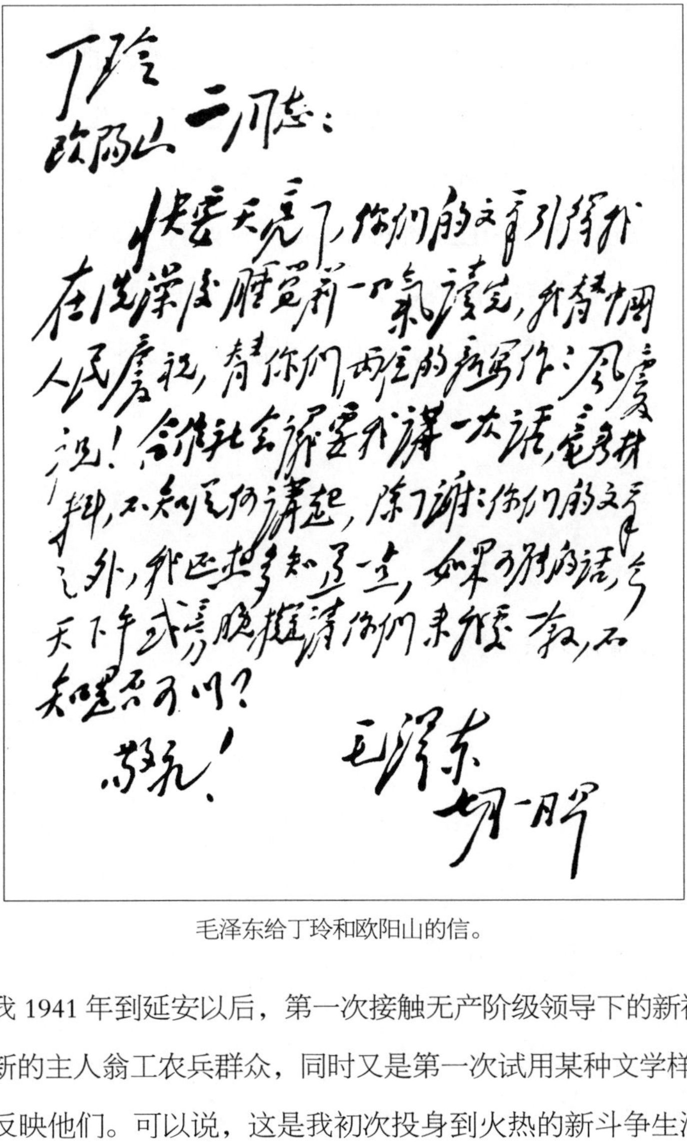
丁玲
欧阳山 二同志：

快要天亮了，你们的文章引得我在洗澡后睡觉前一口气读完，我替中国人民庆祝，替你们两位的新写作作风庆祝！合作社会议要我讲一次话，毫无材料，不知从何讲起，除了谢谢你们的文章之外，我还想多知道一点，如果可能的话，今天下午或今晚拟请你们来我处一叙，不知是否可以？

敬礼！

毛泽东
七月一日晨

毛泽东给丁玲和欧阳山的信。

特写是我 1941 年到延安以后，第一次接触无产阶级领导下的新社会、新生活、新的主人翁工农兵群众，同时又是第一次试用某种文学样式描写、表现和反映他们。可以说，这是我初次投身到火热的新斗争生活中的一种学步，一种练习，一种尝试。尽管作品不成熟，很单薄，但毕竟是走在了这条大路上。是否恰恰在这一点上，也仅仅在这一点上，毛泽东同志分出他宝贵的精力的一部分，来对它加以肯定、支持和鼓励呢？我想，这有可能比较接近他的本意。”

欧阳山之女欧阳代娜谈起父亲时，她说对欧阳山一生影响最大的有3个人：鲁迅、毛泽东、周恩来。欧阳山认为，是鲁迅把他的文学创作从浪漫主义带上现实主义道路，使他从为艺术走向为人生、为社会而作。对于这两位伟人，他一生都怀着感激之情，他常说："你再高也高不过毛主席，毛主席也和我有来往；你再高也高不过鲁迅，鲁迅也是我的朋友，我还要什么高？我就够高的啦。"欧阳山曾对子女说他的入党介绍人实际是周恩来，后来因为种种原因，没有写在他的入党材料里。

文学是点，社会科学是面

——毛泽东与舒群

1937年平型关大捷后，舒群从五台山奔赴延安的途中，从被日寇炸毁的废墟中拣得莎士比亚的《哈姆莱特》《奥赛罗》《李尔王》《仲夏夜之梦》4册名著和《石索》《三希堂残帖》各两卷，他如获至宝，欣喜若狂，立即带在身旁。行军途中，朱德总司令曾多次通令轻装，他始终爱不释手，宁肯将别的物品丢掉，也舍不得“轻装”这些“珍宝”。后来辗转到了延安，经延安鲁迅艺术学院秘书长朱光引见，舒群终于见到了他昼思夜想的毛泽东。毛泽东爱才如命，虽与青年作家萍水相逢，却似故人邂逅，竭诚欢迎，殷勤款待。一瞬间，舒群为之感动，不禁爆发激情，将挎包内未曾释手的那4册名著、两卷字帖，竟一股脑地掏了出来，送给毛泽东。毛泽东喜出望外，连连称好，哪料一旁的朱光手疾眼快，一把将莎翁的4册名著夺了过去。于是两人唇枪舌剑，互不相让。舒群手足无措，连忙调停，结局是平分秋色，朱光强行夺走了《奥赛罗》《李尔王》和《石索》碑帖。毛泽东也从此认识了这位慷慨送书的青年作家舒群。

1942年年初，在延安整风运动中，根据毛泽东的指示，党中央决定对《解放日报》实行改版，“由不完全的党报变成完全的党报”，副刊是《解放日报》重要的版面之一。它起着繁荣文艺创作、交流学术思想、促进哲学社会科学发展、向广大军民传播知识的重大作用，因此受到毛泽东的极大关注。在报纸改版过程中，毛泽东亲自指导，躬身实践，对副刊也做了重大的改革，在此期间和舒群接触频繁。

副刊改革的主要内容是，撤销《文艺》专栏刊头，改第四版为各种综合性的专刊。《文艺》专栏主编丁玲调到中华全国文艺界抗敌协会延安分会，当时的中宣部副部长凯丰同志派舒群担任副刊主编。时年 29 岁的舒群，面对包罗万象的综合副刊，提出不能胜任，他说：“一个编者也应该有多方面的才能。可是我们，又多半是作家兼任编者，那就难上加难。”针对这一问题，毛泽东耐心地做舒群的思想工作。毛泽东说：“要找这么完全的人，这么有能力的人，你给我介绍一位。难道没有这么一个人，综合性的副刊就不办了吗？全能的人，现在没有，将来也不能有。你编文艺副刊，文艺副刊是个点，也是个面。因为你是搞文学的，所以文学是你的点，文艺是你的面。你也要由点到面嘛。你编综合性副刊，文艺是你的点，社会科学就是面了。都是先点后面，从点到面嘛！先文学的点，后文艺的面；先文艺的点，后社会科学的面。而反过来又会促进点，使点深化。只要在工作实践中学习、提高，由点到面，你就一定能胜任这项工作。”毛泽东关于学习知识的辩证法和切实的经验之谈深深教育了舒群，使他愉快地接受了任务。

舒群文学社

为办好副刊，毛泽东还帮助舒群组稿。事前，毛泽东约舒群商拟征稿名单，前后两次：一次在窑内，一次在院中，共写两份，而以第二份为定。第一份名单，在毛泽东 9 月 15 日给凯丰的信中提到：“解放（指《解放日报》）

第四版缺乏稿件，且偏于文艺，我已替舒群约了十几个人帮助征稿，艾、范、孙雪苇及工、妇、青三委都在内。青委的冯文彬，拟每月征 6000 ~ 10000 字的青运稿件，不知能办到否？”第二份名单列在 9 月 20 日毛泽东亲自起草的《〈解放日报〉第四版征稿办法》中：

（一）《解放日报》第四版稿件缺乏，且偏于文艺，除已定专刊及由编辑部直接征得之稿件外，现请下列各同志负责征稿：

荒煤同志：以文学为主，其他附之，每月 12000 字。

江丰同志，以美术为主，其他附之，每月 8000 字。此外并做图画。

张庚同志：以戏剧为主，其他附之，每月 10000 字。

柯仲平同志：以大众化文艺及文化为主，其他附之，每月 12000 字。

范文澜同志：以历史为主，其他附之，每月 12000 字。

邓发同志：以工运为主，其他附之，每月 8000 字。

彭真同志：以党建为主，其他附之，每月 15000 字。

王震之同志：以戏剧为主，其他附之，每月 5000 字。

冯文彬同志：以青运及体育为主，其他附之，每月 12000 字。

艾思奇同志：以文化及哲学为主，其他附之，每月 10000 字。

陈伯达同志：以政治、经济、国际为主，其他附之，每月 12000 字。

周扬同志：以文艺批评为主，其他附之。每月 10000 字。

吕骥同志：以音乐为主，其他附之，每月 5000 字。

蔡畅同志：以妇运为主，其他附之，每月 5000 字。

董纯才同志：以教育为主，其他附之，每月 8000 字。

吴老：以语文为主，其他附之，每月 5000 字。

以上共 149000 字。

（二）各同志担负征集之稿件，须加以选择修改，务使思想上无毛病，文字通顺，并力求通俗化。

（三）每篇以下超过4000字为原则，超过此字数者作为例外。

（四）如每人征集之稿件满12000字者，可在第四版一次登完。但编辑部可以调剂稿件，分在两天或三天登完，并不用专刊名目。

（五）如有不合用之稿件，由编辑部退回负责征稿人，再行补征。如由编辑部做重要之修改，则应与征稿人商量一下。

从以上征稿办法中，可以看出毛泽东对办好党报副刊的重要观点：一是副刊稿件必须有正确的政治方向、鲜明的思想性，对稿件“须加以选择修改，务使思想上无毛病”。二是副刊不能只偏于文艺，要带综合性。三是办好副刊必须调动办报人和看报人的两个积极性，发动全党力量来办，荟萃各界文笔，努力扩大稿源。四是副刊文章要短小精悍，力求大众化、通俗化，使它符合广大读者的阅读水平。

随后，中央办公厅按名单发出了毛泽东枣园之宴的通知。舒群、柯仲平、博古结伴而行。客从四面八方赶来，相继入席，毛泽东即席致词：“诸公驾到，非常感谢。今在枣园摆宴，必有所求。”他宣读一遍《解放日报》第四版征稿办法及其具体内容，然后幽默地讲道：“俗话说，吃人口短，吃人一口，报人一斗，吃亏只这一回，但不许哪个口上抹石灰——白吃。办好党报，党内同志人人有责。责无旁贷。我想，诸位专家、学者必然乐于为第四版负责，当仁不让，有求必应，全力赴之，取之不尽，用之不竭。”席间毛泽东给大家敬酒。大家尽情交谈，直到深夜。

从这以后，舒群不断得到毛泽东的直接关心指导，凡有转载，均经毛泽东亲笔批示，倘有社长博古审而难定的稿件，均由舒群携稿面呈毛泽东。在毛泽东的指导下，经过舒群和副刊编辑人员的集体努力，副刊面貌为之一新。各类作品与工农兵火热的生活日益接近起来。1943 年 4 月 25 日秧歌剧《兄妹开荒》的发表，成为副刊初见成果的代表作。经过文艺下乡运动带来了文艺的繁荣，极大地丰富了稿源，一大批优秀作品如雨后春笋相继出现。如马可的《夫妻识字》，贺敬之、丁毅的《白毛女》，赵树理的《李有才板话》，西戎、马烽的《吕梁英雄传》，李季的《王贵与李香香》，丁玲的《田保霖》，欧阳山的《活在新社会里》，姚仲明的《同志，你走错了路》，以及古元、力群、彦涵的木刻，等等。

1942 年，延安文艺座谈会前，毛泽东曾找许多作家谈话，调查研究，了解文艺界的情况，舒群也荣幸地被找去谈话。4 月 13 日，毛泽东给舒群写了一封信，请他搜集反面的意见，信中写道：

舒群同志：

前日我们所谈关于文艺方针诸问题，拟请代为搜集反面的意见（各种各色），如有所得，请随时示知为盼！

毛泽东

四月十三日

延安文艺座谈会之后，毛泽东给舒群又去了一封信，请舒群帮助走访各种不同的反映。新中国成立后，舒群就有写毛泽东故事的打算，并为此做了长期的准备和酝酿，到“文化大革命”前他已写出 30 多篇近 30 万字关于毛泽东纪实性的短篇小说，但遗憾的是大部分手稿在“文化大革命”中被抄抢，不知下落。粉碎“四人帮”后，老作家又焕发了青春，他继续写作毛泽东的故事，陆续写出了 9 篇，连同原来遗留的两篇，结集成《毛泽东故事》，1986 年由作家出版社出版，了却了老作家的心愿。这部书不仅刻画了毛泽东的雄才大略，也描写了他的机智、风趣和诗人的豪情。本书出版后受到读者的好评。

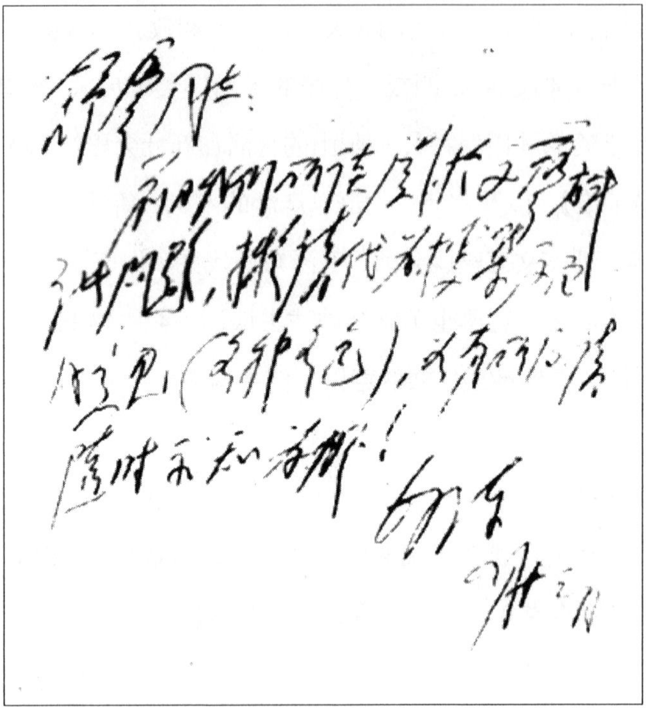

1942 年，毛泽东给舒群的信。

要注意调整人我关系

——毛泽东与萧军

伟大的不是我，而是他

历史上把无情批评朋友的人称为“诤友”。毛泽东认为，诤友于革命事业大有益处。一生中，他不仅敢于而且善于结交这样的朋友。萧军就是这样一位“诤友”。萧军是一位敢于斗争、勇于批评的文人，他以鲁迅为楷模，在和民族的阶级的敌人做斗争的同时，也大胆地抨击革命营垒内部的种种不良现象。从他与萧军第一次书信往来的 1941 年 8 月起至 1942 年 5 月不到一年的时间里，他给萧军共写了 10 封信，这在毛泽东与现代作家的交往中是鲜见的。至于他们互相串门、面谈，那就更多了，他们谈文艺、谈鲁迅，相互之间有许多共同的话题。萧军晚年病卧在床回忆与毛泽东交往时说：“我们是同志、朋友、知交，是半宾半友形式相处的”。

萧军，原名刘鸿霖，笔名除萧军外，尚有三郎、田军等，现代小说家。1907 年 5 月 23 日出生在辽宁省义县。1932 年在哈尔滨开始文学创作。1934 年到上海，得到鲁迅的教诲和帮助。1935 年 8 月长篇小说《八月的乡村》出版,在文学领域较早地突出表现了反抗日本帝国主义的主题，因而在读者中引起强烈反响，并成为他的代表作。

1938 年年初，日寇侵华的狼烟开始向山西蔓延。当时刚过而立之年的萧军，正在临汾的“山西民族革命大学”任教，出于强烈的民族义愤，在该校撤离吉县后，他辞去教职，准备投笔从戎。他单独一人，身穿红色牛皮大衣，头戴灰色呢帽，脚穿胶底运动鞋，手拄木棒，背着一个装着换洗衣服、书籍、杂物的褡裢，从古县渡过黄河，步行 20 多天，于 3 月 21 日到达延安城，他准备从延安转道五台山地区参加游击战争。萧军先去照相馆拍了一张照片，留下了风尘仆仆的疲惫形象，之后就住进了陕甘宁边区政府招待所。一打听，去五台山的路上有战事，通不过去，只好暂时在延安停留下来。刚巧“西北战地服务团”的负责人丁玲和聂绀弩从西安来向党中央汇报工作，也住在招待所，见到了萧军。毛泽东从丁玲那里得知萧军来到延安的消息，很想见见这位鲁迅的学生、《八月的乡村》的作者，就派秘书和培元到招待所去看望萧军，说希望能见见面。当时萧军一方面对毛泽东缺乏了解，另一方面因年轻孤傲，不想惊动领袖人物，因而客气地回答说：“我打算去五台山打游击，到延安来是路过，住不了几天，毛主席公务很忙，我就不去打扰了！”和培元离开之后，丁玲对萧军说：“既然到了延安，难得的机会，毛主席热情相邀，还是应当去见见！”萧军也就同意了。

还没等萧军前去拜访,一天上午,毛泽东亲自到招待所来看望萧军了,他同萧军亲切地握手，热情地问长问短。同时又会见了住在招待所的丁玲、聂绀弩、何思敬等几位同志，并请大家在招待所共进午餐。毛泽东平易近人,和蔼可亲,毫无首长的架子。他那礼贤下士、谦恭友好的态度,使萧军深受感动的同时也感到非常惭愧。尤其听说毛泽东在陕北公学召开的“鲁迅逝世一周年纪念大会”上做《论鲁迅》的讲话时，对鲁迅做了极高的评价，其中引用了鲁迅给萧军的信。这时，萧军才知道毛泽东不仅对鲁迅早有研究，而且对鲁迅同他的关系也比较熟悉，联想到自己第一次见到毛泽东之前的态度，心中颇有愧疚。过了半个世纪，萧军谈起他最初会见毛泽东一事时，很有感慨地说：“毛主席主动来访，是看得起我，那伟大的不是我，而是他。”

4 月 1 日，陕北公学举行第二届开学典礼，萧军也应邀参加了，在会场上又遇见了毛泽东。会后，他和毛泽东、陈云、李富春、校长成仿吾等在操场上一起会餐。当时没有凳子，大家站在桌子周围，用一个大碗盛着酒，你一口我一口地轮流着喝。那天刮着大风，尘土飞扬，他们却有说有笑满不在乎。

萧军在延安住了半个多月，去打游击的愿望实现不了，丁玲劝他不如随她去西安，参加西北战地服务团，做点文化宣传工作，萧军只好改变初衷，继续用笔战斗。4 月中旬，他和丁玲、聂绀弩离开了延安。

开诚布公谈一次

1940 年 6 月，在邓颖超等同志的安排下，萧军乘八路军办事处的卡车，经过重重关卡，第二次来到延安。

萧军这次到延安，是从大后方重庆来到“革命圣地”的，他感到延安到处生机勃勃，充满活力，便满腔热情地投入工作。他被选为中华全国文艺界抗敌协会延安分会的理事，还担任了“文艺月会”干事、《文艺月报》编辑、“鲁迅研究会”主任干事、《鲁迅研究丛刊》主编，等等。除了社会活动，萧军继续写作长篇小说《第三代》。刚到延安，大家很团结合作，对延安文艺工作的开展起到了推动繁荣作用。然而，萧军生性豪放不羁，坦率直言却不注意方式，这就使他在人际关系上很快出现了矛盾。他在《文艺月报》上发表文章批评何其芳的诗《革命，向旧世界进军》和周立波的小说《牛》，说何其芳那首诗“我感觉不到情绪、形象、音节、意境……只是一条棍子似的僵化了的硬邦邦的东西”。萧军甚至说“这不是诗，何其芳不适宜写诗”。如此尖刻的批评，自然引起何其芳等人的反感。当时，刘雪苇等曾出来为何其芳辩护，萧军又在报上同刘雪苇展开激烈的争论。文艺界从上海左联时期就开始的宗派主义倾向，在延安也仍然存在，就更使萧军感到苦恼、烦躁。这时，周扬在《解放日报》上发表了《文学与生活漫谈》，文章中指责延安一些作家说：“他们写不出东西却把原因归之为没有肉吃……”这引起了“文抗”的艾青、罗烽、白朗、舒群和萧军的不满，5个人开了一次座谈会，会后由萧军执笔，写成了《〈文学与生活漫谈〉读后漫谈集录并商榷于周扬同志》。这篇文章针锋相对地说：人要吃肉，是生理需要，和吃饭、睡觉、结婚一样都是正常的。只有三种人不想吃肉：一是发了宏愿决心不吃肉……二是生理上有不吃肉的毛病，三是像周扬同志那样有自己的小厨房可以经常吃到肉……还提到：到延安来的都不是为了来吃肉，是为了来革命；正如周扬到延安来不仅仅是为了当院长、吃小厨房和出门有马骑……一样。文章也寄给《解放日报》，却被退了回来。艾青、罗烽等没把这件事放在心上，但争强好胜的萧军却认为太不公平、太不民主，为什么反批评的文章得不到发表呢？他对这种“宗派主义和行帮作风”十分反感。这期间，萧军还碰到一些其他不愉快的事，懊恼之余，便想索性离开延安回重庆去，省得在这里生闷气。

1941 年 7 月下旬，萧军到毛泽东那里去辞行。毛泽东感到十分意外，便诚恳地询问他为什么要离开延安，希望开诚布公地提出来。毛泽东的热情感动了萧军，他直言不讳地谈了同周扬的有关争论和《解放日报》的不公平做法以及延安其他一些不良现象。毛泽东非常认真地听取了萧军的倾诉，虚心地接受了其中合理的部分，同时对有些问题做了深入的分析和解释，对萧军的偏颇和局限，也没有一味迁就，做了平等的朋友式的批评和劝导。萧军是一个豪爽的硬汉，毛泽东的理论素养和人格魅力，使萧军感佩和倾倒。至于他和周扬的争论，毛泽东并没有正面评价，只是给萧军出了个主意："你们不是有个《文艺月报》吗？《解放日报》不给你登，你不会登在《文艺月报》上吗？"经毛泽东这么一提醒，萧军有了主意，心情也就舒畅多了。萧军又问毛泽东："在文艺方面，党有些什么政策呢？"毛泽东说："哪有什么文艺政策，现在正忙着打仗、种小米，暂时还顾不上呢！"毛泽东诚恳地请萧军提建议，萧军便敞开心扉，和盘托出："党应当制定一个文艺政策，使延安和各抗日根据地的文艺工作者有所依据、有所遵循，能够统一思想，统一认识，加强团结，有利于革命文艺工作的正确发展。"毛泽东正在考虑文艺战线上的方针政策，他注重调查研究，想把情况了解得更多一些，便因势利导地说："这个建议很好，你别走了，帮我搜集一下文艺界各方面的思想和情况，作为将来制定文艺政策时的参考，你看怎样？"经毛泽东恳切挽留，萧军不好再说什么了。他决定放弃离开延安的打算。回去以后，他立即把手里现有的一些材料陆续寄给毛泽东，并连续两次给毛泽东写信，向他借阅《毛泽东抗战言论集》。8 月 2 日，毛泽东派秘书胡乔木送给萧军了一封信。

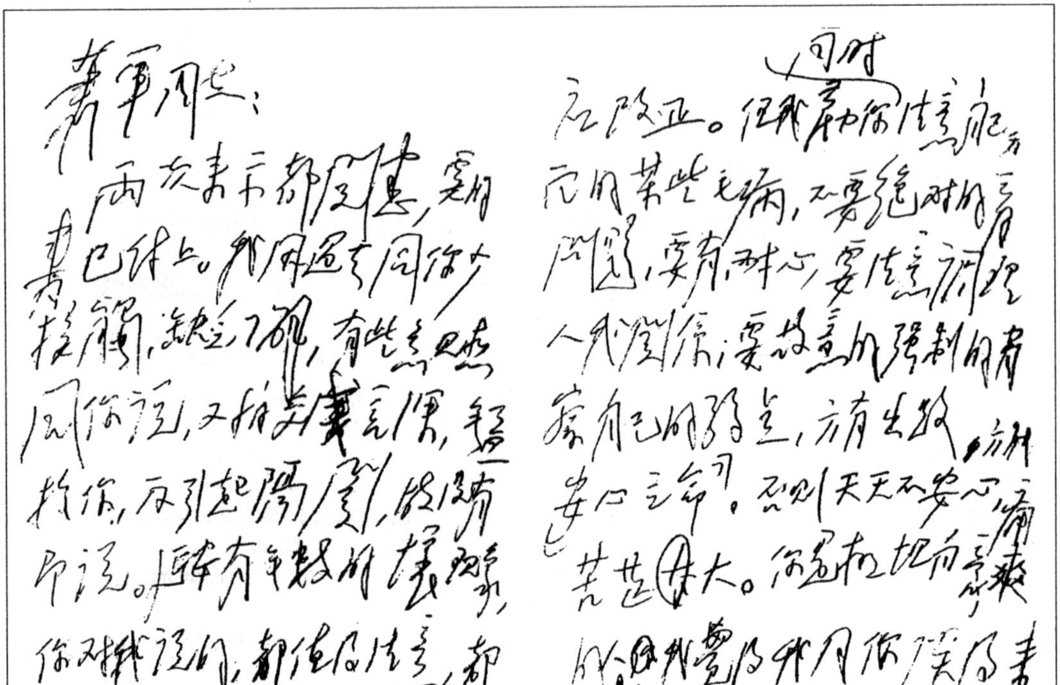

萧军同志：

两次来示都读过，要的书已付上。我因过去同你少接触，缺乏了解，有些意见想同你说，又怕交浅言深，反引起隔阂，故没有即说。延安有各方面的人，你对他们，都值得注意，都应改正。但我劝你同时注意自己方面的某些毛病，不要绝对地看问题，要有耐心，要注意调理人我关系，要故意地强制地省察自己的弱点，方有出路，方能安心立命。否则天天不安心，痛苦甚大。你是极坦白豪爽的人，我觉得我同你谈得拢，故提议如上。如你同意，愿同你再谈一回。敬问

近好！

毛泽东

四一年八月二日

毛泽东致萧军的信。

萧军同志：

两次来示都阅悉，要的书已附上。我因过去同你少接触，缺乏了解，有些意见想同你说，又怕交浅言深，无益于你，反引起隔阂，故没有即说。延安有无数的坏现象，你对我说的，都值得注意，都应改正。但我劝你同时注意自己方面的某些毛病，不要绝对的看问题，要有耐心，要注意调理人我关系，要故意的强制的省察自己的弱点，方有出路，方能“安心立命”。否则天天不安心，痛苦甚大。你是极坦白豪爽的人，我觉得我同你谈得来，故提议如上。如得你同意，愿同你再谈一回。敬问

近好！

毛泽东

八月二日

毛泽东这封信文笔洗练，风格流畅，既有居高临下的见地，又有虚心诚恳的态度，既有分寸适度的规劝，又有对萧军人格的敬重和准确的评价。萧军一口气诵读下来，内心先是觉得震动、灼热，继而又感到难以言状的佩服、温暖，萧军去信问见面时间，并把他写的那篇答复周扬的文章（发表在 8 月 1 日出版的《文艺月报》）和刊载周扬文章的三张《解放日报》都寄给了毛泽东。毛泽东立即给予回信。

萧军同志：

来示、文章及报纸均收到。文章已读过，兹璧还。近日颇忙碌，过几天后再奉约晤叙。敬祝

健康！

毛泽东

八月六日

过了4天毛泽东又来信说：

萧军同志：

我现在有时间，假如你也有暇，请惠临一叙。此致

敬礼！

毛泽东

八月十日下午八时半

萧军接信后，当天晚上即应邀前往，毛泽东热情地迎他进窑洞，两人促膝交谈，谈到了有关文艺界的各方面情况。萧军最后对毛泽东说："现在有大批国统区作家到延安来投奔革命，他们都想见见你。艾青、罗烽、白朗、舒群都有这种愿望，你能不能抽个时间和他们见见面呢？"毛泽东亲切而又风趣地说："群贤毕至，有失远迎呵！代我向大家问好。哪天我一定去看看大家。"

第二天傍晚，夕阳灿烂。毛泽东由一位警卫员陪着，从杨家岭住所漫步到杨家沟半山腰的"文抗"看望作家们。萧军喜出望外，他请毛泽东到自己住的窑洞里坐下，赶快又去通知艾青、罗烽、白朗、舒群和其他作家，由于毛泽东是"突然袭击"，罗烽和舒群外出，只有诗人艾青在家。为了表示对毛泽东的尊敬，他特意郑重其事地脱掉了旧军装，换上了一身笔挺的西装，还系上了一条漂亮的领带，像过节日般地来见毛泽东。

萧军则像老朋友一般，和毛泽东无拘无束地交谈，并不时插话，还开玩笑，而毛泽东也毫不介意，亲如家人。毛泽东离开时天已黑了，由警卫员点亮了马灯在前引路，萧军陪着毛泽东沿着山上的羊肠小道一直送到山下才握手告别。第二天一早，毛泽东又派勤务兵送来了一封信。

萧军同志：

昨晚未晤罗、舒二同志，此刻不知他们二位及兄都有暇否？又艾青同志有暇否？又各位女同志有暇否？如有的话，敬请于早饭后惠临一叙，我们谈通一些问题，是很好的，很必要的。

此致

敬礼！

毛泽东

八月十二日早

接到毛泽东的邀请信，早饭之后，萧军、王德芬夫妻俩，艾青、韦嫈夫妻俩，罗烽、白朗夫妻俩和舒群，便兴高采烈地一同来到毛泽东的住处做客。毛泽东还特地邀请了中共中央组织部部长陈云、宣传部副部长何凯丰前来作陪。席间，大家无拘无束地畅谈了文艺和文艺界方面的许多问题，并在毛泽东家共进午餐。

8 月 25 日，党中央和毛泽东为了改善作家们的工作条件和生活条件，让“文抗”搬了家，于是作家们及其家属从偏僻的杨家沟搬到了窑洞较多、环境开阔的兰家坪居住。与此同时，将半山腰平台上一大间砖房仓库，改建修缮成“作家俱乐部”，作为作家们开会、学习、娱乐的场所。萧军自告奋勇地分别去向毛泽东、朱德、林伯渠募捐。毛泽东捐了边币 1000 元，分三次付款。在当时那种津贴不多，生活比较艰苦的条件下，毛泽东带头捐款，给了作家们极大的鼓舞。

萧军受毛泽东的委托将陆续搜集到的文艺界资料给他寄去。同时仍经常到毛泽东那里畅谈。毛泽东在 1942 年 4 月 4 日给萧军写信说：

萧军同志：

来信及附件收读，并转给几个同志看去了，感谢你的好意。此复。并致

敬礼！

毛泽东

四月四日

当天下午，萧军又去毛泽东那里面谈，两人推心置腹，开诚相见，无所不谈，越谈越兴奋，毛泽东甚至把他在党内“左、右倾机会主义路线时期”所受过的排斥和打击，都向这位党外作家倾诉了。当萧军得知毛泽东曾受过 11 次处分时，感到很震惊，同时为毛泽东能如此正确对待遭受的不公正待遇而深为折服。回家路上，明月当空，万籁俱寂，萧军迈着缓缓的步子细细地回味着刚才那番杨家岭夜话。他从中体会到，毛泽东帮助同志有极大的耐心，而这种耐心来自他对革命事业的忠诚和对同志真挚的爱。当晚，他根据这次谈话的精神，结合自己的观察和学习体会，写了一篇《论同志之爱与耐》的文章。文章中引用了毛泽东所谈的有关受处分的事情。但在送毛泽东审阅时，毛泽东删去了有关他的事例，并做了润色和修改。文章发表在 4 月 8 日的《解放日报》上。

在萧军与毛泽东的彻夜长谈中，毛泽东曾建议萧军弃文从政。萧军

却说："不行，不行！斯大林说过：'党员是特殊材料制成的。'入党，我不是那材料；当官，我不是那坯子。我这个人自由主义、个人英雄主义太重，就像一匹野马，受不了缰绳的约束，到时候连我自己也管不住，我还是在党外跑跑吧！谢谢你这么看得起我！"毛泽东见萧军这样的态度，便开怀大笑说："也好，你什么时候想通了，什么时候提出来，我们欢迎你！"

再三挽留

毛泽东在同党内外同志充分交换意见后，决定召开文艺座谈会。这次会议在中国现代文学史上的伟大意义，一直被史学家大书特书。然而，萧军在为会议做了大量的准备工作之后，却不打算参加。因为他知道自己心直口快，脾气急躁，耐心不够，如果参加座谈会很可能在某些问题上和某些同志意见分歧，发生争论冲突，弄得不愉快。所以借口要到延安附近各县去旅行，请毛泽东为他向当地驻军三五九旅旅长王震要一张"通行证"。毛泽东 4 月 7 日复信说：

萧军同志：

我希望你迟一回再出巡，以便商量一个重要问题，未知你意如何？如同意，希回示。如你有暇，希于今下午或晚上惠临我处一叙，商量一些问题。

敬礼！

毛泽东

四月七日下午三时

萧军应约前往，接连谈了两天有关拟定党的文艺方针政策等问题。毛泽东在 4 月 13 日给萧军的信里说：

萧军同志：

来信敬悉。前日我们所谈关于文艺方针诸问题，拟请代我搜集反面的意见。如有所得，祈随时示知为盼。

敬礼！

毛泽东

四月十三日

经过一段时间的调查研究和充分的准备，召开文艺座谈会的时机已经成熟。会期还没有定下来，萧军又想走了，毛泽东再次写信留他：

萧军同志：

准备本星期六开会，请你稍等一下，不知你有暇否？我派马来接你。月报 1—14 期收到，谢谢你！

敬礼！

毛泽东

四月二十七日早

毛泽东给萧军的礼遇，可谓高矣！当时延安没什么交通工具，出门都安步当车，从这个单位到那个单位，少则几里，多则几十里，很不方便。少数领导同志为了节省时间，才骑马代步。毛泽东用自己的马去接萧军，这在当时是不多见的。见面后，毛泽东再次恳切挽留，希望他务必开完会再走。盛情难却，萧军只好留下了。

5 月 2 日，延安文艺座谈会在杨家岭中共中央办公厅大礼堂召开。毛泽东、朱德、陈云、凯丰、贺龙等出席了会议。到会的文艺界人士 100 多人。会议由凯丰主持。毛泽东致开幕词后，请萧军第一个发言。萧军有点儿犹豫，丁玲悄悄地鼓励他说："你是学炮兵的，就第一个开炮吧！"萧军终于站起来第一个发言了。

这次座谈会充分发扬民主，大家畅所欲言，各抒己见，在某些问题上展开了既激烈又尖锐的辩论，气氛非常活跃。大会之后是小组会，以便谁有什么意见，可以更广泛更集中地讨论研究。果然不出萧军所料，他在大会及小组会上，和某些同志在一些问题上发生了激烈的争论。这本来是正常现象，大家为了一个共同的革命目标，通过批评和自我批评是可以取得一致意见的。在休会期间，萧军担心和某些同志在开会时继续发生冲突，不想再参加会议了。他又向毛泽东提出要立刻出去旅行。毛泽东给他写了这样一封信：

萧军同志：

会要到十六日才开。如果你觉得不能等了，你就出发吧。

此复，即致

敬礼！

毛泽东

五月五日

萧军当时确实过分任性，想怎样就怎样，但毛泽东还是宽容了他。

萧军夫人王德芬则感到不妥，劝萧军说：“你怎么可以开会开到半道就溜了呢！不是太不通情理了吗！有什么不同意见，大家可以商量嘛，别闹个人意气，让毛主席一次又一次留你，不觉得难为情吗？”萧军终于接受了妻子的规劝，决定把会开完再走。

5月16日座谈会复会。在毛泽东的亲自主持下，到23日才闭幕，毛泽东做了总结性发言，这就是著名的《在延安文艺座谈会上的讲话》。讲话确定了党在抗日战争时期的文艺方针政策，指出了文艺工作者的中心问题，是要为最广大的人民群众，首先是为工农兵服务。在这个基础上，毛泽东指出并解决了一系列有关的理论问题和实践问题。这次座谈会前后历时21天，几次小组讨论会和三次大会相结合，取得了丰硕成果。

会刚开完，萧军又要求毛泽东向王震要一张旅行用的“通行证”，毛泽东复信说：

萧军同志：

来信已悉。王旅长现去鄜县，俟他回来，即与他谈。

此复。

敬礼！

毛泽东

五月二十五日

萧军想去旅行的愿望始终未能实现。

潜心创作

坦白豪爽、富于进取的萧军，经过与毛泽东多次交往，文艺座谈会的学习，以及5年多延安生活的洗礼，政治素养、思想水平达到了一个新的高度，对党领导的中国人民解放事业更加信赖。

抗日战争胜利后，萧军被派往东北工作。离延安前，萧军到毛泽东住处去辞行。毛泽东希望萧军回到东北以后能和彭真同志密切配合，协助彭真开展文化工作。毛泽东还说："听彭真同志说你有过入党的要求，我们欢迎你！到了东北，如果考虑成熟了，可以向东北局提出来！"当时朱德和刘少奇也在一旁。毛泽东留萧军去朱德总司令家共进午餐，饭后又和朱德一同送他到山下大路旁，才挥手告别。11月中旬，萧军精神抖擞地踏上了新的征程。

回到东北，萧军以饱满的政治热情，四处奔波，为党、为人民政府和为文化事业做了许多工作，但不幸的是那里的工作一度出现"左"的偏差，使他受到错误批判和组织处理，戴上危言耸听的大帽子。1949年春，他被分配到抚顺总工会资料室工作。困境没有使他气馁、消沉，因为在他心中，有对延安岁月的美好回忆，有对党中央和毛泽东的信任，有人民作家的崇高职责。他一如既往地努力工作，同时辛勤地搜集素材，潜心创作，争取为新中国成立初期的文坛，献上一部反映工业建设题材的30多万字的长篇小说《五月的矿山》。

1952年，书在北京写成后，有关部门不予出版，有的单位也不敢出版，稿子退回三次。萧军万般无奈，只得上书毛泽东、周恩来。后来，毛泽东在信上批示："萧军的作品还是要出版的。"当时萧军的感激之情是可以想象的。毛泽东对朋友的信任、支持，以及实事求是、力排众议的精神，使他终生难忘。1954 年，此书得以问世。

1966 年 7 月，萧军从报纸上看到毛泽东畅游长江的照片，激起延安岁月的回忆。他将毛泽东在延安写给他的 10 封亲笔信连同他在延安编的《鲁迅研究丛刊》和《文艺月报》送给毛泽东，作为礼物和问候，也寄托了萧军对毛泽东深深的眷怀和思念之情。

谈笑满座生风

——毛泽东与徐懋庸

徐懋庸是从1938年到延安以后开始同毛泽东交往的，在此之前，他在上海曾任“左联”常委秘书长，并负责同鲁迅的联系。1936年，“左联”解散之后，发生了“国防文学”和“民族革命战争的大众文学”“两个口号”的论争。在这场论争中，徐懋庸同鲁迅的意见相左。在8月1日给鲁迅的一封信中，凭着鲁迅对他的爱护和信任，徐懋庸急不择言地陈述了自己对某些事和某些人的看法，包括一些不够正确的看法，冒犯了鲁迅；加上鲁迅对他那封信的由来有所误会，于是鲁迅发表了《答徐懋庸并关于抗日民族统一战线问题》的长文，严厉地批评了徐懋庸。这之后徐懋庸的心情很苦闷，在上海的处境也很困难。为了弄清“两个口号”论争的是非，1937年初，徐懋庸下决心到延安向党中央请示、汇报。他靠译书筹了安家费和路费，于年底出发，1938年3月辗转来到延安。

3月下旬的一个晚上，毛泽东、张闻天等代表党中央和边区政府举行一次宴会，欢迎包括萧军、丁玲、徐懋庸等七八个新到延安的文化人。这是徐懋庸第一次见到毛泽东，只觉得他态度平易近人。这一次毛泽东没有当众演说，欢迎词是由张国焘作的。然后是被邀请人发言，大家谦让，推来推去，要徐懋庸先讲，徐懋庸就讲了几句，主要是讲到延安以后的感觉，特别强调延安的人和人的关系与上海不同，批评与自我批评的方法使得是非容易分清，并能增强团结，不像上海那样，很多喊喊喳喳，是非难分，不易团结。也联系了上海“两个口号”之争的问题，说他虽然觉得有错误，但是非的界限还是很糊涂的，所以要在延安很好地学习，接着是丁玲报告战地服务团工作的经过。然后是萧军发言，主要意思是不同意延安的文艺为政治服务的方针，说是把文艺的水平降低了。最后康生做了长篇讲话，阐述党的文艺政策，中间针对萧军的发言不指名地批评了一通，萧军竟听不下去，中途退席。

过了不久，当时《新中华报》的负责人向仲华，约徐懋庸给报纸写文章。当时徐懋庸正在读列宁的《共产主义运动中的“左派”幼稚病》一书，受了点启发，于是撰写了《民间艺术形式的采用》文章，刊于 1938 年 4 月 12 日《新中华报》副刊《边区文化》第 4 期上。大意是，以抗日为内容的文艺作品要使群众能接受，形式是可以不拘一格的，有些旧形式为群众所习惯的，也可以采用。过了两三天，徐懋庸去参加陕北公学举行的开学典礼，晚饭时恰好坐在毛泽东的旁边，毛泽东对徐懋庸说：“我看到你在《新中华报》上发表的文章了，写得不错嘛，这样的文章望你多写写。”得到毛泽东的赞许和鼓励，徐懋庸心中十分高兴。

5 月下旬，徐懋庸写信给毛泽东，请求接见，谈谈上海的问题。信里简单地讲了“两个口号”论争的过程，希望得到毛泽东的指示。第二天就得到答复，说愿意同他一谈，但目前较忙，待过几天相约，末尾说，不要急，问题总可以弄清楚，前途是光明的。又过了一天，毛泽东的两个秘书和培元与华民来找徐懋庸，一般地了解了一下“左联”的情况。5

月23日，下午3点钟左右，华民来把徐懋庸带到延安北门内凤凰山麓毛泽东住的窑洞里谈话。毛泽东刚刚午睡起来，窑洞里还是比较凉的，他披了一件旧棉袄，让徐懋庸隔着办公桌，和他对面而坐。毛泽东客气地让徐懋庸吸烟，徐懋庸说不会吸，毛泽东笑笑说："搞文艺的人不吸烟的可不多嘛。"然后又说："现在就谈谈吧。"徐懋庸简单讲了自己的履历，然后把"左联"的情况、"左联"解散的过程、"两个口号"的论争、徐给鲁迅先生的信及鲁迅先生答徐的长文，还有事后上海的舆论等详细地谈了一下，并表示了来延安要弄清是非的决心。毛泽东平易近人，十分认真地听徐懋庸的讲话；徐懋庸讲起来畅所欲言，一点儿也不拘谨。毛泽东听完之后，做了几点指示：一、关于"两个口号"争论的问题，周扬他们来延安以后，我们已基本上有所了解。今天听了你们所谈的，有些情况使我们更清楚一些，具体一些。二、我认为，首先应当肯定，这次争论的性质，是革命阵营内部的争论，不是革命与反革命之间的争论，你们这边不是反革命，鲁迅那边也不是的。三、这个争论，是在路线政策转变关头发生的。从内战到抗日民族统一战线，是一个重大的转变。在这样的转变过程中，由于革命阵营内部理论水平、政策水平的不平衡，认识有分歧，就要发生争论，这是不可避免的。其实，何尝只有你们在争论呢？我们在延安，也争论得激烈。不过你们是动笔的，一争争到报纸上去，就弄得通国皆知。我们是躲在山沟里面争论，所以外面不知道罢了。四、这个争论不但是不可避免的，也是有益的。争来争去，真理越争越明，人家认识一致了，事情就好办了。五、但是你们是有错误的，就是对鲁迅不尊重。鲁迅是中国无产阶级革命文艺运动的旗手，你们应该尊重他。但是你们不尊重他，你的那封信写得很不好。当然，如你所说，在某些具体问题上，鲁迅可能有误会，有些话也说得不一定恰当。但是，你今天也说，那是因为他当时的处境不自由，不能广泛联系群众的缘故。既然如此，你们为什么不对他谅解呢。六、错了不要紧，只要知道错了，以后努力学习改正，照正确的道路办事，前途是光明的。徐懋庸在听这些指示的时候，越听越入神，觉得一句话解开心里一个疙瘩，听完之后，他如混沌开窍，如重感冒发了汗，头脑清醒，身体轻松了。毛泽东讲完之后问徐懋庸："怎么样？你对我的话有什么意见？"徐懋庸激动得几乎流下眼泪，说不出话来，只是说："今天我听到了许多前所未闻的道理，非常激动，等回去好好想一想。"

接着，毛泽东又关切地问道："你的工作分配了没有？"徐懋庸说："还没有，在'文艺界抗敌协会'只是暂住。"毛泽东说。"那么，你到鲁迅艺术学院去工作好吗？我们正在叫周扬筹办这个学院。"徐懋庸说："我不想去。"毛泽东说："你不是搞文艺的吗，为什么不想到那里去？"徐懋庸讲了两个理由："首先，刚才听了你的话，使我知道自己对马克思主义一点儿也不懂，过去自以为懂一点儿，现在感觉不对了，因此我要去学习，到陕北公学。这是主要的。其次，根据上海的一段经验，我觉得搞文艺的人很多脾气很怪，鲁迅也认为是这样，我不愿意再同搞文艺的人在一起。"毛泽东笑了笑说："你想学习马克思主义，这很好嘛！那么你到'抗大'去教哲学好不好？现在抗大的学生很多，搞哲学的只有艾思奇、任白戈、何思敬等几个人，顾不过来，你去也好。"徐懋庸说："我是要到陕北重新学习，怎么能去做教师？"毛泽东说："像你这样，一面教一面学习就可以了,何必进陕公学习。就这样好吗？"徐懋庸便同意了。毛泽东立即打电话给"抗大"副校长罗瑞卿，通知了这件事。

最后，毛泽东还问徐懋庸是不是党员，徐懋庸说："不是的。我在大革命时期就追求党，但'四一二'政变后，失去机会。后来加入'左

中国抗日军政大学

联’，也就是为了想入党。我曾听说，上海‘左翼’组织的干部，本来是可以转党的，但是自从我写信给鲁迅遭到鲁迅公开驳斥以后，我知道的上海的党员也疏远我了，我觉得没有希望了。但是我是决心要跟着党走的，像鲁迅那样，虽不是党员，却是一个非党的布尔什维克，我要学习他。”毛泽东说：“既要革命，有条件还是入党的好，你也不是没有入党的可能的。这个问题，你可以在‘抗大’的工作中去解决。你还可以找中央组织部陈云同志去谈一谈。但入党要有了解你的党员做介绍人，你有这样的熟人吗？”徐懋庸说：“我只知道周扬是党员。”毛泽东说：“艾思奇你也是熟悉的嘛，他也是党员，可以去找他。”到这里，谈话就结束了，徐懋庸起身告辞。

徐懋庸被分配在“抗大”三大队一队工作。关于入党的问题，徐懋庸向陈云和李富春同志谈过。陈云、李富春表示可以考虑。李富春说，入党问题，除得自己提出外，他还将通知“抗大”政治部考虑。徐懋庸给艾思奇和周扬写信，请他们做介绍人，艾思奇很快回信同意了，周扬则久无回信。徐懋庸也不再去催问。恰好有一天遇到钟敬之[1]，谈起此事，他说张庚[2]是党员，钟本人已由他介绍入党。徐懋庸于是请张庚做他的另一介绍人，张庚同意了。8 月，徐懋庸在“抗大”编译科被批准加入中国共产党。

8 月 1 日，“抗大”纪念建军节，会后聚餐，徐懋庸和毛泽东以及中央军委参谋长滕代远同席。席间谈话之际，毛泽东问徐懋庸：“你结婚了没有？”徐懋庸说：“已经结婚，还有了儿女呢。”毛泽东问：“你爱人现在哪里？”徐懋庸说：“在浙江黄岩。”毛泽东笑着说：“哦，牛郎织女嘛！那么最好把他们接到延安来。”徐懋庸说太不容易了。于是毛泽东就对滕参谋长说：“这件事，你想想办法吧。”滕参谋长对徐懋庸说：“可以办到，你自己开个地址，并给你爱人写封信，我们通过八路军和新四军的办事处去接。”过了两天，徐懋庸还没有把信写好，滕参谋长就派通讯员到徐懋庸那里去要了。在毛泽东的亲自关怀下，徐懋庸的妻子刘蕴文由内侄陪同，带着两个儿子于 1933 年 10 月到了延安。

这年 9 月，毛泽东约了十来个人，在他的窑洞里开哲学座谈会，每周一次。参加的人有许光达、陈伯钧、郭化若、萧劲光、萧克、何思敬、艾思奇、任白戈、徐懋庸等。那时专门请何思敬讲克劳塞维茨的《战争论》内容。何思敬因为懂德文，照着本子随译随讲，讲得实在不大高明。然而，毛泽东却听得很认真，还拿一支红铅笔，在一个本子上不时地记录，徐懋庸对这种学习的态度和精神觉得非常惊奇，他奇怪何思敬讲得那么糟，毛泽东是怎样从何思敬传达的原著的话里，吸收到别人所不能理解的意

① 钟敬之：先后任鲁艺实验剧团、鲁艺美术工厂（研究室）主任。

② 张庚：中国戏剧理论家、教育家、戏曲史家。

义的。在这个座谈会上，毛泽东有时也随便讲一些话。1960 年，毛泽东的诗词公开发表以后，徐懋庸曾写一首《临江仙》：

踏破岷山千载雪，
红旗飞越冰峰。
大同境界蕴胸中，
诗情和战略，
马背正交融。
记得延安窑洞里，
谈笑满座生风。
漫夸韩范是英雄，
纵能寒敌胆，
曾不识工农。

这末尾的三句，就是毛泽东一次讲话的意思。当时延安城还没有被敌机炸毁，大街的牌楼上还挂着写有“韩（琦）范（仲淹）旧治”四个大字的匾额。

新中国成立后，徐懋庸出于对党的事业的忠诚，埋头翻译、研究和杂文写作。1958 年反右扩大化，徐懋庸被打成“右派”。在十年浩劫中，徐懋庸又受到了残酷的打击和迫害。在这种情况下，徐懋庸仍然相信党中央，相信毛泽东。他在后来写的回忆录中，还追念毛泽东延安时期对他的关怀：“1938 年，毛主席不但对于上海问题给我做了恰当的结论，而且亲自分配我到‘抗大’工作，还帮助我解决入党问题，使我后来在前方的战争环境中，在军队的党组织中受到锻炼，得到不少其他文化人难得到的机会，这也是对我的很好培养。”1976 年年底，徐懋庸在身体十分虚弱的情况下，依然应北京鲁迅博物馆之约，为鲁迅给徐懋庸的全部书信做注释工作，直到 1977 年 2 月 7 日长辞于世。1979 年 4 月 12 日，中国社会科学院在八宝山革命公墓礼堂，为徐懋庸举行了追悼会。悼词说：“他艰苦奋斗，忘我工作”“襟怀坦白，敢于讲出自己的观点”“是我们党的好党员、好干部”。

两位情投意合的朋友

——毛泽东与萧三

毛泽东与萧三是同乡，是同学，同是诗人。两人从少年时代起就结下了深厚的友谊，毛泽东在回忆少年时代的生活时曾说：“很多富家的同学看不起我，因为我平常总穿着破旧的衣服，不过，在他们中我也有朋友，有两个和我特别情投意合。其中一个现在已成为作家，住在苏联。”这个人就是萧三。同学少年，长大后多各奔前程，但是萧三与毛泽东早年缔结的亲密友谊，却一直持续到新中国成立以后，萧三也许是与毛泽东相处时间最长的好友。

风华正茂的同学少年

萧三，又名萧植藩、萧子暲。因排行第三，故名萧三。1896 年 10 月生于湖南湘乡县农村，他比毛泽东小 3 岁，是与毛泽东住得最近的“老乡”，萧三 4 岁即开始发蒙，与兄长们在家馆就读。1907 年考入湘乡县立东山高等小学堂（简称“东山学堂”）。这所小学远近知名。邻县的毛泽东是以外祖父的家（湘乡）为籍贯，才考入这所不收外县人的小学的。不过，毛泽东考入该校是1909年，比萧三晚两年。萧三自幼聪明，学业很好，常得先生好评。毛泽东作为他的晚班同学，入校后进步很快，经常获得全班第一名，尤其是他的作文。东山学堂的作文老师贺楠纲先生先前十分挚爱萧三，及至毛泽东入校，又特别喜爱起毛泽东来。他有次对毛泽东的作文赞赏不已，特送了一套布面丝绒装订的《了凡纲鉴》给毛泽东。先生送礼给学生，在当时引起极大的轰动。萧三与毛泽东在小学是很好的朋友，两人相互讨论，相互激励，令周围同学也很羡慕。一天傍晚，萧三与毛泽东一起来到圆形池畔，靠在池塘石桥的栏杆上，毛泽东从腋下掏出一本书，递给萧三说：“对不住，我把书弄脏了！”萧三要过来一看，是自己几天前借给毛泽东的《世界英雄豪杰传》，书中用墨笔画了许多圈圈点点，圈得最密的是华盛顿、林肯、拿破仑、彼得大帝、叶卡德林娜女皇、惠灵顿、格莱斯顿等人的传记，萧三不仅没有责备他，反而感到所画之处都十分有味道，他们一同交换对书中人物的意见，毛泽东说：“中国也要有这样的人物。我们应该讲求富国强兵之道，才不致蹈安南、高丽、印度的覆辙。你知道，中国有句古话：‘前车之覆，后车之鉴。’而且我们每个国民都应该努力。顾炎武说得好：‘天下兴亡，匹夫有责。’”

东山小学毕业后，萧三于1911年夏天考入设在长沙的湖南省立第一师范学校预备班，次年转为正式班。一师是一所免费的公立学校，主要是为小学培养教师，这所学校为志在报考大学的中层以上人家的子弟所不屑，但却被家境贫寒的农村青年所期冀。辛亥革命前，一师特邀著名教育家徐特立和杨昌济来校执教，才使这所师范学校为三湘子弟所普遍看好。“衡山西，岳麓东，城南讲学峙其中。人可铸，金可熔，丽泽绍高风，多材自昔夸熊封，男儿努力，蔚为万夫雄。”第一师范学校的校歌，是当时青年学生们为实现自己的远大志向而努力奋斗的战歌，也是这个学校历史悠久和人才辈出的真实写照。毛泽东是 1913 年由第四师范学校并入第一师范的。他入校时，又比萧三晚了两年。可是这并不影响他们之间的友谊。在求学期间，毛泽东和萧三、蔡和森、萧子升、陈绍休、陈昌等同窗好友，常在饭后或星期日，相约结伴游息散步，他们一起研究时局，探讨人生，纵谈国家大事，毛泽东后来在延安同埃德加·斯诺谈话时回忆道：“这是一小批态度严肃的人，他们不屑于议论身边琐事。他们的一言一行，都一定要有一个目的。他们没有时间谈情说爱，他们认为时局危急，求知的需要迫切……我的朋友和我只愿意谈论大事——人的天性、人类社会、中国、世界、宇宙！”

毛泽东和他的学友们还有意识地锻炼自己的意志和体魄，每天黎明时分，即起床进行锻炼。星期天和节假日，又经常攀登一师后面的妙高峰或湘江对岸的岳麓山。遇见下雨，他们就脱掉衬衣让雨淋，说这是雨浴。烈日当空，他们也脱掉衬衣让太阳晒，说是日光浴，春风吹来的时候，他们就出去散步让风吹并高声叫嚷，这叫风浴。在已经下霜的日子就露天睡觉，甚至到了 11 月份，他们还在寒冷的河水里游泳。一批热血青年就这样在风浪中成长。后来，毛泽东在长沙挥毫作词，一首《沁园春》就是他当年和朋友们共同学习、生活的真实反映，词云：

独立寒秋，湘江北去，橘子洲头。看万山红遍，层林尽染；漫江碧透，百舸争流。鹰击长空，鱼翔浅底，万类霜天竞自由。怅寥廓，问苍茫大地，谁主沉浮？携来百侣曾游。忆往昔峥嵘岁月稠。恰同学少年，风华正茂；书生意气，挥斥方遒。指点江山，激扬文字，粪土当年万户侯。曾记否，到中流击水，浪遏飞舟。

组织新民学会

1916年夏暑假结束，萧三由第一师范正式毕业。他在湘潭县城附近的一所族学——“黄氏族学”任教。一年后，又重归在一师附小执教，毛泽东是1918年才结束在第一师范学校学业的。在这期间，萧三仍与毛泽东保持着密切联系。他们经常在一起学习，商讨社会问题，遇到不明白的问题，经常向徐特立、杨昌济等老师请教。他们还去拜访来长沙的学者和革命家，以求聆听教诲。1917年春，曾经帮助和支持过辛亥革命的日本进步人士宫崎寅藏（白浪滔天）先生来到湖南长沙，参加黄兴先生遗体改葬仪式，他们十分钦慕这位无私的国际主义战士，因为他为了支持和帮助中国的革命事业，不惜倾家荡产，四处漂泊。他介绍孙中山与黄兴相见，使这两位革命家合作成立了同盟会。他创办刊物《革命评论》，配合同盟会机关报大造革命舆论，为讨伐袁世凯筹款，购运武器弹药，抚育黄兴的后代……他这种伟大高尚的精神，正是萧三与毛泽东所钦佩与追求的。黄兴安葬仪式完毕后，长沙学生为宫崎先生举办了欢迎大会。不久，宫崎先生收到一封学生来信，信的全文如下：

白浪滔天先生阁下：

久钦高谊，觌面无缘，远道闻风，令人兴起。先生之于黄公，生以精神助之，死以涕泪吊之；今将葬矣，波涛万里，又复临穴送棺。高谊贯于日月，精诚动于鬼神，此天下所希闻，古今所未有也。植藩、泽东湘之学生，尝读诗书，颇立志气，今者愿一望见风采，聆听宏教，惟先生若赐容接，幸甚幸甚！

湖南省立第一师范学校学生

萧植藩、毛泽东上

这封信对宫崎寅藏先生的高尚品德和无私精神，给予了热情赞颂，希望能拜望这位卓有远识的国际主义战士，以聆宏教为幸甚。遗憾的是，宫崎先生没有来得及接见他们就匆匆回国了，但他却把这封信带回了日本，一直珍藏在自己家里。宫崎先生于1922年逝世，1951年的“五一”国际劳动节，宫崎寅藏先生的儿子宫崎龙介先生应邀来华，在天安门城楼上观礼。龙介与毛泽东握手相见时，毛泽东说，当他还是个学生时，曾给宫崎寅藏先生写过一封信。当时，宫崎龙介尚不知此事，他回国后，方在父亲的遗物里，找到了这封珍藏了几十年的书信。后来，这封信收入日本平凡社1976年8月出版的《宫崎寅藏全集》第1卷卷首，成为中日友谊史上的珍品。

还在第一师范学校学习时，毛泽东、萧三、蔡和森等进步青年，在《新青年》所宣传的新思想、新文化的影响下，特别是俄国十月革命的影响下，他们逐渐认识到，要想成就一番改造中国的大事业，寻求救国救民的新道路，必须团结更多的同志共同奋斗，有必要建立一个团体。1917年，他们认为建立团体的条件已经成熟，便开始进行团体成立的筹备工作。1918年4月14日，一个天气晴朗的春日，在刘家台蔡和森的家舍——“为痴寄庐”，同行13位朋友一起商议成立“新民学会”事宜，他们从名称、宗旨、章程议起，经过充分讨论，多数人的意见是取名“新民学会”，根据“大学之道在新民”之意，含有反对旧制度、主张革新社会和为国为民的意思。新民学会的章程草案是由毛泽东和邹彝鼎共同起草的，讨论时，由毛泽东向大家做了说明、解释，并请到会的人发表意见，最后确定以“砥砺品行，革新学术，改良人心风俗”为学会宗旨。章程还提出了“五不”戒律，“不虚伪，不懒惰，不浪费，不赌博，不狎妓”。其中“不懒惰”由萧三提出，大家通过。会章规定了学会的义务、接纳新会员的条件和会务职员产生办法等条款，整个章程体现了一种实事求是、尚朴素、主诚实、禁浮华、戒骄躁的积极向上的精神。会上，大家一致推荐毛泽东为总干事，但他执意婉辞，只任副总干事。这段往事，萧三都一一记录在日记中，为后人留下一段珍贵的史料。此后，学会很快发展到七八十人。正如毛泽东在延安同埃德加·斯诺谈话时所说：“学会有七八十名会员，其中许多人后来都成了中国共产主义和中国革命史上的有名人物……萧子暲，作家，现在在苏联……”1939 年，萧三从苏联回到延安，在同毛泽东回忆新民学会情况时，毛泽东对萧三说：“新民学会实际上起了联共党小组的作用。”实质上，新民学会就是革命的核心组织。新民学会会员，在青年运动和新文化运动中，都是极为有力的支柱。特别是在第一次国内革命战争失败后，以及第二次革命战争时期，新民学会的会员，大部分在反革命的白色恐怖中壮烈牺牲了。他们的英雄事迹，在中国革命史上留下了光辉的一页。

发起赴法勤工俭学

新民学会成立之前，毛泽东和萧三等一批进步青年，就不断议论如何继续求学深造的问题。学会成立后的第一起大事，就是发起和组织湖南学生留法勤工俭学运动。1918 年 6 月，毛泽东以优异的成绩从湖南第一师范学校毕业，这时，他收到了一封北京的来信。信是蔡和森写来的，说经杨昌济教授（已被蔡元培聘为北京大学教授）介绍，湖南学生赴法勤工俭学之事颇有可为，希望大家来京群策群力，将留法运动发展起来。消息传来，湖南学生奔走相告，各自筹措旅费。8 月中旬，毛泽东带着 25 位志气相投的同学从长沙启程，先步行到江边，再顺着长江乘船到武汉，然后从武汉搭上赴京的火车。萧三是 25 位准备赴法留学的同学之一。而毛泽东根本无出国的打算，他想多了解国情，以便将来投身到改造中国的大潮中。

毛泽东一行到达北平后，全聚居于景山东三眼井吉安东夹道 7 号的 3 间小房里。他们同吃同住，“隆然高炕，大被同眠”。白天外出学习或做社会活动，晚上 11 个人挤在一个大炕上睡觉，每个人只能有一块方砖那么宽的地方。夜里翻身或有事起床时，必须预先警告睡在两旁的人。加上湖南人的被子做得很大，除了底下铺的外，其余的被子都压在上面保暖，不允许各盖各的。这样一觉醒来，浑身筋骨酸痛。

北平是中国新文化运动的中心，也是文化名流荟萃的地方。北京大学则是新文化运动中心的中心，校内有许多先进的组织和社会团体，课外社会活动搞得十分活跃，毛泽东和萧三常去沙滩北大红楼听邵飘萍等人的讲演，回来后展开讨论，争论不休。经杨昌济教授引荐，毛泽东和萧三还相继拜访过李大钊、蔡元培、胡适、陶孟和等著名学者，他们提出许多学术及人生观方面的问题。学者们一一作答。萧三回忆道：这些拜访使他们开阔了眼界，增长了不少见识。

在风景秀丽、四季如春的南国度过了 20 多个春秋的毛泽东和萧三，从1918年冬季，第一次领略了“北国风光，千里冰封，万里雪飘”的壮丽景象。当寒风吹来，鹅毛似的雪片撒满大地时，他们都激动得忘却了寒冷，像孩童似的在雪地上打滚。为了充分领略迷人的自然美景，在长城脚下、昆明湖畔和长安大道上，都留下了他们洁白的足迹。毛泽东和萧三由漫天大雪想到了浩瀚的大海，并为没有见过大海而感遗憾。为了实现这一愿望，两人于冬春之交，由北京乘火车到天津大沽口去看大海。但到海滨，他们就失望了：哪里有万顷波涛，连水都没有！只见前面白茫茫的一片，原来是一个冰的世界。于是他们在冰上走。徜徉在冰上，寻找传说中的“蓬莱仙岛”，结果什么也没有。这件事他们都记忆很深。直到1939年，这两位老朋友重逢时，还回忆起这次愉快的旅行。

1919年“五四”运动爆发。毛泽东此时已回到湖南，创办了有名的《湘江评论》。在京学习的萧三也不时地把文章寄回来，以“子暲”的笔名在《湘江评论》上发表。1920年5月，赴法勤工俭学的同学准备启程了，他们相继来到上海，准备从这里坐海轮去法国。这时，恰巧毛泽东也因湘事由京抵沪。5月8日，新民学会同仁12人在上海半淞园聚会，欢送赴法勤工俭学的会友。这次会议，名义上是欢送赴法会友，实际上是一次讨论新民学会会务的会议。而且会议时间很长，“天晚，继之以灯。但各人还觉得有许多话没有说完。中午在雨中拍照。近览淞江半水，绿草碧波，望之不尽”（《新民学会会务报告》）。毛泽东代表新民学会，致了热情洋溢的欢送词。他勉励赴法会友们要努力钻研学问，好好学习别国的新思想、新文化和新技术，回国后更好地为改造中国与世界服务。5月9日，雨过天晴，风和日暖，毛泽东送蔡和森、萧三等同学启程，同行的还有湖北、四川籍的同学，约100人，他们从黄浦江岸乘小火轮到吴淞口码头，再登上法国阿尔芒勃西号邮轮。毛泽东与好友们握手挥巾，依依告别。

1920 年 7 月 5 日，萧三等人抵达法国巴黎。他们当即召开了新民学会会员会，并致信毛泽东，报告了详细情况，毛泽东接信后热情地回信说："这一封信见地极当，我没有一字不赞成。"从此，新民学会会员就分为国内、国外两条战线工作，互相配合，互相激励。

为毛泽东立传

1939 年 5 月，萧三从苏联回到革命圣地延安。他见到了阔别 19 年

1939 年 5 月，毛泽东与萧三在延安杨家岭。

的老战友毛泽东。作为党的领袖，此时的毛泽东正运筹帷幄，指挥着中国的抗日战争。老友相见，分外高兴，毛泽东和萧三竟夜长谈，他们谈新民学会，谈牺牲了的战友，谈诗，谈文章。萧三成了毛泽东家里的座上宾。萧三在苏联时，为了向苏联人民介绍中国人民的伟大导师毛泽东，他曾撰写了《毛泽东传略》，如今来到了毛泽东身边，条件更便利了。于是又萌发了写毛泽东传的念头。1939 年 5 月 5 日上午，毛泽东派人来“鲁艺”告诉萧三说，下午稍晚些时来访，请他稍候。傍晚，毛泽东果然如约来访，这次他们谈到了一些文学问题，由文学又扯到了《聊斋志异》。萧三后来把话题转到毛泽东身上，他问："主席对斯诺写的你的传略有什么意见？”毛泽东说："原稿我没有看过，书略微翻了几页，有些不完全正确。”萧三趁机谈了写毛泽东传记的想法，他说："我在苏联写过你的传记，想再继续增补、修改。假如主席不反对‘翻古’（谈故事），请在方便时详细谈谈。”毛泽东微笑了一下说:“无事时‘翻翻古’也有趣味哩。我可以在政治上帮你。”他抽了一口烟，若有所思地接着说，“不过你要研究些历史事实写出一部小说来，拿一个人做引线，那是很有味的。不过，斯诺花了我四个夜晚，以后我再不愿意谈自己的什么了……”最后却又爽快地说，“等我休息的时候同你谈。”

从这以后，为写好毛泽东传，萧三经常到毛泽东住处征求意见，核对事实。毛泽东也很配合，每当散步时，都让警卫员叫上萧三一起散步，趁闲聊的时候，回忆一下过去的时光，也回答萧三提出的一些问题。与毛泽东无拘无束地闲谈，使萧三获取了许多常人不知道的关于毛泽东的重要史料。

萧三原拟将他在苏联发表的俄文版《毛泽东传略》加以修改补充，写出一部较完整的毛泽东传。后来，任弼时、胡乔木考虑会跟党史混合起来，便建议萧三先发表《毛泽东同志的青少年时代》。1941 年 2 月初完稿后，曾将稿子寄给胡乔木，并致信说："删减很难，可否两次刊载……"。

不久，任弼时告诉萧三说：1943 年 12 月 26 日要庆祝毛泽东 50 岁生日，要他继续写完《毛泽东传》，作为祝寿的礼物。为此，萧三抓紧时间进行走访，搜集素材。在任弼时的支持和帮助下，由中共中央书记处出介绍信，拜访了许多了解毛泽东情况的老同志和在毛泽东身边工作过的同志，搜集了大量的素材。仅在 1942 年 5 月至 10 月间，除同毛泽东多次促膝"翻古"外，萧三先后访问了周恩来、朱德、董必武、林伯渠、徐特立、谢觉哉、贺龙、陈毅、罗瑞卿、蔡畅、谭政、陈正人、何长工、郭化若等人，"或长谈，或短叙，或连续多次，或仅片言只语"，他们提供了大量珍贵的历史资料。同每个人的谈话，萧三做了详细的记录。这样边采访，边整理，边撰写，经过近一年的努力，完成了初稿，并即时送任弼时，请他审阅后转呈毛泽东。

过了一星期，萧三见到任弼时，便问起传记稿子是否送给毛泽东看了，任弼时笑了笑说："毛泽东坚决不同意为他祝寿。"又说，"我把稿子送去请主席看时，主席说，'我要是看了，就不能出版了'……"

后来，萧三又亲自去同毛泽东谈了他对出版《毛泽东传》的意见，但毛泽东坚持不为自己做寿，并劝萧三暂时不要出版他的传记，等以后再出版。至此，萧三便把初稿和一大堆资料存放起来。1945 年在延安枣园春节联欢午餐之前，朱德向毛泽东提议，让当时在延安学习的许多高级将领、干部写出各个解放区的缘起、略史，毛泽东极为赞成，这时在一旁的萧三插话说："那就好了！省得我一个人跳来跳去……"毛泽东听了，当即转过身来，盯着萧三说道："那你还是有心人了！"停了一会儿又说："那你就搞下去吧！"这些话给了萧三极大的鼓舞。在延安以至后来的张家口、阜平、西柏坡，甚至在冀中前线，萧三始终没有停止搜集资料工作。到1947年年底，大体完成了截至"七大"的《毛泽东传》的大部分初稿。1948年，萧三搜集各地民歌结成一集，书名叫《中国出了个毛泽东》。但是《毛泽东传》最终没有出版，主要是因为萧三长时间在国外，不熟悉1920年以后毛泽东革命活动的事迹，靠战争时期简单的访问记录，写好《毛泽东传》是困难的。

1946年至1947年，华北解放区出版的《时代青年》发表了诗人写的《毛泽东同志的儿童时代》和《毛泽东同志的青年时代》两篇回忆毛泽东的文章。1949年春，萧三把这两篇文章合写成《毛泽东同志的青少年时代》，经当时中宣部长陆定一同志审查批准，是年8月由人民出版社出版发行。这可能是国内出版的较早反映毛泽东生平和事迹的一部书。那个时候远没有那么多个人迷信，没有那么多禁忌，诗人还能自由地写作，因此这部天然无雕饰的作品，成了诗人的名作，具有很高的文学价值和历史文献价值。出版后，立即在国内外产生了巨大影响，很快有英、德、日、法、印地、捷克、匈牙利等文的译本。

现在需要战斗的作品

萧三在苏联期间，以"埃米·萧"的名字写下了不少反映中国人民革命斗争的诗歌，出版了《埃米·萧诗集》《拥护苏维埃中国》《湘笛集》等诗集，许多作品先后被译成俄、英、德、法、西、保等世界多种文字，在国际上产生了广泛的影响，从此埃米·萧的名字闻名于国际诗坛。到了延安以后，萧三继续用诗歌进行战斗。1939年春季的一天，萧三到毛泽东那里聊天，话题转到诗歌问题时，萧三从口袋里拿出他的诗作的手抄本，送给毛泽东说，“请主席改正”。毛泽东接过后，翻开看了几首，因他喜欢旧体诗，便说：“《梅花》这首诗写得好。”诗这样写道：“过年时节看梅花，折下一枝带回家。梅花插在花瓶里，不怕冰雪再冻它。热酒一壶客满座，对梅痛饮作诗歌。梅花心里暗满足，冷笑姊妹无幸福。春天过后雪尽消，颗颗青梅挂树梢。回头来看花瓶里，那枝梅花全枯了。”谈话中，毛泽东还向萧三说了许多笑话。当他们谈起古今作家情况时，毛泽东对萧三说：“姓萧的古来文学家很少，你要争气！”6月中旬，萧三收到毛泽东寄还给他的手抄诗集及附信，信中写道：“大作看了，感觉在战斗，现在需要战斗的作品，现在的生活也全部是战斗，盼望你更多些。”

1938年，延安广泛开展了街头诗运动。诗人们把自己的诗贴在（或写在）大街的土墙上、石头上、树干上，拿到群众中去朗诵，以接受群众的批评，萧三是这场运动的组织者之一。他到延安不久，就把延安的诗歌力量团结在一起，组成“延安诗社”，出版了《新诗歌》。由“战斗诗歌社”和“山脉文学社”合编的《新诗歌》于1940年9月1日创刊。萧三在《出版新诗歌的几句话》中，阐述了该刊的宗旨：“延安的诗歌运动——街头诗运动、诗歌朗诵运动——开全国之风。但是‘只开风气不为师’，我们还得继续充实这一运动的内容，写诗歌要有诗歌气氛，写出来的东西要拿到群众中去读，以便接受他们的批评，然后大家乃能前进，然后能使得诗歌的声音更大，更洪亮，达到得更远。”在萧三看来，写诗贴在墙上，站在街头朗诵，他并不认为是“不雅”。1941年年初，萧三因几首诗未能在报纸上发表，给毛泽东写了一封信，并将诗歌附上。1月29日毛泽东给萧三写了一封信，信中说：“诗读过了，很有意思。报纸既不登，就在街头发表好了。有暇望来谈。”可见毛泽东是热情支持街头诗运动的。

1945年春，萧三参加陕甘宁边区参议会及劳模大会之后，撰写了《第一步——从参加边区参议会及劳模大会归来》一文，生动有力地论述了延安文艺工作者的进步及文艺创作的欣欣向荣，既是文艺理论与实践相结合的范文，又是他思想、行动的真实写照。这篇文章在2月22日《解

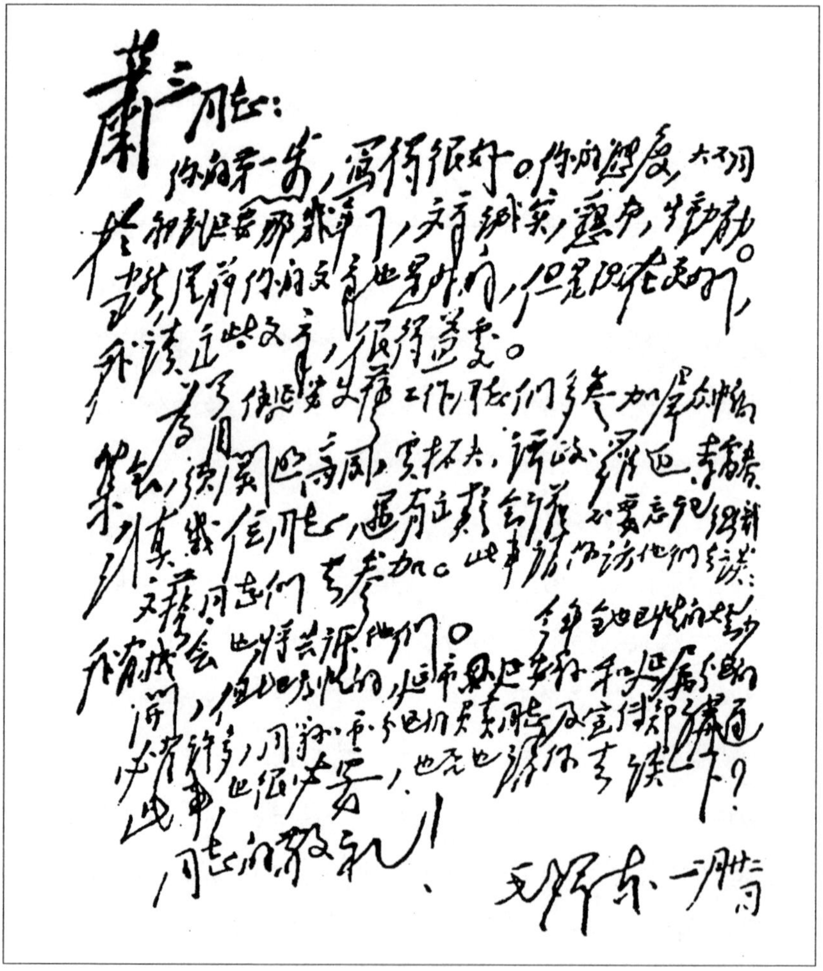

毛泽东致萧三的信

放日报》登出后，在文艺界和工农兵读者中引起极大的反响。这天，毛泽东在报上看到这篇文章后，立即给萧三写了封信：

萧三同志：

你的《第一步》，写得很好。你的态度，大不同于初到延安那几年了，文章诚实、恳切、生动有力。当然，从前你的文章也是好的，但是现在更好了，我读这些文章，很得益处。

为着使延安文艺工作同志们多参加群众性的集会，须关照高岗、贾拓夫、谭政、罗迈、李富春、彭真几位同志，遇有这类会议不要忘记组织文艺同志们去参加，此事请你访他们去谈谈，我有机会也将告诉他们。今年全边区性的大会少开，但地方性的，延市、延安县和延属分区的，必有许多，同县、市、分区的负责同志及宣传部讲通此事，也很必要，可否也请你去谈一下？

同志的敬礼！

毛泽东

二月二十二日

毛泽东的信，不仅充分肯定了萧三的这篇文章，同时也肯定了萧三到延安之后思想上的进步。这说明萧三到延安之后的追求、思考与努力没有白费，他找到了一条新的道路，在这条道路上迈出了坚实的第一步。

两个月后，萧三作为党的七大代表，参加了中国共产党第七次全国代表大会。萧三在会上聆听了毛泽东所致的开幕词《两个中国之命运》、政治报告《论联合政府》、闭幕词《愚公移山》，使他受到极大的鼓舞。这次大会是团结的大会、胜利的大会，为打败日本帝国主义，夺取全国的胜利打下了坚实的基础。萧三也更加坚定了为无产阶级革命事业奋斗到底的信念和决心。

新中国成立以后，萧三主持我国的国际文化交流工作，曾任中国人民对外文化协会常务理事、中国人民保卫世界和平委员会委员等。历任第一、第二届全国政协委员，第五届全国政协常务委员，第一、第二届全国人大代表。1983 年 2 月 4 日，因病在北京逝世。

长篇历史小说《李自成》面世

——毛泽东与姚雪垠

毛泽东对中国封建社会的农民战争，特别是对李自成领导的农民起义有过高度的评价。在他的著作中，曾多次提到李自成领导的农民起义。1928 年，他就以李自成为例，开导红军将士避免犯“流寇主义”的错误。1938 年，在一次关于保卫工作的讲话中，他谈起历史上的农民起义，说我们历来的造反领袖，后来都腐化了，做了皇帝都不好了；但李自成本人始终都是好的，老百姓都称赞他，因为他代表农民利益向地主阶级造反。毛泽东还说过：“在中国封建社会里，只有这种农民的阶级斗争、农民的起义和农民的战争，才是历史发展的真正动力。”对创作反映封建社会农民起义题材的文艺作品（如京剧《逼上梁山》），特别是对创作以李自成为题材的历史小说，毛泽东一贯很重视。

毛泽东到陕北，很关心李自成的事迹。陕北米脂是李自成的家乡。米脂人李健侯很崇拜李自成，他以作为李自成的同乡而自豪，并立志为李自成写书。李健侯从正杂各史和地方志等 60 多种古籍中搜集史料，从民间搜集传闻，以非常严肃的态度订正谬误，考证真伪，务求翔实，并于1926年着手写作历史章回小说《永昌演义》。初稿写成后，又进行了6次修改，于1930年12月底定稿，全书共40回，34万字。这部书情节曲折，故事生动，虽是小说，却有史料价值。1942年，与李健侯交往较深的李鼎铭先生任陕甘宁边区政府副主席，将《永昌演义》手抄本推荐给毛泽东看。毛泽东仔细地阅读了这部书。该书虽然把李自成作为正面形象来颂扬，但从语言、结构到主题，都未从根本上跳出古典演义小说的窠臼，也就是说，作品尚缺乏毛泽东期望的那种阶级斗争推动历史进步的主题思想，没有深入挖掘出李自成起义事件所蕴含的历史意义。在毛泽东看来，不能把起义领袖的人格品德与起义事件本身的阶级斗争意义割裂开来，把李自成单单写成一个品德方面的英雄。1944年4月29日，毛泽东给李鼎铭先生写了亲笔信，信中除肯定该书的价值外，还指出了存在的问题，信中说：

鼎铭老先生左右：

《永昌演义》前数年为多人所借阅；近日鄙人阅读一过，获益良多。并已抄存一部，以为将来之用。作者李健侯先生经营此书，费了大力，请先生代我向作者致深切之敬意。此书赞美李自成个人品德，但贬抑其整个运动。实则吾国自秦汉以来二千余年推动社会向前进步者主要的是农民战争，大顺帝李自成将军所领导的伟大的农民战争，就是二千年来几十次这类战争中的极著名的一次。这个运动起自陕北，实为陕人的光荣，尤为先生及作者健侯先生们的光荣。此书如按上述新历史观点加以改造，极有教育人民的作用，未知能获作者同意否？又健侯先生近来健康如何，能来延一游否？统祈转致健侯先生为祷！

敬颂

大安！

毛泽东

四月二十九日

毛泽东的信由李鼎铭转达给李健侯，李健侯看到毛泽东的信后，激动不已，即赴革命圣地延安，毛泽东热情地接待了他，并给他200元边币，以示褒奖。新中国成立后，毛泽东指示陕西省政府将李健侯先生安排在省文史馆做文史研究员，修改《永昌演义》。遗憾的是，此书尚未修改成，李健侯却于1950年不幸逝世。

然而，事情并没有结束。新中国成立后，有一位作家积极酝酿写作多卷本的历史小说《李自成》，作者兢兢业业数十年，刻苦勤奋地阅读了大量的有关史料、古籍，积累了难以数计的卡片、资料。为创作历史小说《李自成》，作者耗费了大半生心血，这位作家就是姚雪垠。作者说他的创作意图是通过李自成起义“写出明、清之际的阶级斗争……写出我国封建社会阶级斗争和农民战争的一般规律”。由于姚雪垠的创作体现了毛泽东所提倡的历史唯物主义观点，因此在写作过程中，得到了毛泽东的关怀和鼓励。姚雪垠回忆：在创作《李自成》的艰苦历程中，每逢“在我最迫切需要的时候，都得到了毛主席他老人家的关怀和支持，没有他老人家不止一次的关怀和支持，虽然在1963年已经出版了《李自成》第1卷，以下各卷的写作计划肯定没有完成的可能”。

毛泽东与姚雪垠的神交是从50年代开始的。1956年秋，姚雪垠在无锡太湖之滨休养，休养之暇，根据游览惠泉的印象，写了篇散文——

《惠泉吃茶记》，不久在《新观察》发表。散文借景抒情，提倡要实事求是，讲究科学态度，反对人云亦云的瞎起哄，反对偶像崇拜。1957年初春，毛泽东在中南海召见茅盾与周扬，听取他们汇报文艺界的现状与工作情况。汇报中毛泽东提到了姚雪垠的《惠泉吃茶记》，说文章不长，写得很好，很讲究技巧，建议他们找来认真地看一看。还说文章也有毛病，读后给人一种“世人皆醉我独醒”之感，恐怕是作者的知识分子清高吧。一星期后，毛泽东召见新闻界头面人物徐铸成和储安平等人谈话，再次旧事重提，一时间文化界新闻界纷纷找《新观察》第17期，《惠泉吃茶记》成了抢手之作。

1963年金色的秋天，《李自成》第1卷出版了，为了感谢毛泽东对一位普通作家的关怀与肯定，姚雪垠即拿着散发着油墨香的样书，怀着激动的心情，和他的妻子王梅彩来到邮局，给毛泽东寄了一套书。他们相信毛泽东一定会收到这部小说的，也一定会抽暇阅读的。转眼间到了1966年，“文化大革命”开始后，许多老革命、老干部、老知识分子、老作家、老科学家、老演员等都受到了冲击、挨打、挨斗、挨抄，姚雪垠是老知识分子，又是老作家，当然也不能幸免。那些“造反派”逼着他签名承认《李自成》是“大毒草”，他理直气壮地拒绝了；他们追问他后4卷还写不写？他回答

《大顺帝李自成》

说："党叫我写我就写，不叫我写我就不写。"在颠倒黑白的年月里，他从来没有屈服过。一天，"造反派"闯进了他的书房，他们显然是来抄家的。姚雪垠首先想到，如果那些有关《李自成》的参考书籍、资料、笔记、卡片等都被抄走了，那么《李自成》的写作就很难继续下去，他大半生的心血就会付之东流。姚雪垠心里害怕极了。然而，奇怪的事情发生了，那些东西"造反派"们竟然都没有动。这究竟是怎么回事？在姚雪垠心中一直是个谜。直到 1977 年王任重同志给他写的一封长信中，他才知道了事情的经过：那是 1966 年 7 月中旬，毛泽东主持召开中央政治局扩大会议，身为中央文革领导小组副组长、中南局代理书记的王任重同志列席参加会议，会议当中，毛泽东将王任重同志叫到身边，特意嘱咐他说："姚雪垠的《李自成》分上下两册。上册我已经看了，写得不错。你赶快通知武汉市委，对他加以保护，让他把书写完。"当时，戚本禹也在场。当天晚上，戚本禹对王任重说："你不要听他的（指主席）！姚写的《李自成》第 1 册还可以，但写到'闯王进京'时，一定是反动的。"王任重当时只是笑笑，未予置理，认为戚本禹太主观狂妄，竟敢公开反对毛主席的指示。第二天，王任重打电话给当时的中共武汉市委第一书记宋侃夫，如实地传达了毛主席的指示，中共武汉市委立即采取了有效措施，因此才使那些图书、资料、卡片没有被抄走，姚雪垠这个摘帽"极右"派也未遭到更严重的冲击。当时"文化大革命"正逐步走向高潮，如果不是毛泽东及时地保护姚雪垠，不要说以后的继续创作了，就是性命也难保。

1975 年，姚雪垠写完《李自成》第 2 卷已经有一年多了，但在"四人帮"极"左"文艺路线的干扰下，不仅书稿迟迟不能出版，而且连写作也很难继续下去。在好心人的建议下，姚雪垠准备冒着风险给毛泽东写一封信，向毛泽东汇报一下写作的情况，但是，毛泽东是否能看到写的信呢？经过反复思索，姚雪垠决定先写信给原武汉市委书记、当时是中国科学院哲学社会科学学部领导成员之一的宋一平同志，向他询问给毛泽东写信能否帮助转交？宋一平当年全力支持《李自成》的创作，所以他见到姚雪垠的信后马上同胡乔木等商量。胡乔木看完此信，当场表示：姚的信写成后，我可以帮助转交。宋一平迅速将这一喜讯复信告诉姚雪垠，并详细嘱咐说，毛主席患了眼疾，所以要用毛笔写信，字要写得大一点。1975 年 10 月 19 日，姚雪垠用大开宣纸，毛笔大字给毛泽东写了信，信的结尾写道："敬爱的毛主席！我原先除写《李自成》之外，还有一个写太平天国的计划，也做了一些必要的准备工作。如今转眼间已经 60 多岁，身体也不十分好，而《李自成》尚未完成一半，我希望再次获得您的支持，使我能够比较顺利地完成《李自成》，争取在 75 岁以后写出长篇小说《天京悲剧》。为党的文学事业多尽点微薄力量，为无产阶级专政的利益占领历史题材这一角文学阵地，填补起五四新文学运动以来长篇历史小说的空白，我将不断地努力追求，直至生命终止。即令最后完不成我的写作计划，我也不会丧失我作为一个毛泽东时代的作家的雄心壮志，任何时候都不会将意气化为寒灰。但是，我相信，主席是会给我的工作以支持的。"姚雪垠还在信后附呈旧作七律《抒怀》一首：

堪笑文通留恨赋，
耻将意气化寒灰。
凝眸春海千潮涌，
挥笔秋原万马来。
愿共云霞争驰骋，
岂容杯酒持徘徊。

鲁阳时晚戈犹奋，

弃杖成林亦壮哉。

信通过宋一平转给胡乔木，乔木同志接到信后，立即转呈毛泽东，并附函介绍了有关情况。信中写道："主席：送上长篇小说《李自成》作者姚雪垠由武汉写给您的一封信。姚在信里说，这部小说他拟写成5卷，约300万字，第1卷已改写，第2卷已写成近两年，但还没有地方出版，请求您给予帮助。姚的信是宋一平同志托我转送的。宋现在哲学社会科学部工作，以前长期在武汉，所以姚把信寄给他，宋还把姚给他的两封信也给我看了。因为这两信可以帮助了解姚目前的具体困难，所以现在也一起附上，供您在需要时参阅。"这样，一位饱受磨难的老文化人、老作家的信终于到了要达到的地方。毛泽东收阅姚雪垠的信后，于11月2日在胡乔木转信的报告上批示道：

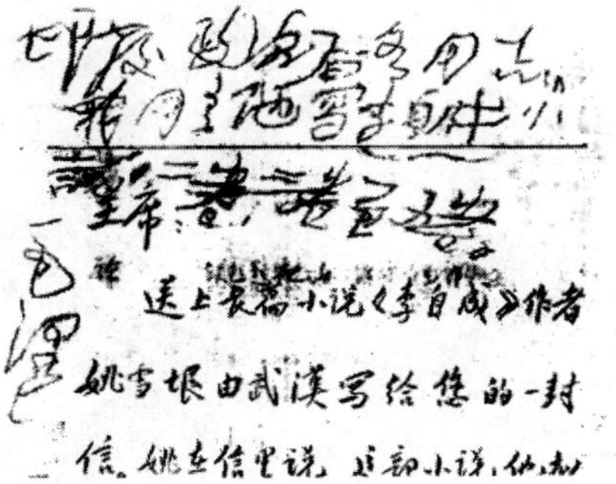
送上长篇小说《李自成》作者
姚雪垠由武汉写给您的一封
信。姚在信里说，这部小说他拟

毛泽东给姚雪垠的批示。

印发政治局各同志。我同意他写李自成小说二卷、三卷至五卷。

毛泽东

11月2日

毛泽东的批示虽然简短，但却表明了他对姚雪垠创作《李自成》的全力、坚定的支持。在有关方面的关心和安排下，1975年12月21日，姚雪垠终于来到北京，摆脱了那些干扰，可以一心一意地修改、写作书稿了。到京的第二天，他立刻投入了工作。凌晨起床，他伏在案头，怀着激动的心情，写下了这样一首诗：

到京

快车高卧入京华，
笔砚安排即是家。
舞剑仍来残月外，
挥戈惯趁夕阳斜。
心游见阙骊龙近，
眼望珠望雪路遐。
任重只愁精力减，
扬鞭少看上林花。

姚雪垠在李自成墓前。

“四人帮”被粉碎，文艺界迎来了新的春天。从1977年开始，《李自成》各卷得以陆续出版问世。在十年动乱中，毛泽东保护姚雪垠并两度支持《李自成》的创作，可以说在中国当代文坛上是独一无二的，这无疑是同意并倡导作者表达的创作思想和作品的主题内容，或者说，从中看出了他1944年读《永昌演义》后提出的修改思路。

遗憾的是，毛泽东十分关心的长篇小说《李自成》还没有全部出齐，他老人家就与世长辞了。然而，毛泽东对姚雪垠创作的关怀和支持却永驻人间。

后来，台湾学者陈纪滢发文章指责姚雪垠说："……《李自成》的出版，并不意味着姚雪垠的写作成功，只是他替毛泽东完成一部'影子传记'。这部东西无论三百万字也好，五百万字也好，只是恭维、巴结毛泽东的一堆乱文章……"对此，姚雪垠的回答是："他是太不了解毛泽东了，太不了解了！"他说："我认为，毛泽东在他几十年的革命生涯中，表现出了多方面的伟大天才，做出了不可磨灭的贡献，他理应受到全国人民的仰慕和尊重。虽然他在晚年出现了各种失误，甚至于犯下了不可原谅的错误，使得我们对他有许多意见，但是我们却没法否认——他是我国现代历史上最伟大的人物之一，是属于我们中华民族的一位不可多得的旷世英雄。退一万步说，即令我们把他的所有政绩一风吹掉，他也仍然会以一个诗人——一个伟大的浪漫主义诗人的形象，屹立在我们面前——当然，他并不是每首诗都好，但在重庆谈判期间引起轰动的那首词，绝对是不朽的。""是的，当然可以这样说。而且，他对历史的了解，对我们这个民族的认识和把握程度，都是现当代人所无与伦比的。"说到这里，老人轻轻地笑了，"这样一个人，他会指派别人为他写'影子传记'？笑话！笑话！陈纪滢实在是太不了解毛泽东了！"①

① 中国作家网：许建辉.《由〈姚雪垠与毛泽东〉想起的》。

粗呢中山装

——毛泽东与张恨水

张恨水，著名小说家，原名张心远。1895 年生于江西，他在 30 年代所写的长篇小说《啼笑姻缘》，风靡一时，成为国内第一畅销书。40 年代，他又相继写出《八十一梦》《五子登科》等作品，影响甚大。

1945 年秋，毛泽东率中共代表团飞抵重庆同国民党当局举行和平谈判，谈判期间，毛泽东抓紧一切时间同在渝的各界知名人士会见，向他们介绍形势并交换意见，宣传共产党的宗旨和政策，从而团结一切可以团结的爱国民主人士。9 月 13 日，毛泽东接见了《新民报》的部分工作人员，张恨水当时任《新民报》副刊编辑，经周恩来介绍，毛泽东认识了张恨水。毛泽东对张恨水在抗战时期，以小说、诗文为武器，为抗战所起的积极作用很欣赏，特别喜爱他的抗战小说《八十一梦》那种嬉笑怒骂、痛快淋漓地揭露国民党达官贵人腐败现象和黑暗面的文章笔调。

时隔不久，毛泽东单独会见了张恨水，长谈了两个多小时。毛泽东问张恨水："张先生生活一向可好？"张恨水答道："还可以，谢谢！主席大智大勇，以民族大业为重，不计前嫌，置个人安危于不顾，亲临重

毛泽东接见张恨水。

庆，国人无不感佩。和平有望，国家有望啊！”毛泽东说：“不敢当，我们共产党一向是主张和平的。正如先生小说所描写的那样，现实的中国社会魑魅魍魉太多了。多少年来，华夏大地，战火频仍，弹痕累累，哀鸿遍野，黎民菜色。尽罹倒悬之苦的人民无有一日不期望和平哇！”说到此，毛泽东使劲将手中的烟蒂摁灭。“过去，我们和蒋先生打了几年仗，蒋先生把我们从江西送到了陕西。后来，日本人的枪炮，又帮助我们握了手，所谓兄弟阋于墙，外御其侮嘛。现在日本投降了，我们不想，也不能再打下去了，这是大家的意愿，是整个中华民族的意愿。孔夫子说，和为贵，我们就是为了和平而来，我们愿以自己诚心诚意的行动，为实现和平建立新中国的光明前程，做出自己应有的贡献。”张恨水频频点头。毛泽东微微一笑，接着说：“精诚所至，金石为开，但事物的发展并非那么简单。和平的实现，不仅需要国共双方的一致努力，也需要各党派、各界人士，共同携手，为反对战争，争取和平而做出不懈的奋斗。”

在谈到小说创作时，毛泽东风趣地对张恨水说：“在湖南一师读书时，有位绰号叫‘袁大胡子’（即国文教员袁吉六）的先生，曾嘲笑我的作文，是新闻记者的手笔。今天遇到了张先生，我可是小巫见大巫了哟。”张恨水谦逊道：“毛先生雄才大略，大笔如椽，我辈小说家，岂敢相比，真是惭愧。正如一些同道所批评的那样，自己的小说脂粉气太浓了些。”毛泽

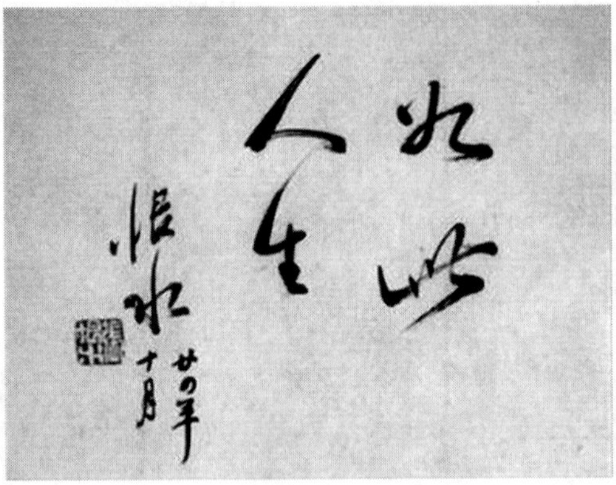

张恨水书法

东道："脂粉气也未必有什么不好，我看曹雪芹的脂粉气比先生要浓得多，但《红楼梦》不也一样令我们叹为观止嘛！我以为，文艺作品的好与坏，不能在题材上作统而言之，关键在于我们的作品，是否真实地反映了社会，刻画了社会的人和社会的事，反映出社会的矛盾斗争。"张恨水若有所思地点点头。

毛泽东一向关注人的姓名，问道："张先生'恨水'一名，想是笔名吧！很有味道，愿闻甚详。"张恨水答："确是笔名。我原名'心远'，'恨水'一名还是我 17 岁那年，在苏州第一次投稿时自己取的笔名，是从南唐后主李煜词'自是人生长恨水长东'中截取出来的。那时，我想人生有限，绝不能让光阴如流水一样白白流逝，所以取这个笔名，也好随时听人称呼，随时看到'恨水'两字，时刻自勉，珍惜时光。可 50 年来，仍是蹉跎岁月。"

毛泽东笑说："先生著作等身，堪可欣慰。后主词哀怨凄凉之作，竟被先生悟出如此深意，可敬可佩！我也用过许多笔名，却无先生之名寓意隽永，例如我以前常用的'润芝'一名，便是在湖南一师时，杨怀中先生为我取的。有一次，我在给杨先生的信中署名'毛学任'，杨先生问我何故？我说学一学梁任公（即梁启超）。杨先生便给了我一部《胡文忠公全集》要我读。我反复阅读后，觉得胡林翼（清代湘军重要将领）确实值得学习，胡字'润芝'，我就改为'学润'。杨先生对我说：'司马长卿崇祥蔺相如改名相如。你既然尊敬胡润芝，就干脆改成润芝吧。'以后，

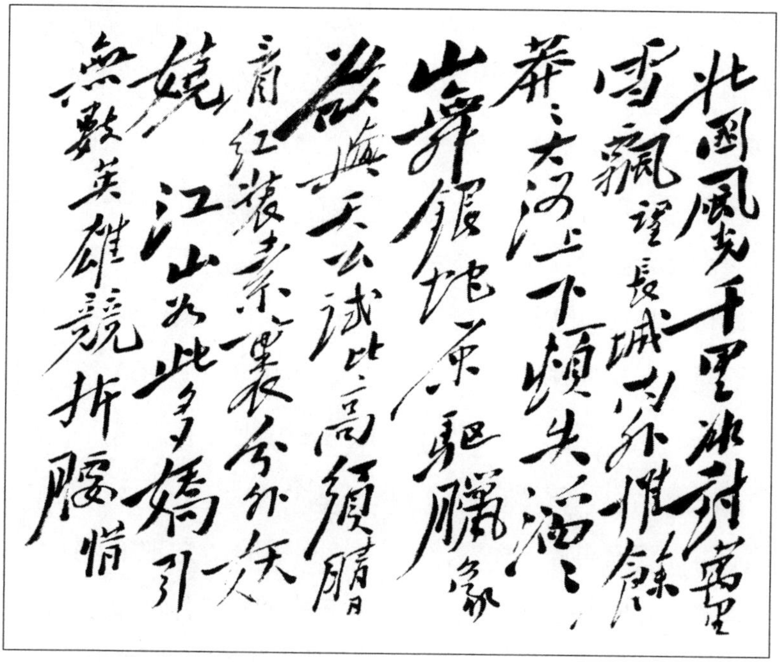

《沁园春·雪》

师长和好友们多叫我‘润芝’。”

1945 年 11 月 14 日，张恨水将后来引起巨大轰动的毛泽东词《沁园春·雪》比《新华日报》早一天刊登在重庆《新民报》副刊《西方夜谈》上，即署名毛润芝。

张恨水和毛泽东告别时，毛泽东将一块灰色呢料、一袋小米和一包红枣送给张恨水，并握着作家的手深情地说：“我没有什么好东西。这块我们自制的毛呢和延安的小米、红枣，就送给你吧！”张恨水回到距重庆 30 多公里的南温泉，高兴地同家人叙述见到毛泽东的情景。他对夫人说：“毛先生不仅胆识过人，且知识渊博，见地不凡，确是当今豪杰。”还烧了一锅红枣小米粥，全家品尝。那块呢料，张恨水做了一套中山装。以后，每逢参加重大会议和宴会，他都将这身中山装穿在身上。后来衣服的颜色褪落了，他就改染成了藏青色。

50年代的一个春节，全国政协举办团拜会，张恨水一如既往地穿上这身中山装前往。在门口迎接客人的周恩来总理看到了张恨水，上前握手，问候他的工作及病情状况，无意间，他敏锐的目光扫到了张恨水这身有些寒酸的衣着上，问道：“张先生近来是否生活有困难？”张恨水一愣，说“没有哇。”不知周总理为何突兀地提出这样一个问题，直到他看见总理的目光盯着自己的一身衣服，才从愕然中恍然大悟，笑道：“原来总理是看见了我这身衣服呀！总理还记得1945年在重庆毛主席送我的延安的粗呢吗？这就是用那块呢料做的。不过，也难怪总理认不出它，因为它老退色，所以我就把它染成了现在这个样子了。至于生活上嘛，我有固定收入，还有再版书稿费，政府对我很照顾，总理不必挂心，一点问题也没有。”周恩来一听哈哈大笑：“不错不错，你把颜色一改，我还真没认出来。好，好，从这一点看出，张先生你没有忘旧哇！”

努力探寻新诗发展的方向
——毛泽东与臧克家

在中南海毛泽东故居的菊香书屋，里边摆放着大批中国古典诗词方面的书籍，给每个前来瞻仰的人留下了深刻的印象。新中国成立以后，毛泽东在繁忙的工作之余，孜孜不倦地阅读大量的古典诗词，关心中国古典诗词这一珍贵文化遗产的继承和发展，探讨中国诗歌的发展方向。他和当时任《诗刊》主编的臧克家同志的面谈和书信往来，反映着毛泽东对发展中国新诗的深刻见解。

以新诗为主体

我们知道毛泽东非常热爱中国古典诗词，他不仅对历代诗词了如指掌，而且自己也创作出了前无古人的诗词瑰宝。有人统计过，毛泽东故居中他圈划批注的诗词，计有 1180 首诗，378 首词，12 首曲，20 首赋，涉及诗人 429 位。至于他读过而未留下印记的、散失在各地的诗词，那就很难统计了。毛泽东对古典诗词的热爱、学习和深刻领会，是他诗词创作杰出成就的基础，但是，对于中国诗歌的发展方向，毛泽东却不是从个人爱好出发的，而是从历史角度考虑，主张发展新诗，以新诗为主。所谓新诗，是指“五四”以来用白话写的自由诗。事实上它已成为现代诗坛的主流。1957年1月27日，毛泽东在给臧克家同志的一封信中写道：“诗当然应以新诗为主体，旧诗可以写一些，但是不宜在青年中提倡，因为这种体裁束缚思想，又不易学。”毛泽东对自己写作的古典诗词，也不愿公开发表，“因为是旧体，怕谬种流传，贻误青年”。他在给友人的一封信中说：“律诗是一种少数人吟赏的艺术，难于普及，不宜提倡。”1957年，毛泽东接见对词曲很有研究的冒广生老先生时，冒老先生谈道：“填词必墨守成规，拘泥太甚，则作茧自缚。写诗填词岂能桎梏性灵，何苦在高天厚地之中，日日披枷带锁作诗囚。宋代是词的鼎盛时期，那时还没有词谱、词律和同韵呢。我作《四声钩沉》，即在提倡词体的解放。”毛泽东对这个提法很感兴趣，认为：“旧体诗词格律过严，束缚人的思想，一向不主张青年人花偌大精力去搞。”

写旧体诗除讲求格律外，麻烦较大的是辞藻，因为格律诗大多是用成语、典故来缀合。今天写旧体诗如原封不动地搬用“古典”，自然要成为表达新生活和读者接受的障碍。用典一多，难免堆砌费解，以学问为诗，缺乏灵气，而常常不得不做一些注解才易读通。毛泽东认为当今有的人写的旧体诗之所以不好，就“在于需要注解”，而“诗不宜多注解，不能依靠注解”。1965年9月，毛泽东在读完胡乔木的《词二十七首》稿本后，认为是很好的，建议发表，但又指出词中的缺点。在9月5日看的稿本上批道：“有些地方还有些晦涩，中学生读不懂。”在9月15日看的稿本上，他在某词中“营地乐、胜天堂”，改为“胜家乡”，并在一旁批注：“要造新词。天堂、霓裳之类，不可常用。”由此可见，毛泽东主张即使写旧体诗，也要在辞藻上有创新、发展，为更多的人接受。

为了扶植新诗的发展，毛泽东从政治上和物质上都给予无微不至的关怀和支持。1956年，臧克家调任中国作家协会书记处书记，负责筹办《诗刊》，10月副主编徐迟倡议，给毛泽东写信，把他们搜集到的毛泽东诗词送上，请求他校订后在明年1月创刊的《诗刊》上发表。1957年1月27日，毛泽东给臧克家及《诗刊》编委诸同志写了亲笔信，并把他亲自校订的18首旧体诗词也随信寄来，信中还祝贺说:“《诗刊》出版，很好，祝它成长发展。”当毛泽东得知由于纸张困难，《诗刊》只能印行1万份，发行面受到限制时，亲自批准增加纸张供应，扩大印行5万份。十年动乱时，《诗刊》被迫停刊，又是在毛泽东亲自批准下于1976年1月得以复刊。1975年，在关于调整党的文艺政策指示中，他还特别提到了诗。他还建议编一本《新诗韵》，专门为学习写新诗用韵较广的人使用，便于提高。

新诗的出路

关于新诗的出路，毛泽东对民歌和古典诗词寄予很大希望。1957年1月，毛泽东约请臧克家、袁水拍同志谈话时阐明了自己的观点。他说：“中国的诗歌，从《诗经》的四言，后来发展到五言、七言，到现在的民歌，大多是七个字，四拍子，这是时代的需要。新诗的发展要顺应时代的要求，一方面要继承优良诗歌的传统，包括古典诗歌和五四以来革命诗歌的传统；另一方面要重视民歌。诗歌的形式应该是比较精练，句子大体整齐，押大致相同的韵，也就是说，具有民歌的风格。”毛泽东在谈话中还对新诗的散漫、太自由化流露出不满。1958 年在成都会议上，他说 :“中国诗的出路，第一是民歌，第二是古典，在这个基础上产生出新诗来。形式是民族的，内容是浪漫主义和现实主义的对立统一。太现实就不能写诗了。”在这次会议上，他要求各省市委书记回去后搜集民歌。也是在他的倡议和支持下，由郭沫若、周扬等搜集、编辑、出版了《红旗歌谣》，从而使社会主义建设中涌现出的民歌民谣得以广泛流传于世。60 年代，他在给陈毅的信中，进一步明确表示 :“要作今诗，则要用形象思维方法，反映阶级斗争与生产斗争，古典绝不能要。但用白话写诗，几十年来，迄无成功。民歌中倒是有一些好的。将来趋势，很可能从民歌中吸取养料和形式，发展成为一套吸引广大读者的新体诗歌。”从以上观点来看，毛泽东对“新体诗歌”的设想，大体可以说是 : 继承中国古典诗词的精华，汲取民歌中生动丰富的营养，反映时代精神，为人民群众喜闻乐见的、具有民族形式和民族风格的一种诗体。1963 年 4 月 25 日，国防部批准授予驻守上海某部八连“南京路上的好八连”的光荣称号。8 月 1 日，毛泽东写了一首《八连颂》，赞扬这支纪律、军事、思想都过硬的队伍，诗中写道 :

好八连，天下传。为什么？意志坚。
为人民，几十年。拒腐蚀，永不沾。
因此叫，好八连。解放军，要学习。
全军民，要自立。不怕压，不怕迫。
不怕刀，不怕戟。不怕鬼，不怕魅。
不怕帝，不怕贼。奇儿女，如松柏。

上参天，傲霜雪。纪律好，如坚壁。
军事好，如霹雳。政治好，称第一。
思想好，能分析。分析好，大有益。
益在哪？团结力。军民团结如一人，
试看天下谁能敌。

这首诗在毛泽东诗词中别具一格。它用白话写成，具有民族风格，句子比较整齐，押大致相同的韵。这是不是他对“新体诗歌”进行的一次探索性的创作实践呢？对这首诗，毛泽东最初只同意在内部传阅，并未公开发表，但它不胫而走，流传很广，为广大群众所熟悉，直至他逝世后的1982年才在《解放军报》上正式刊载。

切磋诗艺

毛泽东在诗词创作中，始终抱着谦虚、严谨的科学态度，虚心向其他同志学习。他称赞陈毅的诗“大气磅礴”“豪情奔腾”；“董老善五律”，他的诗“醇厚谨严”；“剑英善七律”，他的诗“酣醇劲爽，形象亲切，律对精严”“都值得我学习”。1960年夏天，中国文学艺术工作者第三次代表大会召开，周扬做报告，事前送请毛泽东审阅。毛泽东于7月17日复信给周扬说：“对我的诗词的那一段颂扬，不适当，请删掉。”这说明毛泽东非常谦虚。1961年年底，臧克家写信要求毛泽东谈谈诗的创作问题，毛泽东在复信中写道：

克家同志：

几次惠书，均已收到，甚为感谢。所谈之事，很想谈谈。无有些忙，抽不出时间来；奈而且我对于诗的问题，需要加以研究，才有发言权。因此请你等候一些时间吧。专此奉复，敬颂撰安！

毛泽东

1961 年 12 月 26 日

毛泽东在诗歌创作上还善于汲取合理的意见，反复修改自己的诗作。1962 年，毛泽东的《词六首》即将在《人民文学》上发表之前，他亲自把这六首词寄给臧克家等同志征求意见。4 月 24 日他在给臧克家同志的回信中说："你细心给我修改的几处，改得好，完全同意。还有什么可改之处没有，请费心斟酌赐教为盼！"在另一封信中又说："数信都收到，深为感谢，应当修改之处，都照尊意改了。"信中提到臧克家同志修改之处，是指《词六首》前的小序。小序中说："这六首词，于 1929—1931 年，于马背上哼成的，通忘记了。《人民文学》编辑部的同志们搜集起来寄给了我，要求发表。略加修改，因以付之。"排印前，臧克家替他勾去了第一个"于"字。也是在《词六首》发表之前，毛泽东给陈白尘同志的信中流露出遗憾的情绪，说："你为何不给我认真地修改一次呢？"

1964 年元旦，《毛泽东诗词》正式出版之前，毛泽东亲笔开列名单，召开座谈会，请同志们对他的诗词提出意见。20 多人参加座谈会，其中有几位中央负责同志和文艺界的领导人。毛泽东用大粗铅笔写了张条子："请同志们一议。"那次座谈会上，大家对其中三首诗词，建议暂不收入集中，毛泽东同意了。臧克家和葛洛商讨后写出了 23 条意见，会后托田

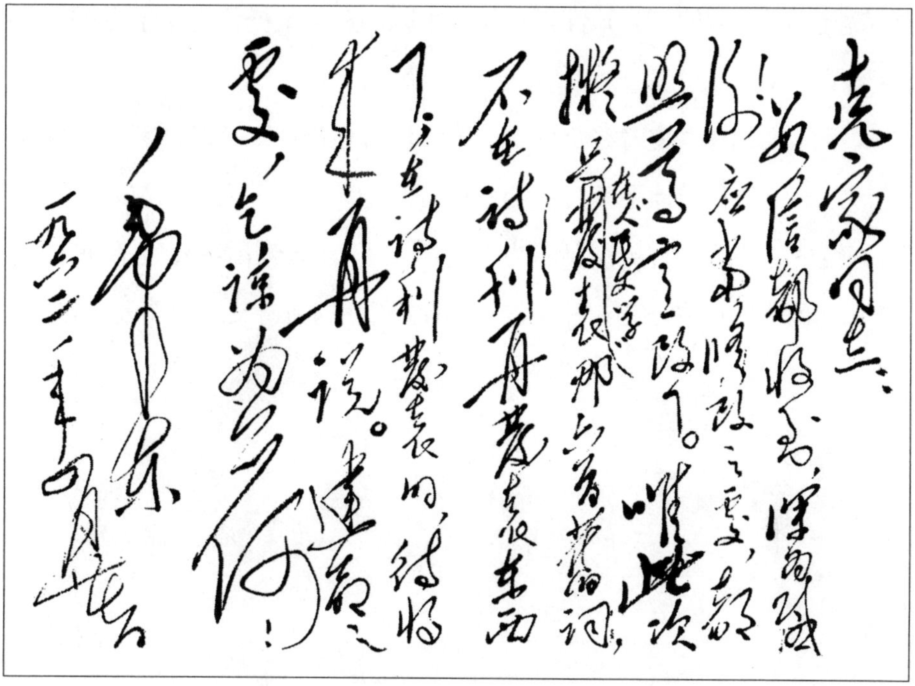

毛泽东给臧克家的信。

家英代转。《毛泽东诗词》正式出版了，臧克家拜读后，发现其中有 13 处采纳了他们的意见，做了修改，包括标点、个别字、小注中的字句，还有整个句子的调换。在 1957 年 1 月毛泽东的那次谈话中，毛泽东对臧克家说:“你在《中国青年报》上评论我的‘咏雪’词的文章,我读过了。”臧克家趁机问 :“词中‘原驰腊象’的‘腊’字怎么解释？”主席反问 :“你看应该怎样？”臧克家说 :“如写作‘蜡’比较好讲，‘蜡象’正可以与上面的‘银蛇’映对。”毛泽东点头说 :“好，你就替我改过来吧。”臧克家后来说 :“我了解他的平等待人，真诚相见，所以敢于坦率地表示个人意见。”1957 年 1 月 12 日，毛泽东给臧克家的信公开发表后，北京大学一位同学给他写信，指出信中“遗误青年”的“遗”字，应改为“贻”字。毛泽东欣然接受，认为这位同学的意见很对，并特别向《诗刊》编辑部打招呼，请他们公开订正，丝毫不因为意见是一位青年学生提出的而不予重视。

毛泽东“胸中装着整个世界，始终没有忘记诗”！革命家和诗人在毛泽东身上是和谐地融为一体而不可分割的。如今，人去物在。但他给我们留下的那几十首诗词已成为中国革命史上的千古绝唱，毛泽东关于继承发展民族优秀文化传统的论述，指引着我国新诗发展的前进方向。

只要群众喜欢就是好文章

——毛泽东与周瘦鹃

周瘦鹃，原名周国贤，江苏省苏州人，现代作家、文学翻译家。早年翻译过高尔基的作品，曾得到鲁迅的赞扬。抗日战争前夕，还与鲁迅、郭沫若等联名发表宣言，呼号抗日。他数十年担任上海中华书局、《申报》《新闻报》的编辑和撰稿人，创作过不满现实、抗日进步的作品，也写过风花雪月、闲情逸致的文章，在园林设计和盆景艺术方面颇有造诣。

新中国成立后，年过半百的周瘦鹃曾一度搁笔。原因是那些他十分熟悉的东西大多已不符合时代的精神，而急风暴雨式的阶级斗争与轰轰烈烈的群众运动这样的题材，他又十分陌生。于是他把目光转向苏州自己摆满花卉盆景的寓所——“爱莲堂”，打算“退藏于密室，消磨岁月于千花百草之间，以老圃终身”。

党和政府并没有冷落这位老作家。周恩来、朱德、陈毅、叶剑英等中央领导同志都曾光临“爱莲堂”，关心他的生活，安排他的工作。新中国成立后，他曾任第三、第四届全国政协委员、江苏省人民代表、江苏省和苏州市博物馆名誉副馆长、苏州市园林管理处顾问等职。在老一辈

周瘦鹃书法

无产阶级革命家的鼓励下，周瘦鹃逐渐摆脱了萧瑟迟暮之情，先后写出了很多歌颂新社会的散文和有关花卉、盆景、景物、节令等的知识小品。读者和同行对这位以新的姿态重新活跃于文坛的老作家，十分欢迎。

1959年4月上旬，周瘦鹃赴京出席第三届全国政协第一次会议。4月28日，正值第二届全国人民代表大会第一次会议胜利闭幕。这一天，风和日暖，花明柳翠，中南海怀仁堂前的草坪上，竖起了一架照相机。来自祖国各地1000多位人民代表和1000多位政协委员，先后兴高采烈地聚集在这里，和国家领导人一起摄影留念。当毛泽东、刘少奇、朱德、周恩来等到场的时候，四下掌声如雷，热烈欢迎。照完相，大家都争先恐后地和毛泽东等领导人握手，周瘦鹃挤不上去。眼看就要失去这个幸福的机会，他忽然想到了毛泽东回进怀仁堂的必经之路，便疾步赶去等候，不一会，毛泽东果然笑吟吟地走过来了。周瘦鹃鼓起勇气，抢步迎了上去。毛泽东握住他的手，端详着。周瘦鹃兴奋而激动地报出了自己的姓名。毛泽东点点头："啊，原来是周瘦鹃先生！"他瞧出老作家有些窘，就笑着说，"你的模样儿很好啊！今年高寿？"周瘦鹃见毛泽东这样平易近人，便恢复了常态，急忙回答说："今年65岁了，可是精神还好，这几天也很兴奋。"毛泽东又和蔼地说："我读了你的很多文章，很想和你谈谈。"周瘦鹃说："请主席多加指教。"毛泽东忽又摊开右手来，朝周瘦鹃摆了两摆，关切地问道："有什么新的东西给我看看？"周瘦鹃百感交集，连声说："好！好！"

一回到苏州后，周瘦鹃的心还是拴在中南海。他兴奋地题诗一首："尧天舜日分明见，刻骨难忘一片情；誓把此身长许国，不辞劳苦创新生。”他夙兴夜寐，常常扪心自问：“我将拿什么新的东西给毛主席看呢？”过去的文章吧，被人看作“鸳鸯蝴蝶派”的东西，似已不大合时宜；谈园艺盆景的，又不知主席有无兴趣，左思右想，他大胆地步毛泽东诗词原韵，作了21首诗词，题名为《学步集》，寄往北京。

过了一年，周瘦鹃又到北京来开会。他想听听毛泽东的指教，就写了一封要求接见的信。但转念一想，主席工作那么忙，自己对革命又没有什么贡献，还是不打搅的好。信就没有发，带回去了。

1962年，周瘦鹃已经快70岁了，想再见毛泽东的念头怎么也遏制不住。4月初，周瘦鹃接到全国政协通知，让他偕夫人俞文英赴京参加会议，他就向有关方面表示了这个愿望。15日那天，他开完会回到住所，一辆轿车把他接进中南海。这是一次特殊的荣誉：毛泽东接见他一个人。周瘦鹃走进怀仁堂的一间小会议室时，毛泽东已从沙发上站了起来，伸手握住他的手。周瘦鹃望着毛泽东慈祥的目光和温和的仪表，一点也不紧张，不慌不忙地吐出了蓄积已久的心里话：“记得3年前，主席曾经说过，读了我的许多文章，很想跟我谈谈。我一直在担心，自知写出来的那些拙作，一定有许多大大小小的毛病，这个还要请主席多多批评，多多指教。”不料毛泽东却微笑着说：“你的散文是写得好的。”周瘦鹃忙说：“主席太夸奖了，实在愧不敢当！只为平时学习不够深透，怎么写得出好文章来？”毛泽东却直瞧着他，说了句意想不到的话：“只要群众喜欢读你的文章，那么你的文章就是好文章。”周瘦鹃感动得不知所措。因为，毛泽东道出了一个当时鲜为人谈的真理：文艺作品不但政治上要为社会主义服务，艺术上也要具备审美价值，而人民的审美情趣是多方面的，既需要黄钟大吕，也需要浅斟低唱。对这位政治上大有进步、艺术风格独特的老作家，毛泽东没有苛求。此时，周瘦鹃与毛泽东仅隔着一只茶几，周瘦鹃深情地望着毛泽东，毛泽东也时而抬眼瞧着他，两人促膝谈心，不时发出会心的微笑。周瘦鹃又说："这些年来，我确曾于文艺上、园艺上搞了一些东西，这要归于3年前主席'有没有新的东西给我看看'的那句话鼓励了我。我认为主席这句话并不是对我一个人说的，是对全中国六亿五千万人民说的，要大家都搞些新东西出来。"毛泽东点点头说："对！六亿五千万人民，包括我在内。"毛泽东为周瘦鹃点了一支香烟，他自己却不抽。周瘦鹃吸了几口就掐灭了，把剩下的一截小心翼翼地放进衣袋。他想带回去留作纪念。

这时，周瘦鹃迫不及待地提出了一个如饥似渴的要求，他说："为了当年听到主席向我要看新东西的一句话，因此胆大妄为地和了大作四首诗、十七首词的原韵，名为《学步集》，自知功力不足，气魄不大，对主席的思想感情也体会不深，真的是邯郸学步，丑态百出。前年，曾冒昧地将初稿寄奉求教，至今未有所闻。后来，周总理也要去看过了。苏州市文联为此特地召开讨论会，我接受了同志们的意见，曾经一再加以修改。但是如果不经主席提出宝贵的意见，让我好好地修改一下，那是始终不能定稿，不敢发表的。"不料，毛泽东却说出了这么一句谦逊的话："你是专家，我是业余，要发表就发表嘛！"周瘦鹃把《学步集》递交毛泽东，毛泽东接了过去一页一页地翻着，末了开口问道："你要带回去吗？"周瘦鹃恳切地答道："不！不！要请主席于工作之暇给我批改一下。"毛泽东表示默允，终于收下了。这时，周瘦鹃又想到了自己的小女儿全全一直想见毛主席，于是急忙地向毛泽东说："多年来，我老是惦念着主席，真所谓梦寐系之，就是我那5岁的小女儿，也念念不忘，这一回她也跟着我来了，虽然没有见主席，却来到了北京，就像见到主席一样。"毛泽东听了，慈祥的面容上宛若有一股和煦的春风吹过，温和至极。毛泽东真是个富有感情的人，他笑吟吟地对着周瘦鹃柔声地说道：“你替我谢谢她。”周瘦鹃听了，一时感动得不知说什么才好，两眼不知不觉地湿润了，心想：全全这个不知天高地厚的孩子，怎么当得起主席的谢呢。

周瘦鹃同毛泽东谈文艺，谈盆景，不知不觉半个小时的会见时间就要过去了，一位工作人员进来催促毛泽东参加小组拍照，毛泽东说：“让他们等几分钟吧。”周瘦鹃见时间紧，不便久留，就站起身来向毛泽东告辞，毛泽东送到门口，周瘦鹃紧紧握着毛泽东的手，感激地说：“主席今天这样鼓励我，我一定要好好地干下去！祝主席健康长寿！再见！”

从中南海回到住处，周瘦鹃兴奋极了，他对别人说：“这次见到毛主席，谈了半小时，我心满意足了，真有朝闻道夕可死矣的心情。现在我就是想多写东西，我已经 68 岁了，可我的干劲还像是 28 岁！”他又赋诗一首，其中四句是：“再造乾坤夺化钧，却容前席渥亲仁；谁知身历去黄劫，初识人间浩荡春。”

毛泽东的这次会见，给了周瘦鹃极大的鼓舞，他勤笔勉思，鼓足干劲，写了不少好的散文和诗歌，有的还在海外发表。他的《我的心被拴住在怀仁堂》《初识人间浩荡春》等散文，记叙了被毛泽东接见时的幸福情景，很快被《人民日报》《光明日报》和《人民文学》转载，江苏人民出版社还出版了他的游记《行云集》。喜爱他的读者和敏感的评论家发现，他的作品记录了一个旧知识分子从新中国成立以来的生活经历和思想上所发生的变化，从中可以听到一个热爱祖国、热爱新社会的知识分子的心声。

文坛知音
——毛泽东与周扬

抗日战争爆发后，党中央考虑延安需要文化方面的带头人，以领导推动延安文化向前发展，经中共中央上海办事处负责人潘汉年、冯雪峰推荐，中央调周扬、艾思奇、李初梨等一行来延安工作。到延安后，中央安排周扬担任陕甘宁边区政府计教育厅厅长、陕甘宁边区文协主任。从那时起，周扬和毛泽东接触很多，他们或面谈，或书信往来，关系极为密切。周扬，原名起应，湖南益阳人，1908 年生。1931 年在上海开始从事文化工作，主编“左联”机关刊物《文学月报》。1935 年担任上海中央局文委书记兼“左联”党团书记，参与领导进行国统区文化战线上反“围剿”斗争。30 年代的周扬在哲学、社会科学，尤其是文艺理论的研究方面已有较深的造诣。

1937 年到 1938 年年初，许多文艺团体来到延安，为了纪念“一·二八”上海抗战六周年，决定在延安举行一次隆重的文艺晚会。为此，从抗大、陕公等单位集中了六七十位青年艺术家，只用两星期就排演出四幕话剧《血祭上海》，公演 20 天，观众上万人。在一次《血祭上海》

座谈会上，当有人建议创办艺术学院时，全场一片掌声。毛泽东当即表示愿用最大的力量帮助艺术学院的创办，并宣告筹备委员会正式成立。一星期后，由毛泽东、周恩来、周扬等联合发出《成立缘起》，为纪念已故文豪，定名为鲁迅艺术学院，该学院宗旨是“培养抗战急需的大批艺术工作者”。1938 年 4 月 10 日下午，鲁迅艺术学院举行成立大会，毛泽东出席大会，并讲了话。经毛泽东提名，周扬任鲁艺副院长。1938 年以后，鉴于延安文艺将有一个大的发展，毛泽东几次找周扬谈话，征求文艺工作方面的意见。1939 年，经毛泽东批准，周扬任鲁艺院长。在主持鲁艺工作的几年中，他领导培养了大批革命文艺工作人才。抗战胜利后，学员分布全国各地，成为新中国文艺战线的中坚力量。在鲁艺成立一周年、二周年、三周年、五周年时，毛泽东都到鲁艺讲了话，内容很生动也很重要。可见毛泽东是非常重视鲁艺的，同时也对周扬寄托了很大的希望。

陕甘宁边区久为全国甚至全世界人士所瞩目，许多中外人士不远千里来边区参观考察，各地青年潮水似的涌到这里来。许多新闻界朋友，曾博访周咨，写成印象记、访问记，做过一些介绍。也有少数人颠倒黑白，攻击边区为“封建割据”“破坏统一”。边区究竟是怎样一个地方？向全国人民做一忠实介绍，十分必要。1938 年秋冬，毛泽东办公室秘书长李六如与秘书和培元两人合写了一本《陕甘宁边区实录》，初稿完成后，送毛泽东审阅。因忙于党内其他工作，1939 年 1 月 22 日毛泽东写信给周扬，委托周扬办理此事。信中写道：

周扬同志：

此稿李六如、和培元各写一半，我全未看。因关系边区对外宣传甚大，不应轻率出版，必须内容形式都弄妥当方能出版。

现请你全权负责修正此书，如你觉须全般改造，则全般改造之。虽甚劳你，意义是大的。最好二月十五日前完稿，二月底能出书。备有稿费（每千字一元五角），当分致你与李、和三同志，借表酬劳之意。此致

布礼！

毛泽东

一月二十二日夜十时

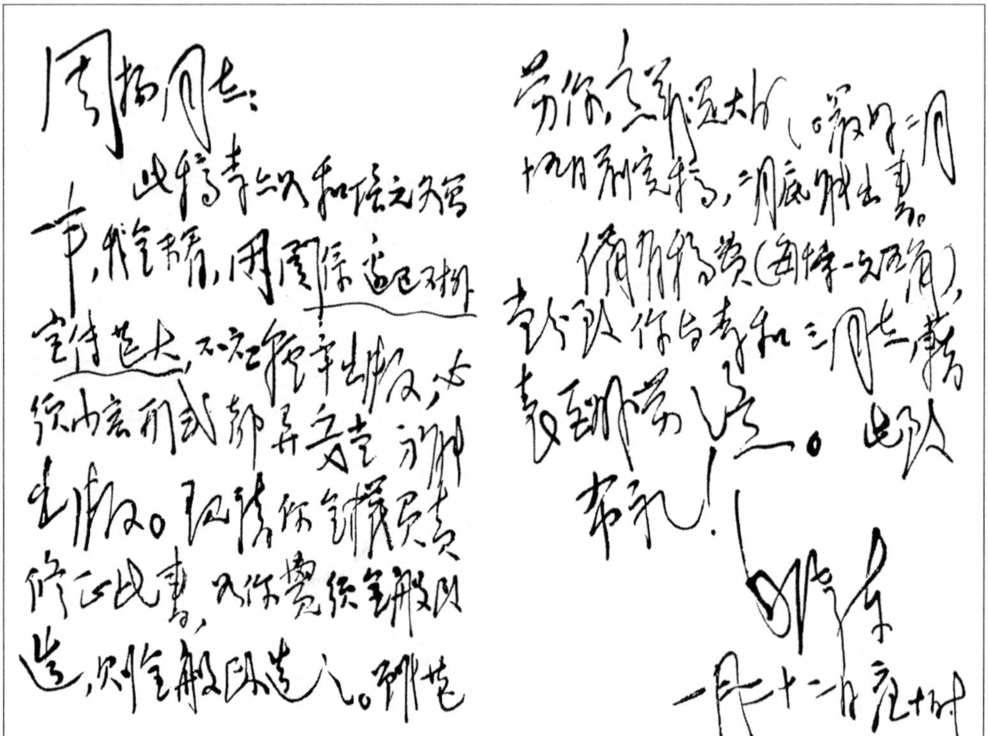

毛泽东给周扬的信。

从此信能看出毛泽东对周扬是极信任的。经过周扬的修正加工，《陕甘宁边区实录》一书于1939年12月由延安解放社出版。毛泽东为此书

题写了书名，并题字“边区是民主的抗日根据地，是实施三民主义最彻底的地方”。

1942年年初，延安《解放日报》实行改版——“由不完全的党报变成完全的党报”，《文艺》副刊刊头撤销，改第四版为综合性专刊。9月20日，毛泽东和第四版主编舒群商量后，特地拟定《解放日报第四版征稿办法》，并有前语：“《解放日报》第四版稿件缺乏，且偏于文艺，除已定专刊及由编辑部直接征得之稿件外，现请下列各同志负责征稿。”在所列各同志姓名之下，都注明各自征稿类别和每月具体数字。其中有“周扬同志：以文艺批评为主，其他附之，每月10000字”。征稿办法中还强调指出：“各同志担负征集之稿件，须加以选择修改，务使思想上无毛病，文字通顺，并力求通俗化。”随后，中央办公厅按名单发出毛泽东枣园之宴的通知，周扬也去参加了这次轻松愉快的枣园之宴。

1944年，周扬同志编辑了《马克思主义与文艺》一书，选择了马克思、恩格斯、普列汉诺夫、列宁、斯大林、高尔基、鲁迅和毛泽东关于文艺的论述，分为五辑：一、意识形态的文艺；二、文艺的特质；三、文艺与阶级；四、无产阶级文艺；五、作家和批评家。周扬为此书写了编者序。文章说，《马克思主义与文艺》一书是为了更好地学习毛主席《在延安文艺座谈会上的讲话》而编纂的，“从本书中，我们可以看到毛泽东同志的这个讲话一方面很好地说明了马克思、恩格斯、列宁等人的文艺思想，另一方面，他们的文艺思想又恰好证实了毛泽东同志文艺理论的正确”。周扬把序言送给毛泽东审阅，1944年4月2日，毛泽东给周扬写了一封信，全文是：

周扬同志：

此篇看了，写得很好。你把文艺理论上几个主要问题作了一个简明的历史叙述，借以证实我们今天的方针是正确的，这一点很有益处，对我也是上一课。只是把我那篇讲话配在马、恩、列、斯……之林觉得不称，我的话是不能这样配的。此外，第十页上“艺术应该将群众的感情、思想、意志联合起来”，似乎不但是指创作时“集中”起来，而且是指拿这些创作到群众中去，使那些被经济的、政治的、地域的、民族的原因而分散了的（社会主义国家没有了政治原因，但其他原因仍在）“群众的感情、思想、意志”，能借文艺的传播而“联合起来”，或者列宁这话的主要意思是在这里，这就是普及工作。然后在这个基础上“把他们提高起来”。是否可以作这样解释，请再斟酌一下，或同懂俄文的同志商量一下加以酌定。其余没有意见。

敬礼！

毛泽东

四月二日

毛泽东指的那段话，是周扬编写序言中引用的列宁对无产阶级革命家、国际妇女运动领袖蔡特金的一段谈话。周扬当时用的译文是：“艺术是属于人民的。它的最深的根源，应该是出自广大劳动群众的最底层。它应该是为这些群众所了解和为他们所挚爱的。它应该将这些群众的感情、思想和意志联合起来，并把他们提高起来。”毛泽东的这封信从更广阔的视野上，揭示了普及与提高的丰富含义，指出普及的目的在于使那些由于种种原因被分散了的“群众的感情、思想、意志”，能借文艺的传

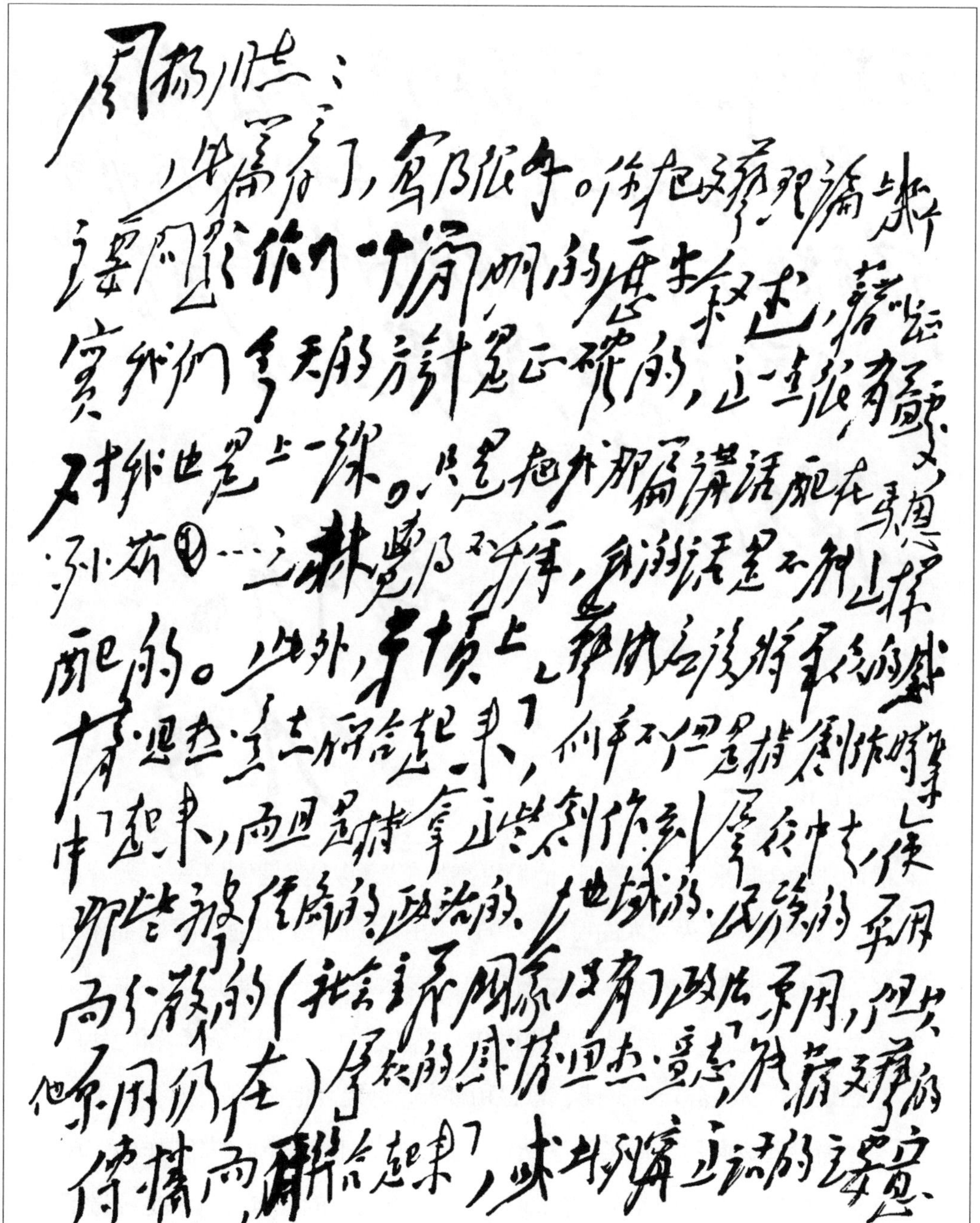

周扬同志：

此篇看了，写得很好。你把文艺理论上几个主要问题作了一个简明的历史叙述，借以证实我们今天的方针是正确的，这一点很有益，对我也是上了一课。只是把我那篇讲话配在马、恩、列、斯、普……之林觉得不称，我的话是不能这样配的。此外，第十页上，"整风之后将军们的感情思想和工农结合起来了"，似乎不但是指创作时集中起来，而且是指拿这些创作到群众中去，使那些被旧的、政治的、地域的、民族的界限而分散的（社会主义国家消灭了政治界限，但其他界限仍在）群众的感情、思想、意志，能借着文艺的传播而联合起来了，此是列宁立论的主要意思、

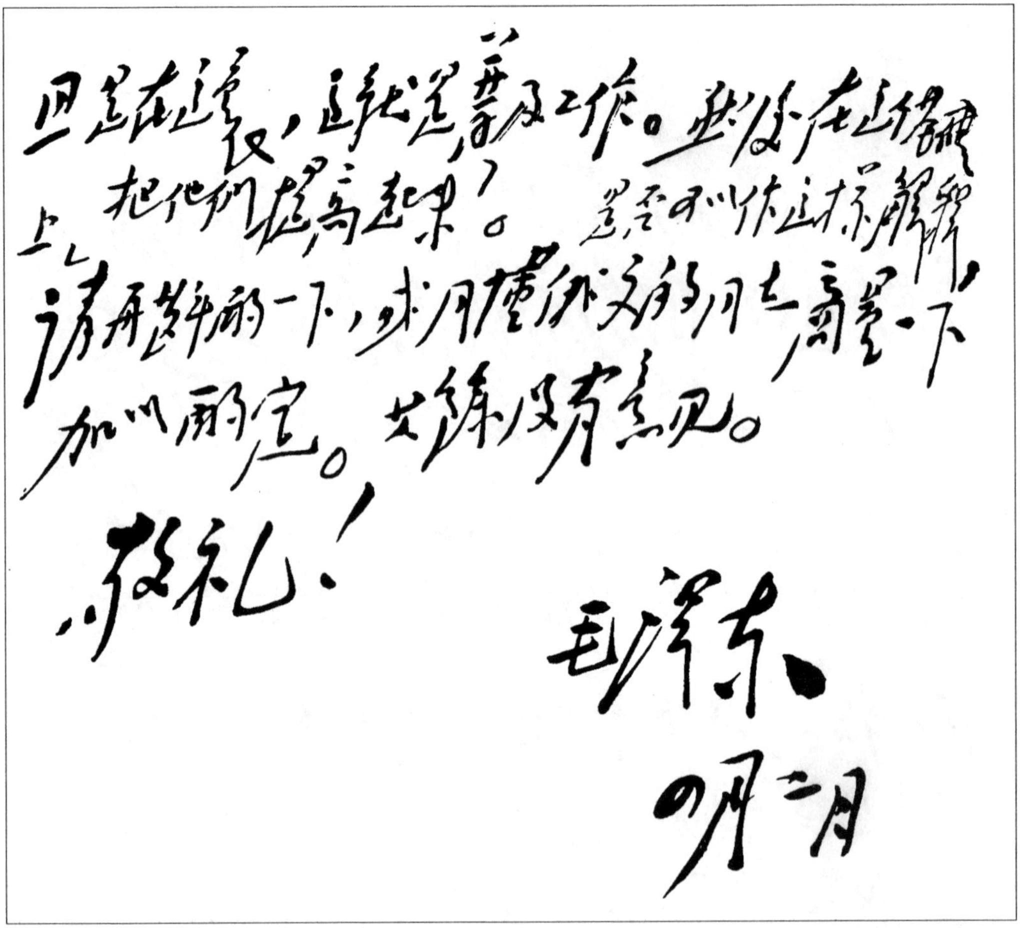
但是在这里，这就是普及工作。并且在这个基础上把他们提高起来。是否可以作这样解释，请再斟酌一下，或用括弧文的形式商量一下加以确定。其余没有意见。

敬礼！

毛泽东
四月二日

播而“联合起来”，并且“把他们提高起来”，以达到团结人民、教育人民、打击敌人、消灭敌人的目的。1957 年由人民出版社出版的蔡特金《回忆列宁》一书的汉译本中，这段话为：“艺术是属于人民的。它必须在广大劳动群众的底层有其最深厚的根基。它必须为这些群众所了解和爱好。它必须结合这些群众的感情、思想和意志，并提高他们。”

新中国成立后，周扬曾任文化部副部长、中宣部副部长。作为宣传文化界的领导，毛泽东经常找他去谈话。周扬写的文章，有些是经过毛泽东修改后发表的，有的毛泽东曾做过批示。1960 年 7 月 22 日，中国文学艺术工作者第三次代表大会召开，周扬做《我国社会主义文学艺术的道路》的报告，事前送请毛泽东审阅。毛泽东于7月19日复信给周扬，说文件“写得很好”，“高屋建瓴，势如破竹，读了为之神往”。

但是，之后像这样表扬周扬的机会并不多。那时候政治运动接连不断，每次运动均从文艺界开始，这几乎成了一条规律。从批判电影《武训传》到《红楼梦研究》批判，从反右、关于文艺的两个批示到批判《海瑞罢官》，被批判者的背后，总是或多或少闪着周扬的影子。发展到“文化大革命”，周扬终于被指责为“文艺黑线的祖师爷”而成为最早的受冲击者之一。

但是毛泽东并没有忘记周扬。1975年9月30日晚，国庆二十六周年招待会按时举行。当时，毛泽东、周恩来起用邓小平同志主持党和国家的第一线工作。这是周恩来最后一次出席国庆招待会。为了落实党的政策，与“文化大革命”以来的任何一年不同，有一批在“文化大革命”中受冲击的老干部、老民主人士、老教授、老专家被邀请出席了这次国庆招待会。当时的中国科学院哲学社会科学部（即现在的中国社会科学院）也有许多位知名学者应邀出席。国庆招待会后，当时的哲学社会科学部领导小组给毛泽东、周恩来写了一份简报，反映出席国庆招待会的知名学者的雀跃之情。毛泽东阅后很高兴，在这份简报上批示：“金无足赤，人无完人。名单上的人参加招待会甚好。可惜没有周扬、梁漱溟。”凡是经历过“文化大革命”的人，都听说过“金无足赤，人无完人”的名言，却并不知道后面还有一句“可惜没有周扬、梁漱溟”。这是因为当时的特定情况，没有能公开全部引用这段批示，但从中可以看出，毛泽东还在挂念着周扬。

不管怎样，周扬在“文化大革命”中未能自保，被监禁在秦城监狱9年，

1978年被释放。出狱后，周扬对早期种种的批判运动开始反思，并陆续对胡风等被其批判过的人士道歉。

对于在“文革”中所受的打击，周扬在接受美国耶鲁大学教授赵浩生采访时说：开始的时候，觉得有些苦闷，有些想不通。他回忆说，毛泽东曾对他分析过关于“委屈”：委屈无非有三种情况：一种是你自己对，别人根本不对。这时不要感到委屈，因为真理在你身上。第二种情况是，确实是你错了，别人是对的；你自己认识不到，所以感到委屈。这是罪有应得，有什么好委屈的？第三种情况是，你和别人各对一半，你也不必感到委屈，反正你有一半不对嘛。因此他觉得，可能是违背了毛主席的路线，那就算我罪有应得吧，谁叫我没有执行好呢？

战争年代造就伟大作品

——毛泽东与臧云远

1938年秋天，臧云远在延安幸运地见到了毛泽东。在一次接见时，臧云远亲自聆听毛泽东对当时抗战文艺和文化问题的教导，这使他铭记在心，终生难忘。

抗日战争进入第二年，武汉成了国统区政治、文化活动的中心。北平和上海的大批文化界人士云集在武汉，街头演出、诗歌朗诵和各种文艺界集会盛极一时。周恩来和董必武也时常在这些集会上露面讲话。进步文化界还出版了综合性文艺刊物《自由中国》，臧云远是主编之一。郭沫若、郁达夫、老舍等为这个刊物撰稿。毛泽东为刊物题的词“一切爱国人民团结起来，为自由的中国而斗争”发表在第二期上，这使臧云远他们受到极大的鼓舞。

当时处在抗日战争的第一阶段，敌强我弱。台儿庄战役以后，揭开了保卫大武汉的序幕。国民党早已部署上峨眉山了，到了秋天，就向重庆退却了。这时，华北救国会组织到前线劳军，臧云远参加了。他们带着大批药品，经过洛阳，到西安时，武汉沦陷了。臧云远于是按原定计划，

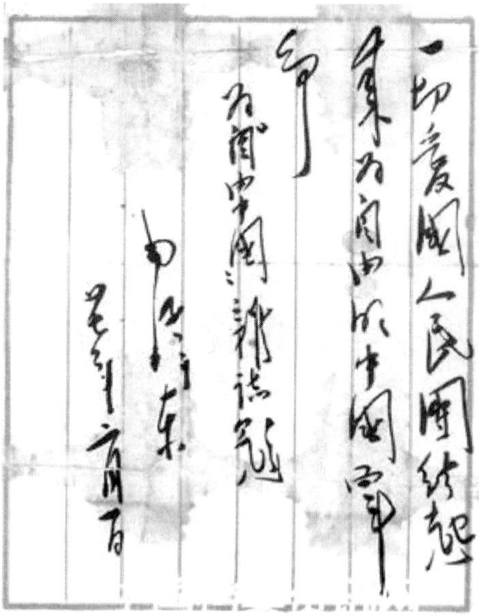

毛泽东为《自由中国》题词。

向着心中向往的抗日圣地——延安前进。

在西安八路军办事处，臧云远荣幸地见到了朱总司令，他是那样和蔼可亲，风尘仆仆，正在为抗战布阵，充满了必胜的信心。从八路军办事处坐上卡车出发，臧云远一身八路军干部打扮，第一天宿在耀县。那时耀县是国民党驻军之地，街头乱糟糟的。第二天到了洛川，才进入陕甘宁边区的边界。途经中部，看到了黄帝陵，松柏参天，巍然屹立在秦晋高原，象征五千年文化古国,与红星闪闪的延安融成一片。第三天傍晚到了延安，宝塔山耸立天际，公路旁的延河滔滔东流，河畔歌声嘹亮。延安城灯光闪闪，街面上景象一新。臧云远下榻在西北大旅社，翌日开始拜访几位文化界的朋友。他把药物和锦旗送到八路军边区留守兵团，兵团司令萧劲光接见了他，跟他谈了长征时期红军的所谓“逃跑主义”，驳斥了反动派的造谣污蔑。那时臧云远对红军缺乏了解，只是静静地听着。

当时，交际处长问臧云远有什么要求，臧云远把多年渴望的心思脱口说了出来：“我想见毛主席。”第二天文际处长回话：“晚饭后，有位同志来接他去见毛主席。”这一天臧云远心里很不平静，总觉得钟表走得太慢了。傍晚的时候，有人领着臧云远先到一所窑洞，里面走出一位同志，热情地接待了他。然后又派另一位同志送臧云远到了一个院落。只见土山下三间窑洞，青石镶垒的门窗，中间窑洞有门，左右两窑安窗，里面互相通着。毛泽东正在靠南的窑窗前俯案写作。书案是长方形木板，上面铺着桌布，点了两支蜡烛，案头上放着一个半尺高的高尔基塑像。毛泽东见臧云远进来，就放下毛笔，和臧云远握手。让臧云远坐在他对面的椅子上，并打开一筒小炮台烟叫他抽，臧云远说他戒烟了。一位同志又泡来两杯茶。臧云远这时打量了屋里的摆设，有个木板床，墙上挂着一件大衣，毛泽东就是这样的简洁朴素。臧云远还看到桌上一沓稿纸，封面上写着"论新阶段"四个字，这就是毛泽东的光辉著作《论持久战》。

谈话就从《论持久战》开始，毛泽东问这篇文章在汉口文化界有什么反应。臧云远说：顿开茅塞，心里亮堂了。离开汉口时，凯丰曾告诉他《论持久战》一下子销售了一万多册。这时毛泽东问臧云远：刘白羽到延安来了，你认识吧？臧云远说，他是写小说的，去年在济南前线余心清家里见过一面，是和丘东平一道去的。毛泽东又问臧云远是哪里人，臧云远回答是山东蓬莱。毛泽东问那里地势怎样？有山吗？臧云远说，胶东像个牛头，蓬莱是牛角，凸出在渤海。海里一串岛屿，是渤海南端的门户。陆上丘陵起伏，东南在青岛以北有崂山，面对太平洋，西面是泰山，算是顶高的。当中无数小山，一片片松林。我们在家就是烧松材毛做饭的。毛泽东点点头。当时臧云远不知道，毛泽东问胶东地势，是早有派八路军支队去打游击的打算。许世友将军当时已经被毛泽东派往胶东钻齿牙山建立了敌后革命根据地。

毛泽东问臧云远在东京几年，臧说 5 年。接着臧云远报告了在东京留学生中革命文艺活动的情况。原左联同人，有的是从上海去的，有的是从北平去的，都想办个刊物，以后合起来办了个《杂文》。这个刊物是鲁迅起的名字，在东京印，运到上海发行，已经出了三期，后被上海反动当局封掉了。《杂文》社同人，在东京"三间庄"商量再出刊物，当时郭沫若在座，他说改名《质文》吧，歌德有本书，叫《质与文》，大家都赞成，于是继续出《质文》。还通过魏猛克左联东京支部编辑联系，使鲁迅与郭沫若互相问候致意。鲁迅对郭沫若在东京千叶从事考古研究很赞赏，郭沫若看到鲁迅来信也很感动。我们在东京的文艺青年对两位“五四”文艺革命前辈的互相问候都感到很高兴。臧云远接着说，中国的李白和杜甫不是很要好吗？李是浪漫主义，杜是现实主义，李比杜大 11 岁。“五四”新文艺运动，鲁迅是现实主义，郭是浪漫主义，鲁迅比郭也大十多岁，他们也是应该很要好的。毛泽东笑了，说你们做得很对。

毛泽东一支支地吸着烟，慈祥和蔼而又严肃，他问起武汉文艺界的情况，臧云远介绍情况后，毛泽东很高兴。臧云远又说，有人提出，战争期间能否写出伟大作品，这个问题引起了争论。毛泽东说：“过去十年内战，革命文艺的中心在上海，革命武装的斗争在瑞金，中间叫国民党反动派给割断了。没有革命的斗争生活，怎样写革命的文艺呀。现在统一战线，举国一致打日寇，文艺跟革命生活相结合，反映伟大的人民革命斗争生活，在战争年代是可以写出伟大的作品来的。”臧云远又向毛泽东报告：汉口成立全国文艺界抗敌协会时，发起人中国民党一个像样的作家也拿不出来，派个把官出来，算是管事的，另有两个写文章的，可他们原都是无政府主义者。文艺上他们是空架子。毛泽东说，他们有钱有势。你回去告诉文艺界，战争中是可以而且能够写出伟大作品来的。

臧云远问毛泽东对当时文化界提出的新启蒙运动有何指示。在汉口讨论时，是主张解放思想，提倡科学与民主，那就是五四运动提倡德先生（民主）、赛先生（科学），现在要完成反帝反封建的时代使命。毛泽东说，资产阶级的历史使命，要由无产阶级来完成。因为封建落后，反对愚昧，就要来个启蒙。接着毛泽东谈了文化工作的两重任务问题。他说：

中华民族有那么悠久的历史，留下那么丰富的文化遗产，都还没有来得及系统地整理考证，理出头绪，还原他们的本来面目。这方面资料很多，杂乱散落，要下一番工夫，弄清楚事实，这是整理和考证的工作。然后，以辩证唯物论的观点、历史唯物论的观点，掌握资料来分析批判，看哪些是好的，有用的，哪些是坏的，没用的。坏的去掉，好的留下，要为新时代所用，这是文化工作的两重任务，要一道来做。毛泽东还谈了有关文艺方针政策方面的问题，对启蒙运动赋予新的含义，指明了文化艺术运动的方向。臧云远当时感到在汉口文化界座谈讨论时，还只是几个条条，一些概念化的理解，经毛泽东一番指点，心明眼也亮了，看得远了。

谈话由文化问题又回到文艺问题上来。臧云远向毛泽东报告武汉抗敌诗歌的朗诵情况。在文艺界座谈中，提出通过朗诵诗的语言接近大众语，大众语也变成了诗的语言。如飞机两字不能入诗，诗人叫飞机是铁鸟，飞机在生活中多起来，后来在诗歌中就叫飞机了。毛泽东笑了。他说，诗的语言，当然要以现代大众语为主，加上外来语，和古典诗歌中现在还有活力的用语。大众化当然首先是内容的问题，语言是表现形式，要有民族风味，叫人爱看、爱诵、百读不厌。

烛已换过，夜也深了，臧云远想毛泽东该休息了，他站起来要告辞，毛泽东亲切地说再谈一会儿。臧云远坐下来，幼稚地问毛泽东，你看革命什么时候成功。当时臧云远对新民主主义革命脑子里还没有清楚的概念，他所指的是打败日本帝国主义和消灭反动派。毛泽东望着臧云远，停了一下，慈祥地对臧云远说，你指的是抗日战争吗？需要10年、8年，至于革命成功，也许20年或30年，也许我们这一辈子都赶不上了。中国黑暗势力，目前占百分之七十强，进步的力量占百分之二三十，两种力量对比，向着革命转化，前途是光明的，斗争还是很艰巨的呀。

接着，毛泽东又谈论了当时国内外的形势，仿佛整个地球都在毛泽东的手里转动。时间不早了，臧云远起身告辞。毛泽东与他握手告别。毛泽东站在窑前，伟大的身影对着满大的星斗，臧云远由一位同志伴着走出了院落，他觉得眼前一片光明，新的战斗在召唤。

在臧云远即将离开延安的时候，忽然接到了通知，叫他第二天不要出去，有一位同志来接他。第二天中午，果然有人来了，把臧云远领到延河边上一座礼堂的会客室。他见到了毛泽东和政治局的部分领导同志，还有艾思奇、周扬等，显然他们是刚开过会，要在那里会餐。臧云远走到毛泽东跟前，毛泽东说：你瘦了。有人替他回答说：他病了一场，是伤寒。事情是这样的，日寇飞机轰炸延河时，臧云远跟着大家躲在城根下挖的防空洞里，接着就搬到了城东北山上的窑洞，住了几天发起高烧，人事不省了。醒来的时候，才知道已经发烧昏迷了 7 天 7 夜，得的是伤寒。臧云远在医院里养了 3 个多月，现学着走路什么的。这时，毛泽东亲切地问他："你是留下，还是回去？"旁边人替他回答："他回重庆去工作。"接着谈了几句别的，就有人张罗吃饭了。

大家围坐在两张方桌拼起来的长桌上，臧云远坐在艾思奇和周扬的中间，靠西边桌头上。菜是一式两份。毛泽东坐在当中，面向南，喝着酒。席间中央领导同志谈笑风生，有人问：主席，听说你在长征到甘肃路上，吃西瓜加辣子。毛泽东幽默地回答：嗯。吃西瓜加上自己爱吃的东西。说得大家都笑了。有人提起长征途中写的一些往事与文艺宣传材料，艾思奇说："在我那里。"毛泽东说就放在你那里吧。饭后有人托臧云远弄一部《通鉴》和打听范文澜、齐燕铭等的消息。这以后臧云远都办到了。记得在座的有的是从第三国际来的，有的是从二万五千里长征过来的，中华民族一代英杰都聚集在毛泽东身边。这情景用任何词句来描绘，都是逊色的，都叫臧云远幸运地遇上了。

离开延安的前夜，臧云远沿着延河散步，月光映在宝塔山上，他深情地望着毛泽东居住的地方，隔着层层山坡，是一排排窑灯，一年前见毛泽东时，还不知道毛泽东和党中央是彻夜办公。那时的抗大学员，现在多数已奔赴各个战场，在这战火纷飞的年月，延安是革命的大摇篮，在这里寄托着全国人民的希望。

后记

《毛泽东与中国作家》是我利用工余时间一篇篇写出来的，实现了自己多年来写出一本毛泽东与中国作家交往的书的愿望。我从 1992 年年初开始查阅资料、搜集文献，并多方采访有关作家，同时吸收国内外有关研究，经过两年多的努力，终于见了成效，深感欣慰。1995 年，本书由中共中央党校出版社出版发行，据现在已经有 20 个年头了。尽管近几年，市场上不断涌现各种关于毛泽东的著作，但这本书仍有它的历史和可读价值。本书记述了毛泽东与 26 位当代知名作家倾心相交、互相信任的至真、至情交往过程，读来感人，让人敬佩。

但由于水平和条件有限，书中谬误和遗漏之处难免，恳请读者教正。

在本书写作过程中，曾得到臧恩钰、陈漱渝同志的支持和帮助，王树人、刘占玉同志为本书提供了大量的资料。再版过程中，华文出版社的杨艳丽同志在编辑和插图上付出了很大的努力，在此一并表示深切的谢意！